어른을 존중하는
중국·일본·한국 사람들
새 시대의 실천방식

어른을 존중하는
중국·일본·한국 사람들
새 시대의 실천방식

성규탁 지음

KSI 한국학술정보㈜

Respect for Seniors in China, Japan, and Korea

New Forms of Elder Respect

Kyu-Taik Sung

Korean Studies Information Company, Ltd.

Republic of Korea

　　동아시아 사람들은 어른과 젊은 세대를 존중하고 보살피는 현저한
전통을 간직해 왔다. 세계 인구의 약 3분의 1을 점유하는 동아시아의
한국인, 중국인, 일본인을 비롯한 민족들은 이런 전통을 오랜 세월 동
안 공유하고 있다.

　　사람을 존중하는 문화적 가치는 동아시아인의 예절과 관행에 반영
되고 일상생활의 사소한 부분에 이르기까지 영향을 끼쳐 왔다.

　　우리는 부모를 중심으로 가족원들이 서로 존중하며 보살피고 지원
하는 가족체계를 이루면서 이 문화적 가치를 오랜 세월에 걸쳐 실현
해 오고 있다.

　　그러나 오늘날 가족 안팎에서 일어나는 급속한 변동은 풍요한 생
활을 가져다주기는 했지만 전통적으로 건전한 가족관계를 퇴색시키
고 특히 부모와 어른에 대한 도덕적 의식을 약화시키는 조짐을 보이
고 있다.

　　한국을 포함한 동아시아 전역에서 산업화와 도시화에 따른 가족구
조의 변화, 급속한 출산율 저하에 따른 가족원 수의 감소, 주거지 이
동의 잦음, 여성의 사회 진출, 교통·통신기술의 혁신, 자유주의적 생

활태도의 확산 등 일련의 사회변동으로 말미암아 사람들의 생활방식이 달라지고 있다.

역사상 전례가 없는 이러한 변동 속에서 우리는 전통적 가치에 대한 새로운 조명을 절실히 필요로 하고 있다.

특히 부모와 어른을 존중하는 의무를 윤리적 시각에서 재조명하고 우리의 고유한 문화적 맥락에서 재음미하여 부모와 자녀 관계의 도덕성과 양자의 호혜적(互惠的) 관계의 당위성을 다시 정립할 필요가 커지고 있다.

우리가 다루어야 할 미증유의 도덕적 과제이다.

부모와 자녀, 젊은 사람과 고령자 사이의 호혜적 관계를 유지하는 기본적 가치는 서로 존경하는 것이다. 존경은 보살핌을 내포한다.

노화과정이 고속도로 진행되고 있는 이 시기에 고령자의 신분을 높이고, 이분들을 가족과 사회에 통합하며, 이분들에게 인간적인 보살핌을 제공하기 위해서는 먼저 이분들을 존중해야 한다.

지금까지 동양에서나 서양에서 고령자 문제를 논의하는 데 있어 존경의 주제는 거의 거론되지 않고 있다. 논자들은 수단적이고 물질적인 지원에 치중하여 노소관계의 정서적 차원인 존경에 대해서는 관심을 두지 않는 경향이다.

우리는 젊은 세대가 고령자를 존중하고 보살필 의지를 가지고 있는가를 신중히 탐사할 필요가 있다. 그리고 고령자가 젊은 세대를 존중하는 방안도 어른존경과 병행해서 진보적으로 실행해야 한다.

지금까지 어른존경이 어떻게 표현되고 있는가에 대해 체계적으로 조사한 연구가 없었다. 이 문화적 가치는 오랜 세월 동안 전해져 왔으나 아직도 막연하고 추상적인 개념으로 전달되고 있다.

이와 같이 동아시아의 문화적 맥락에서 어른존경을 표현하는 방식에 대해서 잘 알려지지 못하고 있다. 이 표현방식은 어른에 대한 존경뿐만 아니라 젊은 사람에 대한 존경을 실천하고 존경의 지표와 기준을 개발하는 데 꼭 필요하다.

이 책은 동아시아의 한국, 중국 및 일본 3개국에서 특히 어른을 존경하는 구체적 방식을 조사한 결과에 대해 논의한다.

문화적 배경이 비슷한 이들 3개국 젊은 성인늘의 어른존경 실태를 탐사하고 이들이 장래 어른존경에 대해 가질 가치와 행위의 실마리를 잡아 보기 위하여 2,500여 명의 대학생들과 대학원생들을 대상으로 설문조사를 하여 이에서 얻은 자료를 분석한 결과를 논의한다.

제1장 '머리말'에서는 가족의 변화와 부모부양, 어른존경이 고령자에게 미치는 효과 및 어른존경의 윤리적 차원에 대해서 논의한다.

제2장 존경의 전통적 뜻에서는 어른존경의 고전적 의미와 방식을 대표적인 유교경전을 섭렵하여 식별해서 논의한다.

제3장 '존경하는 방식'에서는 유교경전에서 식별한 고전적 방식과 경험적인 조사를 통해서 식별한 현대적 방식을 대조해서 설명한다.

제4장 '어른존경의 실천'에서는 새 시대에 어른존경방식을 실천하는 데 대해서 논의한다.

제5장은 중국의 4개 지역-상하이, 난징, 칭다오 및 청두-에서 실시한 어른존경에 대한 조사에서 얻은 자료를 분석한 결과를 논의한다.

제6장은 일본 도쿄 지역의 4개 대학 캠퍼스에서 시행한 어른존경에 대한 조사결과를 논의한다.

제7장은 '한국인의 어른존경'에 대한 조사보고를 한다. 서울과 지방의 대학들에서 행한 조사의 결과를 보고한다.

제8장은 중국, 일본 및 한국에서 행한 조사들의 주요결과를 비교분석한다.

제9장은 한국인과 미국인의 어른존경에 대한 자료를 비교문화적으로 논의한다.

제10장은 새 시대에 어른과 연소자가 호혜적 관계를 이루면서 서로 존중하는 데 관해서 논의한다.

제11장에서는 많은 성인자녀들이 고령의 부모와 떨어져 사는데 이렇게 별거하면서 부모를 보살피는 방법에 대해서 논의한다.

제12장은 가족만의 힘으로는 고령의 부모를 보살피기가 어려운 경우 가족 외부의 사회복지서비스를 활용하는 데 대해서 살펴본다.

제13장은 맺음말이다.

이와 같이 이 책은 동아시아의 성인들이 어른을 존경하는 방식을 체계적으로 조사, 분석하여 정리한 결과를 소개하고 논의한다.

어른존경은 동아시아문화의 특징이며 동아시아 사람들의 생활윤리의 바탕을 이루고 있는 가치이다. 변동하는 새 시대에 젊은 세대가 시대적 변화에 적응하면서 이 가치를 일상생활에서 수정해 나가는 상황을 아울러 소개한다. 이 수정하는 추세의 대표적인 차원이 노소 간의 호혜적 관계이다. 어른과 연소자가 가정의 역을 벗어나 이웃과 공동사회에서 서로 존중하면서 보살펴 나가는 것이다.

2011년 9월

성 규 탁

제1장

머리말

우리는 부모와 어른을 존중하는 전통을 간직해 온 민족이다. 같은 언어와 문화적 유산을 이어 받고 인종적으로도 동질적이며 오랜 역사를 통하여 전쟁과 재해를 함께 극복하면서 하나의 운명공동체를 형성해 왔다(신용하, 2004; 최문형, 2004). 이 공동체가 오랜 세월 동안 공유해 온 어른을 존중하는 문화적 가치는 오늘날의 발전된 사회복지제도와 함께 어른을 보살피고 사회에 통합시키는 영향력으로 작용하고 있다('어른'은 부모, 연장의 친척, 선생, 직장의 윗사람, 이웃의 고령자 및 일반 고령자를 말함. 고령자에 대한 존경을 '어른존경'이라 함. '존경'과 '존중'을 혼용함).

　이 책에서 다루어질 기본 과제는 부모와 어른에 대한 존경을 실천하는 방식을 찾아내는 것이다.

　역사적으로 한국인을 포함한 동아시아 민족들은 인(仁, 사람을 사랑함)과 자(慈, 인자하게 배품)의 사상을 바탕으로 어른과 이웃을 존중하도록 가르치는 문화적 영향 아래서 살아 왔다. 이 사상의 굵직한 흐름이 효이다(유승국, 1995; 박종홍, 1960; 송복, 1999; 지교헌, 1995;

성규탁, 2005; 錢遜, 2010).

그러나 오늘날 가족 안팎에서 일어나는 급속한 변동은 풍요한 생활을 가져다주기는 했지만 이러한 문화적 전통을 퇴색시키는 조짐을 보이고 있다(박재간, 1989; 신용하, 장경섭, 1996: 21-30; 김승권, 장경섭, 이현송, 정기선, 조애조, 송인주, 2000).

산업화와 도시화에 따른 가족구조의 변화, 급속한 출산율 저하에 따른 가족원 수의 감소, 주거지 이동의 잦음, 여성의 사회 진출, 통신 교통수단의 혁신, 자유주의적 생활태도의 확산 등 일련의 사회변동으로 말미암아 동아시아 전역에 걸쳐 생활방식이 달라지고 있다.

점차 부모를 보살피는 일은 자녀, 가족, 국가에 커다란 부담이 되어가고 있다. 이렇듯 노인부양의 부담이 가중되고 가족의 자원이 감소할 경우 노부모와 노인을 천대하거나 비인간적으로 대하지 않을 것이라고 장담하기란 어려운 일이다.

역사상 전례가 없는 이러한 변동 속에서 새로운 사회에 합치되는 생활방식을 꾸며 나가고(최재석, 2009: 213-218), 이를 위해 가족기능을 보완하여 새 시대의 요청에 대처할 필요성이 증대하고 있다(한국가족문화연구원, 2005: 427).

부모와 어른을 존중하고 보살피는 관행도 마찬가지로 새 시대의 생활양식에 맞는 방향으로 수정, 보완해 나가야 할 것으로 본다.

특히 부모와 어른에 대한 존중과 보살핌을 윤리적 시각에서 제조명하고 우리의 문화적 맥락에서 재음미하여 부모-자녀, 어른-젊은 사람의 상호관계의 도덕성과 양자의 호혜적(互惠的) 관계의 당위성을 다시 정립할 필요가 커지고 있다.

인류역사상 과거 어느 때에는 인간의 감정이 변덕스러워 부모와 어른을 존경하지 않은 사례들이 발생했던 것 같다. 고려시대에 있었다는 '고려장(굴을 파 늙은 부모를 들여 놓고 먹을 것을 넣어 주고는 굴의 입구를 막았음)', 옛날 일본에서 있었다는 '오바스때(늙은 부모를 산에 업고 가 버렸음)', 그리고 고대 중국의 '지라오궈(棄老國, 노인을 광야에 내다 버렸다는 나라)'에 대한 전설이 있다. 서양에는 더 흉측하게 노부모를 처분했다는 이야기들이 있다. 박태리어 족은 노인을 개가 뜯어 먹게 했고, 살디니 족은 노인을 높은 언덕에서 아래로 떨어뜨렸다고 한다(Cox, 1990).

노인을 푸대접하거나 학대하는 사건들이 외국에서는 자주 보고되고 있고, 국내에서도 보고되기 시작했다(보건복지부, 2007; 김미해 & 권금주, 2008; Pillemer & Finkelhor, 1988; Tomita, 1994; Levy, 1999). 고령자에 대한 존경이 극도로 결핍될 경우에 일어날 수 있는 최악의 비행이다. 개명된 사회에서는 어느 경우에도 이러한 미개하고 비인도적 학살을 용납할 수도 없고 행할 수도 없다.

서양의 저명한 역사학자 토인비(Arnold Toynbee) 경은 한 나라의 문명됨을 가늠하려면 먼저 그 나라 국민들이 노인을 대접하는 것을 보면 된다고 했다(Stramer, 1985).

공자는 "인간이 하는 모든 행동 가운데서 효행보다도 더 중요한 것이 없다. 효행 가운데서도 부모를 존경하는 것이 제일 중요하다"고 했다(효경 10장).

이들 동서양의 대가들은 존경의 중요성을 지적한 것이다.

존경을 받는 어른은 생에 대한 만족감을 가지게 되며, 자신들이 사회에 쓸모가 있는 존재라고 믿게 되고, 가족 및 주변 사람들과 어울려서 긍정적 상호관계를 가지게 된다(Applegate & Morse, 1994; Ghusn,

Hyde, Stevens, & Teasdale, 1996; Sung & Dunkle, 2010). 이와 같이 존경은 이분들의 사회적 지위를 고양하고, 자기존중감을 증진하며, 이들이 가족과 사회에 통합되도록 하는 중요한 힘이 된다(Leininger, 1990; Riley & Riley, 1994).

이런 점에서 어른존중은 개인적으로나 사회적으로 매우 중요한 뜻을 가진다. 무엇보다도 인간으로서의 존엄성을 가지게 하며 가족과 사회에 기여한 이들을 예로서 대우하는 것이다.

어른존경을 재조명하여 부모자녀 관계, 어른과 젊은이의 관계, 윗사람과 아랫사람의 관계, 나아가 모든 사람들 간의 관계의 도덕성을 재정립할 필요가 있다.

이 책에서는 동아시아의 한국, 중국 및 일본에서 젊은 세대가 어른을 존경하는 실태에 대해 조사한 결과를 중심으로 논의한다. 이들 세 나라는 모두 여러 세대에 걸쳐 어른을 존중하는 문화적 가치를 숭앙하고 실천해 왔다(중국인이라 함은 중국본토와 홍콩, 대만, 싱가포르 등 동아시아 각 지역에 사는 모든 중국인을 말함).

여기서 지적해 둘 역사적 사실은 한국, 중국, 일본에서 과거 전제정치의 필요에 따라 부모에 대한 존경보다 왕을 위한 충을 앞세우는 이효위충(移孝爲忠)을 강조하였다.

먼저 임금에게 복종하고 다음으로 부모에게 순종하는 일종의 강제성을 띤 행동으로 전환시킨 것이다. 그러나 이 폐습은 왕정이 붕괴되고 민주화가 이루어짐에 따라 사라졌다.

이제는 왕이나 군주가 아닌 일반 고령자를 위한 경로운동이 민간과 정부 합동하에 진행되고 있다. 경로운동, 노인복지법 및 부모부양법 제정, 고령자를 위한 각종 서비스 제공, 효행상제도 운영 등은 그러한 사회적 노력을 반영한다.

일본에서도 노인복지법을 제정하고, 경노일을 설정하여 다양한 노인복지 사업을 개발, 운영하는 등 노인을 존경하는 사회적 분위기를 의식적으로 조성하고 있다.

중국은 사회주의 체제하에서도 전통적인 부모자녀관계에 뚜렷한 변화가 없다(Streib, 1987; Chow, 1991; Leung, 1997; Tang & Parish, 2000). 오히려 부모와 어른을 존중하고 가족원들이 상호부조하는 관습을 권장하며 중국 본래의 문화적 가치를 재강조하고 있다(Du, 2009; 王文亮, 2001: 62-71; 董金裕, 2010).

동아시아문화연구의 대가인 De Vos(1988)는 다음과 같이 이들 세 나라의 전통문화의 끈질긴 영향에 대해 논하였다.

> "한국, 중국, 일본의 시민들이 사회적 역할을 수행하고 대인관계를 다스려 나가는 것을 보면 유교적인 문화유산으로부터 받은 영향이 표출되고 있음을 알 수 있다. 특히 연장자에 대한 존경과 은혜보답을 중요시하는 데서 그러하다."

이들 세 나라 사람들은 생활 주변의 역동적 변화에 대처하면서 전통적 어른존경방식을 수정해 나가고 있는 것으로 보인다.

이러한 현상은 '문화적 지연' 또는 '문화적 저항'이라고도 볼 수 있다(Cogwill & Holmes, 1972). 끈질기게 전통적 가치를 유지해 나가고 있다는 뜻이다. 산업화와 도시화에 따른 사회변화의 속도와 비교해서 어른을 존경하는 사회적 기능이 그렇게 빨리 변하지 않고 있다는 것이다. 이 사실은 "전통적 가족제도가 현대에도 큰 차이가 없이 그대로 전해지고 있다"는 최재석(2009: 218)의 지적과도 일맥상통한 현상이다. 이렇게 느리게 변하는 양상을 보아 동아시아 사람들은 서양 사람들과는 달리 상당기간 어른을 존중하는 관습을 유지해 갈 것으로 본다.

:: 어른존경의 내용

존경은 다른 사람에 관심을 가지고 그 사람을 중요시함으로써 표현할 수 있다. 그러나 존경을 하는 데는 관심 이상의 것이 따른다. 우리는 사람을 존중하기 위해서 어떤 구체적인 행동을 한다(Dillon, 1992; Gibbard, 1990). 이 구체적 행동을 '보살핌(care, caring)'이라고 규정하고 있다(Downie & Telfer, 1967; Dillon, 1992). 그래서 보살핌을 존경의 일부라고 볼 수 있다.

이러한 규정에 따라 어른존경을 어른을 보살피는 것으로 보고 이 보살핌을 다시 정서적 보살핌과 수단적 보살핌으로 구분한다. 이에 따라 어른존경을 정서적 보살핌과 수단적 (또는 물질적) 보살핌의 두 가지 면을 내포하는 것으로 본다(Qureshi & Walker, 1989; Sung, 2007; 성규탁, 2010).

이런 구분에 따라 전자를 '*정서적*(affective)' 존경이라 하고 후자를 '*수단적*(instrumental)' 존경이라고 할 수 있다. 정서적 존경은 사람의 내면적, 감정적 또는 정서적인 것으로서 '질적인 존경'이라고 할 수 있고, 수단적 존경은 그 표현을 눈으로 볼 수 있고 그 횟수나 수량을 셀 수 있어 '양적인 존경'이라고 할 수 있다.

정서적 존경과 수단적 존경을 다 같이 제공함이 바람직하다. 어느한 가지만을 제공한다면 동아시아 문화권에서 합당하다고 보는 존경을 실천할 수 없을 것이다.

요즘 수단적 또는 물질적 존경이 중요하다 하여 용돈, 식사, 의복, 교통편만을 제공하면 된다고 생각하는 사람들이 흔히 있다. 그러나 이러한 수단적/물질적 존경과 병행해서 정서적 존경도 제공해야 한다. 부유해진 우리 사회의 내나수 고령자들은 의식주 문제는 거의가 해결하고 있으나 정서적인 존중을 갈망하고 있는 실정이다.

부모와 어른을 존중한다는 것은 이분들을 물질적으로 지원함은 물론, 정서적으로 고독과 무료함을 덜어 드리고, 그분들의 충고와 가르침을 받아들이고, 함께 시간을 가지고, 즐거움이나 어려움을 나누고, 관심을 가지고, 걱정을 덜어 드리고, 위안을 하고, 동정을 하고, 지원해 드리는 것이다(예기 곡례 상 제1). 이렇게 정서적 존중을 하는 사람은 수단적 존중도 함께하는 경우가 많을 것이다.

그런데 어른을 존중하지 않고서는 이분들에 대해 긍정적인 태도를 가질 수 없을 뿐만 아니라 이분들에게 예의바르게 인간적으로 대할 수도 없는 것이다. 어른들은 물질적인 도움을 주기 전에 먼저 자신들을 존경해 달라고 호소한다. 연구보고에 의하면 고령자들의 생에 대한 만족을 결정하는 주 요인들 가운데 하나가 존경을 받는 것이다(Ghusn, Hyde, Stevens, & Teasdale, 1996). 사람은 존경을 받으면 자기 존중도가 높아지고 부양자와 협조적 관계를 가지게 되어 치료와 서비스로부터 얻는 혜택이 많아지는 바람직한 결과를 얻을 수 있다(Sung & Dunkle, 2010). 따라서 젊은 사람이 어른을 존중함은 곧 그분의 안녕에 긍정적인 영향을 끼칠 수 있다. 어른존경은 윤리적인 차원에서 마땅히 해야 하지만 이와 같은 실제적인 효과 또는 혜택이 발생할 수 있다.

근년에 들어 어른존경에 대한 연구자들의 관심이 높아지고 있다(유승국, 1995; 지교헌, 1995; 박재간, 1989; 최성재, 1989; 김태현, 1994; 윤가현, 1998; 박영란, 2000; 성규탁, 2001; Ingersoll-Dayton & Saengtienchai, 1999; Mehta, 1997; Chipperfield & Haven, 1992; Leininger, 1990; Post, 1989; Palmore & Maeda, 1985; Sung, 2004, 2007).

그러나 존경에 대한 체계적이고 경험적인 연구가 희소하다. 우리가 알고 있어야 할 문화적 가치로서의 어른존경, 그리고 이 가치를 새 시대의 실생활에서 표현하는 구체적 방식을 설명하는 자료가 매우 드물다.

:: 존경의 윤리적 차원

최근의 연구발표에 의하면 젊은 사람들 가운데는 고령자를 푸대접하고, 병약한 고령자를 저버리고, 이분들의 어려움에 무관심하고, 다만 돈과 권력을 가진 고령자만을 존경하는 경향이 있다. 외국에서는 이미 오래 전부터 이러한 조사결과가 보도되고 있으며 우리나라에서도 비슷한 보도가 나오기 시작했다(권중돈, 2010; 김미해 & 권금주, 2008; 보건복지부, 2007; 한동희, 2002; 이인수 & 이용함, 2000; Pillemer & Finkelhor, 1988; Tomita, 1994; Kwan, 1995; Levy, 1999).

위에서 비인도적으로 노인을 학대한 전설을 소개하였는데 이런 극

악한 짓은 노인을 존중하지 않기 때문에 일어나는 행동이다.

고령자들은 개인에 따라 차이는 있지만 일평생 가족과 사회를 위해 몸과 마음을 바친 분들이다. 이분들의 대다수는 애정, 의무감 및 희생으로 자녀와 젊은 사람들을 보살피고, 기르고, 교육시키고, 지원했고, 이 세상 떠날 때까지 자녀와 사회를 위해 나머지 에너지도 바치는 분들이다.

이분들을 존중하고 보실핀다는 것은 도의적, 윤리석 빛 사회적 관점에서 매우 중요한 과제이다.

공자는 말하기를 효는 구체적으로 부모를 존경하고, 부모의 명예를 존중하고, 부모에게 따뜻한 음식, 의복 및 거처를 마련해 드리는 것이다(예기 하 내칙 12장). 이 말은 자녀가 부모에게 할 원초적이고 도의적인 의무를 규정한 것이다. 공자는 다음과 같이 부모를 존경하는 것이 중요함을 강조하였다.

> "인간이 하는 모든 행동들 가운데서 효행보다도 더 중요한 것이 없다. 효행 가운데서도 부모를 존경하는 것이 제일 중요하다"(효경 10장).

일찍이 서양 윤리학의 거인 Aquinas(1981)는 다음과 같이 부모존경에 대해서 말했다.

> "나는 나의 부모를 공경하는 의무를 수행해야 하는데 부모에게는 나의 아이나 친구에게 아니해도 되는 존경을 해드려야 한다. 히나님을 제외하고 부모는 우리를 이 세상에 존재케 하고 발전케 한 원천이기 때문이다."

이런 말들은 부모는 자녀를 이 세상에 출생시키고, 어릴 때 보살펴 주고, 지원해 주고, 걱정을 해 주며, 희생적 노력을 해서 양육했기 때문에 자녀도 성장하면 이러한 은혜에 보답하기 위해 부모를 존경하면서 부양해야 함을 가르쳐 주는 것이다.

Aquinas는 또 자녀가 어릴 때 부모로부터 받은 은혜는 법적인 빚, 즉 받은 액수를 돌려 갚으면 되는 빚이 아니라 그 빚은 도덕적인 빚이고 감사의 빚이라고 했다.

부모에 대한 감사는 개인적 이익을 바라지 않고 오직 자녀의 안녕을 위해 조건 없이 은혜를 베풀어 준 데 대한 것이다. 중요한 점은 은혜를 베푼 부모는 은혜를 돌려받을 기대를 하지 않고 베풀었다는 사실이다.

감사는 은혜에 대한 보답이다.

독일의 유명한 철학자 Kant(1964)는 감사에 대해서 다음과 같이 말했다.

> "감사는 우리에게 친절을 베푼 사람을 존경하고 받드는 뜻이 내포되어 있다."

이러한 뜻을 영국의 저명한 윤리학자 Blackstone(1856)은 부모와 자녀의 관계와 연계해서 다음과 같이 말했다.

> "부모에 대한 자녀의 의무는 자연적인 정의(情誼)와 보은(報恩)의 원칙에서 나오는 것이다. 우리를 이 세상에 출생시킨 부모에게 어려서는 당연히 순종해야 하고 자라서는 이분들을 받들고 존경해야 한다. 우리를 양육하고 교육시키고 성장시켜준 부모가 노쇠해서 도움이 필요하면 우리로부터 당연히 도움을 받아야 한다."

맹자는 사람마다 측은지심(惻隱之心)이 있다고 했다. 측은지심은 부모를 포함한 모든 사람을 딱하게 여기며 사랑하고 존중하는 뜻을 내포한다. 공자의 이상은 인(仁, 사람을 사랑함)을 실현하는 것이다. 맹자는 측은지심이 바로 인의 출발점이라고 했다(董金裕, 2010).

측은지심은 사람이 배고프면 스스로도 배고파 하고, 다른 사람이 물에 빠지면 스스로도 그 물에 뛰어드는 정신으로 약자를 보살피고, 그들의 편에 서는 마음이나. 맹자는 인으로부터 모든 사람과 모든 물건을 사랑하고 존중함에 이르는 길(道)을 제시하였다.

동양의 석학들이 교시한 바와 서양의 석학들이 한 말은 자녀가 지킬 도리를 중요시했다는 데서 비슷하다.

자녀의 부모에 대한 감사와 존경을 단순히 부모은혜에 대한 대가를 치르기 위한 것이라고 생각해서는 안 된다. 자녀의 감사는 부모가 베풀어 준 특수한 은혜의 너그러움을 깨닫고 그에 대해 다만 반응하는 데 불과하다. 그 은혜는 어떤 짓을 해도 갚을 수가 없는 것이다.

Kant에 의하면, 성인자녀가 부모로부터 어릴 때 받은 은혜에 감사할 의무는 영원하고 성(聖)스러운(heilige) 의무이며 이로부터 자녀가 부모에게 가지는 감사의 의무가 생기는 것이라고 했다. Kant는 이 점에 대해 다음과 같이 강조했다.

> "감사는 성스러운 의무라고 생각해야 한다. 그 의무는 언제나 의무로서 남아 있을 때 신성하다. 따라서 자기가 받은 친절을 모두 갚는다 해도 그 의무로부터 벗어날 수가 없다."

자녀가 부모에게 감사하려고 어떤 행위를 한다 해도, 그리고 비록 부모가 해준 바와 똑같은 행위를 부모에게 한다 해도 부모에 대한 감사를 충분히 표시할 수가 없다. 그 넓고, 깊고, 높고, 한이 없고, 조건 없이 제공한 도움을 자녀는 어떤 방법으로도 모방할 수가 없는 것이다.

이와 비슷한 가르침이 불교에서도 전해지고 있다.

아버지를 왼편 어깨에 어머니를 오른편 어깨에 지고 뼈가 다 부서지도록 다녀도, 큰 산을 백만 번 돌아다녀 발에서 나온 피가 발목까지 차오른다고 해도 그 사람은 부모로부터 받은 은혜를 갚지 못한다(Nicholson, 2000: 9).

따라서 우리는 이분들에게 감사를 하지 않을 수 없다. 감사를 하기 위해서는 무엇보다도 먼저 이분들을 존경해야만 한다.

:: 존경: 으뜸가는 부양 이유

부모를 부양하는 가장 중요한 이유는 무엇인가?

위의 질문에 대한 답을 얻으려고 부모를 모범적으로 봉양하여 효행상을 받은 사람들에 관한 자료를 분석해 보았다.

부양 이유는 부모를 부양하도록 만든 동기, 마음속의 충동과 의지를 말한다. 부모부양을 하려는 이유는 개인의 도덕적인 의무감에 의해 동기화되므로 이는 곧 득행(德行)이다. 도덕적 이유는 이 경우 부모와 어른을 위한 이타적인 행위(다른 사람을 위한 보살핌과 서비스)를 하는 것이다.

부양이유는 11가지 항목들로 분석되었다(표 1).

표 1에 나타난 등위와 같이 가장 빈번히 지적된 이유는 '부모를 존

경하기 때문'이다. 다음으로 '부모에 대한 책임 수행', '부모를 위해 나를 희생하려고', '부모의 은혜에 보답하려고' 등의 이유가 따랐다.

다음에는 효행자로부터 직접 설문조사를 통해 수집한 자료를 바탕으로 부양이유를 알아보았다.

효행자에 대한 이야기를 분석해서 알아낸 부양이유와 이 설문을 통해서 알아낸 이유의 지적 빈도에 따른 등위가 비슷하게 나타났다.

표 1에는 11가지 부양이유들의 두 가지 등위들(하나는 부양이유를 지적한 빈도에 기초한 등위이고 다른 하나는 중요성 평점에 따른 등위)을 비교해 본 것이다.

종합등위를 보면 역시 "부모존경"이 제일 높다(지적 빈도 1위, 중요성평점 1위).

〈표 1〉 부양이유: 빈도에 따른 등위와 중요성에 따른 등위의 비교*

동기유형	빈도에 따른[1] 등위(%)	평점에 따른[2] 등위평균	종합 등위
부모존경	1 (98)	1 4.98	1
자녀책임수행	2 (85)	1 4.97	2
은혜보답	3 (72)	6 3.46	4
가족화합	4 (47)	3 4.46	3
부모를 위한 희생	5 (43)	7 3.29	5
부모에 대한 동정	6 (27)	7 3.29	7
가족의 영속	7 (20)	5 3.90	5
못다 한 일 보상	8 (11)	9 3.25	9
이웃노인지원	9 (7)	4 4.16	7
종교적 신념	10 (3)	10 2.62	10
가족체면유지	10 (3)	11 2.50	11

* Spearman 등위계수(Rho)=.82(.001)
  1) 지적 빈도의 백분율
  2) 5단위 척도에 의한 중요성평점의 가중치의 평균

부모존경이 가장 으뜸가는 부양이유로 나타났다. 사실 효에 관한 유교문헌에도 부모존중이 가장 빈번히 언급되고 가장 강조되고 있다. 따라서 본 조사에서 얻은 자료가 고전에 담긴 내용과 맞아 들어갔음을 알 수 있다. 이 사실은 옛날이나 지금이나 존경은 부모를 부양하는 가장 중요한 이유임을 알려주고 있다.

:: 참존경과 거짓존경

끝으로 한 가지 짚고 넘어갈 것은 정상적이지 못한 사람관계에서 가끔 상대가 보여 주는 존경이 참된 존경인가 아니면 거짓 존경인가 의심하는 경우가 있다.

사람에 대한 존경은 그 사람에게 관심을 가지고 그를 귀중히 여기며 그를 보살펴 주려는 의지가 있음으로써 행해질 수 있다. 이런 심리적 동기가 없으면 참된 존경을 할 수 없다.

일본의 Soeda(1978) 교수는 어른존경의 표현을 '다때마애'와 '혼내'의 두 가지로 구분하였다. '다때마애'를 어른존경과 연관해서 사용하면 문화적인 규범에 따른 형식적이고 겉치레에 불과함을 의미하고, '혼내'를 사용하면 그것은 진실한 또는 참다운 어른존경의 표현을 의미하게 된다(Makizono, 1986; Soeda, 1978).

이런 2중적 관점은 일본인뿐만 아니라 다른 나라 사람들도 가질 수 있다. 다만 사람들은 이런 이중적 표현을 공공연하게 나타내지 않기 때문에 이를 명확히, 빠르게 감지하기가 어렵다.

이런 점을 고려하면 존경을 자동적으로 진실한 표현이라고 보기는 어렵다. 그렇다면 존경을 받는 사람은 존경의 표현이 진실한지, 아닌지를 알아보기 위하여 존경자의 내면적 심정을 조심스럽게 살펴보아야 할 것이다. 그러나 단순한 접촉에서 이를 파악하기는 쉬운 일이 아니다.

보통 어른을 존경하는 이유는 존경자가 어른에게 관심을 가지고, 그를 귀중히 여기고, 그에게 친밀함과 애정을 전하기 위해서 또는 그분을 즐겁게 해 주기 위해서 하는 것이다. 이런 자원적으로 진실하게 존경하는 경우가 '혼내'에 속하는 존경이다. 이와 대조적으로 압력에 의해서, 정치적인 이유 때문에, 주변 사정 때문에, 또는 지시를 받고 하는 수 없이 존경하는 경우에는 참다운 존경심이 없이 외면적 제스처만 보이게 될 것이다. 아마도 위의 일본학자들이 지적한 '다떼마에'에 해당하는 어른존경은 이 사례에 해당될 것으로 본다.

존경의 정도는 존경자와 피존경자의 개인적인 인간관계에 따라 다를 수 있다. 즉, 존경의 표현은 사회적 순서와 연계되어 행해질 수 있다고 본다. 이 순서는 다음과 같은 집단들과의 친밀, 애정, 감사의 정을 바탕으로 하는 관계를 따르는 것으로 볼 수 있다. 즉, 제1차 집단(부모, 고령의 친척), 제2차 집단(선생, 선배), 제3차 집단(이웃/직장의 어른), 제4차 집단(일반 고령인)이다. 대개의 경우 이 순서에 따라 존경의 정도가 결정된다고 추정할 수 있다.

이 책에서는 대다수 조사대상자들이 위의 4개 집단들에 속하는 어른에 대해서 어떤 지시나 명령을 따르지 않으면서 참된 존경을 한다는 가정하에서 논의를 진행하였다.

제2장

존경의
전통적 의미

동아시아에서 예부터 전해오는 어른존경의 의미와 방식을 알아보기 위해 다음의 유교경전을 살펴보았다.

　부모, 조상 및 어른과의 관계, 그리고 모든 대인관계에서 마땅히 지켜야 하는 예절과 올바른 행동, 즉 예(禮)에 관한 가르침을 수록한 예기(禮記), 교육, 도덕, 인격양성 등 주제에 관한 논의를 수록한 논어(論語), 공자의 수제자인 맹자의 공자의 가르침에 관한 논의를 수록한 맹자(孟子), 그리고 효의 실천에 관한 지침을 수록한 효경(孝經), 인격 도야, 가족조정, 국가질서를 통해 보편적 도덕성을 이룩하는 것에 대한 이야기를 담은 중용(中庸)에는 부모와 어른을 존경하는 데 관한 여러 가지 원리, 가르침 및 지침이 수록되어 있다.

　이들 문헌 속에 담겨 있는 부모와 어른(윗사람과 같은 뜻으로 봄)에 대한 존경과 관련된 문장들과 구절들을 가려내어 아래와 같이 정리해 보았다.

　공자는 부모를 예(禮)로서 대접하는 것이 효라고 말했다. 예는 예절과 올바른 행동을 뜻하며 상대자에 대한 존경을 내포한다. 예는 윗사람에 대한 존경을 나타내는 행동만이 아니라 존경의 심리적 및 감정적 차원까지 포함하고 있다(de Bary & Bloom, 1999: 58-59). 예에 대한 공자의 가르침의 핵심은 다름 아닌 부모와 어른을 존경하는 것이다.

공자는 "존경으로써 사람을 대한다면 예를 행하는 데 무슨 어려움이 있겠는가?"라고 하여 대인관계에 있어 사람들을 존경하는 것이 가장 중요함을 지적하였다(논어 4, 13).

그의 제자가 어떤 방법으로 부모에게 효도하면 좋겠느냐고 질문하자 공자는 다음과 같이 답하였다.

> "요즈음 사람들은 부모에게 먹을 것만 주면 효도하는 것으로 알고 있다. 하지만 개와 말에게도 먹을 것을 주지 않는가. 부모를 존경으로 대접하지 않는다면 사람과 짐승 사이에 차이가 무엇인가"
> (논어 2, 7)

위의 답에 나타났듯이 공자에게는 부모에 대한 물질적 지원이나 외면적 표현보다도 마음속에서 우러나게 진정으로 부모를 존중하는 것이 더 중요했던 것이다.

존경에 관한 가르침에서 공자는 부모를 잘 보살피고 부양하는 방법을 구체적으로 지시하고 정서적 보살핌과 함께 행동으로 보살피고 지원할 것을 강조하였다. 즉, 부모의 마음과 몸을 함께 보살피는 것이다. 앞장에서 논의한 바와 같이 존경의 핵심은 보살핌이다. 보살핌은 곧 존경의 가장 중요한 부분이다. 이 존경과 보살핌에 대한 공자의 견해와 서양학자들의 견해가 일치되고 있음을 알 수 있다.

공자는 보살핌(존경의 표현)을 제공하는 방법에 대해 예기(禮記)(상 1; 하 12)에서 다음과 같이 자세히 설명하였다.

"부모의 의사에 어긋나는 언행을 해서는 안 되며, 이 분들이 즐거운 것을 보고 듣도록 해야 하며, 이 분들에게 편한 잠자리를 제공해야 한다. 아침에 잠자리에서 일어나면 곧 부모가 거처하는 방에 가서 문안을 드리고 공손한 말로 그분들의 의복이 따뜻한가, 아프거나 불편한 데는 없는가 알아보아야 하고, 있다고 하면 이를 해소해 드려야 한다. 그리고 그분들이 원하는 음식을 대접해야 하며 그음식은 맛있고 신선하고 연하고 향기로운 것이라야 한다."

또한 부모의 얼굴, 머리, 몸을 씻도록 도와야 한다고 했다(예기 하 12). 이상은 보살핌으로 하는 존경에 대한 설명이다.

존경을 하는 데는 외면적인 표현 또는 몸가짐도 중요하다. 이 점에 관해 공자는 다음과 같이 말했다.

"부모가 부르면 공손히 '예' 하고 인사를 해야 하며, 부모의 방을 드나들 때는 성실하고 존경하는 자세를 갖추어야 한다."(예기 하 12).

부모와 대화를 하거나 서신을 교환할 때는 언제나 예의에 어긋나지 않도록 부드러운 음조로 조심스럽게 존댓말을 사용해야 한다(효경 4; 논어 8, 4).

그는 또한 부모의 충고와 지시에 순종해야 함을 강조했다(예기 하 12).

자녀는 부모와 연장자에게 존경의 표시로서 윗자리 또는 가운데 자리를 제공해야 하며 부모가 원하는 데 따라 부모가 앉을 자리의 방향을 잡아 주어야 한다(예기 상 1; 하 12).

선물을 제공하는 것도 어른존경의 한 방법이다. 예기(하 12)에는 며느리는 친정부모한테서 음식, 의복, 포백, 패세, 채란을 받으면 이를 시부모에게 바칠 것이며 이를 받은 시부모는 매우 기뻐한다고 했다.

위에 소개한 인용문들은 존경하는 구체적 방식들을 알려 주고 있다. 즉 보살피고, 서비스를 제공하고, 음식을 대접하고, 인사를 하고, 윗자리를 권하고, 선물을 제공하고, 공손한 자세를 갖추고, 우선적으로 대접하고, 존댓말을 하고, 순종하는 것이다.

공자는 이어 부모의 탄생일을 축하해야 한다고 다음과 같이 말했다.

> "자녀는 부모의 탄생일을 축하해야 한다. 이는 부모의 생일을 축하하는 뜻도 있지만 그분들이 한 살 더 늙기 때문에 이를 걱정하는 뜻도 있다"(논어 4, 21).

자녀에게 가장 애통 서러운 것은 부모가 세상을 떠날 때 약이나 미음을 드리면서 임종을 지켜보지 못하는 것이다.

이에 관해서 맹자(공자의 수제자)는 "부모가 살아계시는 동안에 식사를 대접하는 것만으로는 자녀의 도리를 다 했다고 할 수 없다. 이 세상을 떠나신 부모를 위해 장례 의식을 경건히 올림으로써 그 도리를 다 하는 것"이라고 했다(맹자 5, 2: 8).

공자는 부모의 유체를 매장하는 데 있어 와관(外棺)과 내관(內棺)을 사용하는 데까지 자세히 가르쳐 주었다(맹자 2, 2: 7). 질이 좋은 관을 고르는 것은 돌아가신 부모에 대한 자녀의 존경과 애정을 표시하는 것이다. 그러나 그는 "사망한 부모에 대한 조의를 표하는 데는 형식적 의례보다는 마음속으로 슬퍼하는 것이 더 중요하다"고 했다(논어 3, 4).

생존하는 부모를 대하듯 사망한 부모에 대해서도 외면적 행동과 함께 마음속에서 우러나는 존경을 표시해야 한다(중용 19).

공자는 "조상에 대한 제사를 경건하게 모셔야 한다"고 했다(논어

3, 12). 전통적으로 조상에 대한 예는 후손이 행하는 매우 중요한 의무로 되어 왔다.

공자는 어른존경의 실천 범위를 확대하여 가족이 아닌 이웃 노인과 사회의 노인까지도 존경해야 한다고 했다. 즉, 그는 "가족 내의 어른을 존경하듯 다른 가족에 속하는 어른들도 존경해야한다"했다(효경 2).

같은 뜻으로 "가정 내에서 자녀는 부모를 섬기고, 가정 바깥에서는 다른 노인들을 존경해야 하며 이분들을 대할 때 말과 행동을 조심해야 한다"고 했다(논어 1, 6). 이 구절은 이웃과 사회의 모든 노인을 존중해야 함을 지적하고 있다. 따라서 어른존경은 가족의 한계를 넘어 이웃과 사회로 연장된다.

이상의 글에는 부모의 탄생일을 축하하고, 돌아가신 후 장례를 엄숙히 거행하고, 조상을 경배하고, 가족이 아닌 다른 노인들을 존경해야 한다는 가르침이 포함되어 있다.

위에서 인용한 글들은 동아시아 사람들에게 여러 세대에 걸쳐 영향을 끼친 전통적 어른존경의 이념을 포함하고 있으며 아울러 부모와 어른을 존경하는 구체적 방식들을 알려주고 있다.

제3장

존경을
하는 방식

:: 고전적 존경방식

이 장에서는 앞장에서 인용한 유교경전에 담겨 있는 고전적 어른 존경방식들을 가려내는 작업을 하고자 한다.

다음에 이 조사작업을 한 과정을 약술한다.

저자를 포함한 세 사람의 공동연구자들이 각자 별도로 앞장에 소개한 유교문헌 속의 어른존경과 관련된 문장과 구절을 분석하였다. 연구자들은 모두 효와 어른존경에 대한 지식과 경험이 있고 사회조사에 능숙한 학자들이다. 작업에 들어가기 전에 조사과정에서 참고로 할 다음의 5개 존경방식들을 설정하였다. 이 방식들은 동아시아 문화권에서 일반적으로 널리 사용되는 어른존경방식들로서 공동연구자들이 효에 관한 문헌을 참조하여 미리 선정한 것이다.

① 어른을 보살피는 것: 보살핌으로 하는 존경
② 어른에게 인사하는 것: 인사로 하는 존경

③ 어른에게 경어 또는 존댓말을 사용하는 것: 경어로 하는 존경
④ 어른이 즐기는 음식을 대접하는 것: 음식대접으로 하는 존경
⑤ 어른의 명령과 지시에 순종하는 것: 순종해서 하는 존경

이 존경방식들을 참고하여 위에서 인용한 문장과 구절을 분석하기 시작하였다. 분석을 해 나가는 과정에서 이 5개 방식들이 모두 가려 내어졌고 또 이 방식들 외에도 새로운 존경방식들이 발견되었다. 기존 5가지 존경방식과 비교하여 그 뜻과 행동적 표현이 다르고 모든 분석자들이 새 존경방식으로 정하는 데 합의함으로써 선정되었다.

선정을 하는 과정에서 어른존경의 행동적 표현을 내포한 문장, 구절 및 낱말이 발견될 때마다 분석자들은 제각기 그 뜻과 표현을 파악하여 기록하였다.

예로 보살핌으로써 하는 존경의 경우 어른을 위한 보살핌과 어른에게 제공하는 서비스를 포함하는 돌보는 방법들을 종합해서 '보살핌으로 하는 존경'으로 요약했다. 어른에게 적절 또는 타당한 언행(존경하는 말과 행동)을 해야 한다는 문장에서 '적절한 말'이란 낱말을 어른을 존경하는 말로 해석하여 '존댓말(경어)로 하는 존경'으로 정하였다. 그리고 가족이 아닌 다른 노인을 존경해야 한다는 문장은 '이웃노인에 대한 존경'으로 이름 지었다.

대부분의 방식들은 문장과 구절에 내포된 뜻과 표현이 분명하고 구체적이어서 쉽게 가려 낼 수 있었다. 한 번 이상 기록된 존경방식에 대해서는 Coding을 했다. 즉, 식별된 방식은 Yes, 그렇지 않은 것에는 No로 표시하였다.

분석자들은 각자가 식별해서 기록한 존경방식들을 서로 교차 검정한 후 전원이 합의하는 방식들을 최종적으로 선정하였다. 그런데 분

석자들 전원이 13개 방식을 가려내어 최종 선정하는 데 합의했기 때문에 신뢰도를 측정하는 절차를 약했다.

내용분석의 타당성도 대부분의 존경방식들이 문헌에 기술되어 있는 그대로 선정되었고 또 존경에 대한 전문지식을 가진 분석자들 전원의 합의에 따라 선정되었기 때문에 높은 것으로 보았다. 따라서 통계분석을 하지 않고 목측(eyballing)으로 분석작업을 완료한 셈이다[이 조사에 사용한 내용분석방법에 대한 자세한 사항에 대해서는 저자의 논문(성, 2001)을 참고하기 바란다].

이러한 조사작업을 통해 처음에 설정한 5가지 방식들 외에 8가지가 더 발견되었다.

종합해서 다음과 같은 13가지 존경방식을 찾아내었다(이들 13가지를 '*고전적 존경방식*'이라 이름 지었다).

① 보살핌으로 하는 존경: 어른을 보살피고 어른에게 서비스를 제공하는 것
② 순종을 해서 하는 존경: 어른의 지시나 명령을 따르는 것
③ 음식대접으로 하는 존경: 어른이 즐겨하는 음식을 대접하는 것
④ 선물로 하는 존경: 어른에게 선물을 드리는 것
⑤ 경어로 하는 존경: 어른과 대화를 하거나 서신을 교환할 때 존댓말을 사용하는 것
⑥ 외모를 갖추어 하는 존경: 어른을 대할 때 단정하고 공손한 외모를 갖추는 것
⑦ 윗자리를 제공해서 하는 존경: 존경의 뜻을 나타내는 자리나 역할을 제공하는 것
⑧ 축하를 해서 하는 존경: 어른의 탄생일을 축하하는 것
⑨ 인사를 해서 하는 존경: 어른에게 인사하는 것
⑩ 먼저 대접해서 하는 존경: 어른에게 서비스나 편의를 먼저 제공

하는 것

⑪ 장례를 통해서 하는 존경: 돌아가신 어른을 위해 경건히 장례를 올리는 것

⑫ 조상에 대한 존경: 제사, 성묘, 기타 특별한 행사를 통해서 조상을 숭배하는 것

⑬ 이웃 노인에 대한 존경: 이웃과 사회의 어른을 존경하는 것

이상은 유교문헌에서 찾아낸 고전적 어른존경방식들이다.

:: 현대적 존경방식

다음에는 조사 범위를 넓혀 최근에 행해진 경험적 조사들에서 나타난 현대적 존경방식을 탐사하였다. 이 조사들은 모두가 다음의 3가지 조건들을 갖추었다.

① 어른존경방식을 조사하였음
② 동아시아 사람들을 조사대상으로 하였음
③ 질적 또는 양적 조사를 위한 적절한 조사방법을 사용했음

1. 미국 듀크(Duke) 대학교의 Palmore와 일본 루터 대학교의 Maeda(1985: 6-8, 17-28, 41, 81-100) 교수들의 보고는 일본 노인에 관한 설문조사 자료, 생활사정, 정부 및 민간의 양로사업, 노년학자들과의 면접 자료, 문예작품에 나타난 자료 등을 바탕으로 하여 12가지의 표현방식을 지적하였다. 이 중 두 가지(이들이 지적하지 않은 '장례를

통한 존경'과 '의논을 통한 존경')를 제외하고는 모두가 그 의미나 표현들이 고전적 존경 방식들과 동일하다.

2. 싱가포르 대학교의 Mehta(1997) 교수는 중국인이 주종을 이루며 효 정책을 추진하는 싱가포르의 주민을 대상으로 초점집단(focus group) 방법을 사용해서 조사를 했다. 그는 7가지 방식들을 식별했는데 이 중 의논을 통한 존경을 제외한 6가지는 고전적 방식들 중 상통하는 것들과 거의 같다. 싱가포르 사람들은 이 밖에도 여러 방식들을 사용하고 있지만 그는 특히 이들 7가지를 강조한 나머지 다른 방식들은 지적하지 않은 것으로 보인다.

3. 미시간대학교의 Ingersoll-Dayton과 Saentienchai(1999) 교수들도 역시 같은 방법으로 싱가포르, 대만, 필리핀 및 태국에서 도합 79개 초점집단들을 통하여 조사했다. 이들은 12가지 방식을 지적하였다. 이 중 의논을 통한 존경을 제외한 11가지는 고전적 방식들과 거의 같다. 이들은 장례를 통한 존경과 조상에 대한 존경은 지적하지 않았는데 대만 사람들과 싱가포르 사람들(대다수가 중국인)은 이 두 가지를 아직도 널리 실행하고 있는 것이 사실이다.

4. 한국의 Sung과 Kim(성규탁 & 김한성, 2003) 교수들의 보고는 한국인을 대상으로 어른존경 표현방식 관찰 및 설문조사를 하여 얻은 자료에 기초한 것이다. 이들은 14가지 방식을 식별하였다. 이 방식들은 모두가 고전적 방식과 거의 같다.

5. 제5장(중국조사)과 제6장(일본조사)에서는 위의 4개 조사들에서 지적된 13개 방식들 이외에 '사생활 존중'과 '동일시해서 하는 존경'의 2가지 방식들이 새로 발견되었다.

앞의 5개 조사들은 조사방법 면에서 모두 경험적인 조사에 속한다.

<표 2> 어른존경방식: 고전적 방식과 현대적 방식

어른존경 방식		고전적 방식	현대적 방식(저자)					인용한 연구의수
			Palmore & Maeda	Sung & Kim	Mehta	Ingersoll-Dayton & Saengtienchai	Sung	
1	보살핌	X	X	X	X	X	X	6
2	음식대접	X	X	X	X	X	X	6
3	선물	X	X	X	X	X	X	6
4	존댓말	X	X	X	X	X	X	6
5	외모	X	X	X	X	X	X	6
6	이웃	X	X	X	X	X	X	6
7	의논	-	X	X	X	X	X	5
8	윗자리	X	X	X	-	X	X	5
9	생일축하	X	X	X	-	X	X	5
10	순종	X	X	X	-	X	X	5
11	인사	X	X	X	-	X	X	5
12	먼저대접	X	X	X	-	X	X	5
13	조상숭배	X	X	X	-	-	X	4
14	사생활	-	-	-	-	-	X	1
15	동일시	-	-	-	-	-	X	1

- 파악안됨
X: 지적된 방식을 나타냄

그리고 모두가 동아시아 나라의 고령자들과 성인 집단들을 대상으로 한, 어른에 대한 존경의 표현방식에 대한 조사들이다. 연구방법에서는 서로 다른 점이 있지만 우연히도 이 연구들 모두가 거의 같은 어른존경방식들을 식별해 내었다(<표 2> 참조).

그런데 성규탁과 김한성을 제외하고는 모두가 존경방식에 대해서 체계적이고 계량적으로 조사를 하지 않았다.

이상의 4개 조사들이 제시한 결과에 기초하여 15가지로 이루어진 현대적 어른존경방식의 세트를 갖출 수 있다(<표 2> 참조).

이들 15개 현대적 존경방식들 중에서 6가지는 5개 연구들 모두에서 지적된 것이고, 5가지는 4개 연구들에서 지적되었다. 즉, 12가지 방식들이 5개 연구들 중 4개 이상의 연구들에서 지적된 셈이다.

이러한 결과는 이들 존경방식이 동아시아 사람들이 널리 사용하고 있는 방식들임을 알려 준다. 여기에서 주목할 점은 15개 방식들 중 의논을 통한 존경을 제외한 14개는 모두가 고전적 방식과 동일하다는 사실이다. 이 사실로 미루어 보아 현대적 존경방식은 동아시아의 고전적 존경방식에 반영된 어른존경의 이념에 뿌리를 두고 있으며, 고전적 어른존경의 실천이 그 강도에서는 과거보다 약해졌다고 하지만 아직도 그 영향력은 동아시아 나라들에서 지속되고 있음을 시사하고 있다. 지적 빈도가 낮은 조상에 대한 존경과 장례를 통한 존경은 일본인과 한국인에 대한 조사들에서 지적되었는데, 이 두 방식 모두 오늘날 일본, 한국 및 중국에서 널리 통용되고 있다.

일찍이 Silverman과 Maxwell(1978)이 식별한 7가지 방식들(윗자리 제공, 즐기는 음식 대접, 존댓말 사용, 공손한 외모 갖춤, 서비스 제공, 선물 제공 및 생일 축하)은 34개의 여러 사회들을 대상으로 조사한 결과 식별된 방식들인데, 이 방식들 모두가 위의 동아시아 조사들에서도 발견되었다. 이 사실은 15개 방식선정의 타당성을 높여준다고 볼 수 있다.

이상과 같이 보살핌으로 하는 존경에서 시작하여 조상에 대한 존경에 이르는 구체적이고 포괄적인 현대 동아시아인들이 사용하는 존경방식들을 가려내었다.

:: 현대적 어른존경방식의 표현

현대적 존경(15가지)을 표현하는 방식과 그 방법들이 갖는 일반적
의미를 다음에 간단히 적어 보겠다.

① 보살핌으로 하는 존경: 정서적 보살핌과 수단적 보살핌을 제공
   하는 것
② 음식대접으로 하는 존경: 어른이 즐기는 식사나 음료를 대접하
   는 것
③ 선물로 하는 존경: 선물(돈, 옷, 일용품 등 물건)과 혜택(모임을
   주도하는 권한, 편의 등)을 제공하는 것
④ 외모를 갖추어 하는 존경: 의복을 단정하게 입고 예의 있는 모
   습을 갖추는 것
⑤ 순종해서 하는 존경: 어른의 충고나 지시를 받아 들이며 어른의
   말을 귀담아 듣는 것
⑥ 존댓말을 사용하는 존경: 어른과 대화나 교신을 할 때 존댓말을
   사용하는 것
⑦ 윗자리를 제공해서 하는 존경: 윗자리나 조용한 방을 드리는 것
⑧ 축하를 해 드려 존경하는 것: 탄생일이나 특별한 가족행사에서
   축하해 드리는 것
⑨ 의논을 해서 하는 존경: 개인적 또는 가정의 일, 지켜야 할 관습
   등에 관해서 어른의 의견과 자문을 받는 것
⑩ 인사를 해서 하는 존경: 절을 하거나 두 손을 합장하여 인사하
   는 것
⑪ 먼저 대접해서 하는 존경: 도움을 먼저 제공하며 방, 자동차 등
   에 먼저 출입하도록 하는 것
⑫ 조상에게 하는 존경: 조상의 기일(돌아가신 날)에 제사를 올리는 것
⑬ 이웃노인을 존경하는 것: 이웃노인에게 보살핌과 서비스를 제
   공하는 것
⑭ 사비밀을 존중하는 것: 어른의 사생활과 개인적인 일을 존중하

는 것

　　⑮ 동일시하는 것: 어른의 사상, 믿음, 생활스타일을 따르는 것

　이러한 어른존경방식들의 실천에 대해서는 다음 장에서 자세히 논의하고자 한다.

:: 시대의 흐름과 존경방식의 변화

　산업화와 도시화에 따른 사회환경 및 생활스타일의 변동으로 인하여 존경을 표현하는 방식도 수정되어가고 있다. 그런데 존경방식이 어떻게 어느 정도 빨리 변하고 있는가에 대한 체계적인 조사가 이루어지지 못하고 있다.

　위에서 소개한 조사들에 의하면 싱가포르에서는 존경의 뜻이 순종, 복종으로부터 공손, 친절로 변하고 있으며 대만, 싱가포르, 태국, 필리핀에서는 어른이 이야기할 때 이를 경청하는 것-그 이야기를 반드시 따른다는 것은 아니지만-을 젊은이들이 존경방식으로 사용하는 경향이 있다. 그리고 한국에서는 어른을 찾아 의논하는 방식이 비교적 널리 사용되고 있다.

　앞으로 젊은 사람들이 공평, 대등한 세대 간의 교환에 더 많은 관심을 가지게 되면 의논하는 방식은 더 널리 사용될 것으로 본다. 윗사람에게 몸을 굽혀 절하는 대신 악수를 하는 경우가 눈에 뜨이게 많아졌다. 결혼식, 생일행사, 제사도 시간과 경비가 덜 드는 방식으로 전환하는 경향이다. 사람을 고용하여 자녀를 대신해서 부모를 보살펴

는 사례도 늘어나고 있다. 그리고 이웃의 고령자들을 돕는 그룹과 단체들의 봉사활동이 동아시아 나라들에서 현저히 증대하였다.

이러한 일련의 변화는 대체로 어른존경과 관련된 새로운 시대적 동향을 반영하고 있는 것으로 보인다.

동아시아나라들의 공통적 특성이었던 권위주의적이고 가부장적인 세대관계를 벗어나 평등주의적이고 상호교환적 관계를 바탕으로 어른 세대와 젊은 세대가 서로 존중하는 방향으로 나가고 있다고 본다. 그리고 가족중심적으로 행해진 어른존경이 이웃노인과 넓은 사회의 어른들을 존중하는 방향으로 확대되는 경향이다.

이와 같이 동아시아 사람들은 어른존경방식을 수정해 나가고 있다.

그러나 노년학자들은 존경의 표현이 달라지고는 있지만 어른존경은 일본, 한국, 중국 그리고 홍콩, 대만, 싱가포르를 포함하는 중국인 사회에서 여전히 중요한 사회적 가치로서 존속하며 이 가치는 가족성원들 간의 그리고 세대 간의 관계를 공고히 하는 힘이 되고 있다고 보고 있다(Meyer, 1988; Harper, 1992; Goldstein & Ku, 1993; Chow, 1995; Xie, Defrain, Meredith, & Comb, 1996; Singapore Ministry of Community Development, 1996; Mehta, 1997; Ikels, 2004; Sung, 2001, 2007).

일본에서 노년연구를 한 미시간 대학교의 Elliott와 Campbell(1993) 교수들은 동아시아 나라들 사이에 어른을 대접하는 데서 비슷한 점(유사성)이 있는 데 대해 다음과 같이 논하였다.

"한국과 중국의 문화적 맥락에서 볼 수 있는 부모부양에 대한 자녀의 의무와 세대 간의 관계는 일본에서도 역시 볼 수 있다. 이러한 공통점이 있는 이유는 이들 동아시아 문화권에 속하는 세 나라들이 유교의 윤리적 가치인 효로부터 영향을 받았기 때문이다." 홍콩 대학교의 Nelson Chow 교수도 비슷한 말을 했다(1995).

동아시아 나라들에서 볼 수 있는 이러한 공통적인 문화적 영향은 아직도 작용하고 있는 것이 사실이다. 미국노년사회학의 석학 Gordon Streib(1987) 교수는 그의 중국연구에서 중국인들은 어른을 만나면 '자동적(automatically)'으로 경의를 표한다고 했다. Palmore와 Maeda(1985)는 일본인이 어른과 선배를 존경하는 관습은 일본의 사회구조 깊숙이 뿌리 박혀 있다고 했다. 그리고 Sung(1998)은 대부분의 한국인들은 어릴 때부터 부모, 선생 및 윗사람을 존경하도록 사회화되고 있다고 했다.

이러한 어른존경과 관련된 사회적 행위, 사회적 구조, 사회화 및 교육을 위한 노력은 과거보다 약해졌으나, 동아시아의 문화적 맥락에서 여전히 실천되고 있음을 시사하고 있다.

:: 논 의

본 연구는 15가지의 어른존경방식들을 가려내었다. 이러한 방식들을 실천함으로써 동아시아 사람들은 부모와 선생을 비롯한 윗사람에 대한 존경을 표현하고 있다.

현대적 존경방식들이 의미하는 바와 표현되는 방식이 고전적 존경방식들의 의미 및 표현과 거의 같게 나타났다. 이 사실은 어른존경과 관련된 가치, 규범 및 사회적 역할은 여러 세대에 걸쳐 지속되는 동아시아의 문화적 특성임을 시사한다.

존경방식은 두 가지 유형으로 분류할 수 있다.

하나는 보살핌(care, caring)을 통해 존경하는 행동이다. 예로 보살피는 것, 서비스를 제공하는 것, 식사를 제공하는 것, 선물을 제공하는 것, 가사를 돌보는 것 등의 행위이다.

다른 하나는 상징적(symbolical)인 뜻을 가진 존경이다. 예로 경어를 사용하는 것, 공손한 외모를 갖추는 것, 순종을 하는 것, 윗자리에 모시는 것, 먼저 대접하는 것, 축하를 해 드리는 것 등이다.

이들 두 가지 유형들을 결합해서 어른에 대한 존경을 종합적으로 표현할 수 있다.

보살핌(care)으로 하는 존경이 15가지 방식들 가운데 하나라는 사실은 뜻 깊은 일이다. 서양학자들(Downie & Telfer, 1978; Dillon, 1992)이 논하는 바에 의하면 존경은 단순히 느낌 또는 감정의 차원이 아닌 다른 사람에 대해서 관심을 기지고 실제적으로 보살펴 주는 행위를 의미한다. 이들은 다른 사람을 존경한다는 것은 바로 그에게 관심을 갖고 그를 보살피고 지원하는 것이라고 규정하였다. 즉, 보살핌은 존경의 일부라는 것이다. 그렇다면 이 서양학자들이 논한 바와 본 연구에서 발견한 동아시아적 존경방식(보살핌을 존경의 중심적 요인이라고 보는) 사이에는 공통점이 있다고 할 수 있다.

보살핌으로 하는 존경은 사회복지 및 의료 서비스와 밀접한 관련이 있다. 만성질환으로 와상 중인 노령의 환자를 보살피는 일은 쉬운 일이 아니다. 이러한 노령의 환자는 서비스제공자에게 거의 완전히 의존하여 그들의 처분에 맞겨지고 있는 경우가 많다. 인생의 종말 단계에 있는 이분들이 여생을 품위 있게 살도록 인도적 서비스를 제공한다는 것은 인간봉사제공자(의사, 간호사, 사회복지사, 기타 서비스 제공자들)의 중요한 전문직 의무이다. 따라서 인간봉사전문직은 이분들을 존경하면서 인도적인 서비스를 제공해야 하는 것이다.

본 연구에서 참조한 5가지의 선행연구들은 상이한 연구자들이 상이한 동아시아 사람들을 대상으로 상이한 지리적 장소에서 이루어졌다. 그런데도 불구하고 이들은 모두가 유사한 존경방식을 발견해 낸 것이다.

그러나 이들 연구는 모두가 제한점을 가지고 있다. 즉, 표본의 크기가 작고, 표본을 무작위가 아닌 의도적 방법으로 축출하였고, 조사도구가 지역에 따라 달랐고, 어른존경에 영향을 끼칠 수 있는 환경적 변수들을 체계적으로 다루지 않았다. 그리고 중국본토의 중국인들에 대한 조사는 4개 조사에 포함되지 않았다. 필자가 별도로 중국본토의 4개 지역들(상하이, 난징, 칭다오 및 청두)에서 행한 조사에 대해서는 이 책 제5장에서 보고한다.

본 연구에서 가려낸 다양한 방식들은 고령자와 윗사람 그리고 모든 사람을 존경하는 데 적용할 수 있을 것이며, 어른존경을 측정하는 도구를 개발하는 데도 도움이 될 수 있을 것으로 기대한다.

이 중 어떤 방식들은 시간이 흐름에 따라 달라질 수 있다. 오늘날 중요하다고 보는 방식도 내일에 가면 그렇지 않을 수 있는 것이다. 선행연구들이 시사하는 바와 같이 존경방식의 변화는 시대의 흐름을 따라 계속될 것으로 본다. 사회변동이 존경에 미치는 형태와 정도 그리고 존경방식이 변화가 노인의 안녕에 미치는 영향에 대해서 계속 조사가 이루어져야 하겠다.

끝으로 부언할 것은 5개 연구들에서 남자 어른과 여자 어른을 존경하는 데 있어 어떠한 차이가 있는지에 대해 논급하지 않았다.

동아시아에서는 일반적으로 여자(어머니)가 남자(아버지)보다도 더 존경받는 것으로 알려져 있다. 이러한 차이는 아마도 자녀와 어머니 사이의 공생관계 때문에 생기는 것으로 볼 수 있다. 그러나 기타 존경방식에 있어서는 대부분이 상징적인 표현(경어로 하는, 의논으로 하는, 순종으로 하는, 외모를 갖추어 하는, 윗자리를 제공하는, 인사로 하는, 사회 노인에게 하는 존경)을 통해 남자 어른이 여자 어른보다 더 존경받는 것으로 보인다. 이러한 차이는 부분적인 이유이기는 하지만 동아시아 나라들의 사회구조 안에서 아직도 남자가 생활을 위한 자원과 사회적 영향력을 여자보다 더 많이 점유하고 있기 때문인 것으로 보인다.

특별한 업적과 많은 재산을 가진 어른들이 여전히 상징적인 방식으로 더 존경받는 경향이 있는 것이 사실이다. 앞으로 남녀 어른에 따른 차이 그리고 명성과 재력을 가진 어른과 이를 안 가진 어른 사이의 어른존경상의 차이에 대한 연구가 있어야 하겠다. 이러한 사회적 계층 및 신분에 따른 어른존경상의 차이는 사회적 관심사가 되기 때문이다.

제4장

어른존경의
실천

앞장에서 가려낸 15가지의 어른존경방식들의 일반적인 의미와 이 방식들을 동아시아 문화적 맥락에서 실천에 옮기는 데 대해서 더 자세히 논의해 보고자 한다.

1. 보살핌으로 하는 존경

어른의 마음과 몸을 다 같이 보살핌으로서 실행하는 존경방식이다.

첫째는 마음을 보살피는 것으로서 '정서적 보살핌'인데, 예를 들어 어른의 마음을 편히 하고, 즐겁게 해드리고, 어른의 걱정을 들어드리고, 동정을 해드리고, 그분이 하는 일에 대해서 걱정을 해드리고, 안락한 분위기를 마련해 드리는 것 등이다.

둘째는 '수단적 보살핌'을 제공함으로써 존경을 표시하는 것이다. 예로 어른이 시사를 시중하고, 어른의 옷을 손질해 드리고, 어른의 가사를 돕고, 어른의 목욕을 돕고, 어른의 대소변을 돌보아 드리고, 어른이 편치 않을 때 의료기관에서 치료를 받도록 주선하고, 그분의 용돈을 마련해 드리는 등의 서비스를 제공하는 것이다.

보살핌이 어른존경의 대표적 내용으로 나타난 사실은 곧 효의 핵심이 부모와 어른을 보살피고 지원하는 것임을 조명해 주는 것이다.

서양뿐만 아니라 동양의 명현들도 보살핌은 곧 존경을 뜻한다고 규정하였다. 그렇기에 우리나라에서 효행상을 받은 사람들의 모두가 부모와 어른을 모범적으로 존경하며 보살피고 부양했다는 이유로 그런 사회적 칭찬을 받은 것이다. 이렇게 존경과 보살핌이 밀접히 연계되었다는 사실을 고령자를 치료하고 간호하는 가족과 인간봉사자들이 신중히 고려해야 된다고 본다.

2. 음식대접으로 하는 존경

어른이 즐기는 식사나 음료를 어른의 식성에 맞추어 대접해 드리는 것이다. 동아시아 문화에서는 매우 중요시되는 어른존경방식이다.

우리 사회에서는 다른 사람들과 음식을 나누어 먹는 관습이 여러 세대에 걸쳐 전해 내려왔다. 이웃은 물론, 지나가는 손님에게도 음식을 정중히 대접하는 것이 인정이요, 도리인 것으로 되어 왔다. 이런 음식대접은 유교, 불교 등 종교가 옛적부터 가르쳐 나온 선행이다.

사실 사람들이 가장 반가워하는 것 중의 하나가 좋아하는 음식을 대접받는 것이다. 특히 노년기에는 신체적으로나 경제적으로 좋아하는 음식을 자유로이 찾아다니기가 어렵다. 따라서 연로한 분들에게 그분들이 즐기는 음료와 식사를 대접한다는 것은 존경의 표시가 되고도 남는다.

이분들에게는 자기들이 즐기는 음식을 대접받는 것이 하나의 낙이

요, 기쁨이다. 부모님에게 저녁식사로 무엇을 어떻게 요리해서 드리면 좋겠느냐 물어보고 그분들이 원하는 대로 준비해서 드린다는 것은 노부모에게는 매우 반갑고 만족스러운 대접이 되는 것이다.

젖먹이 때부터 성인이 될 때까지 부모로부터 오만가지 좋은 음식을 받아먹고 자라난 자녀들이 노인이 된 부모에게 음식 대접을 한다는 것은 당연한 일이며 부모로부터 받은 그 큰 은혜의 극히 일부를 갚는 방법이 된다.

그래서 중국, 한국 및 일본의 효행 이야기들에는 거의가 부모에게 그분들이 원하는 음식을 애써 마련해서 대접했다는 구절이 들어 있다.

다시 말해서 우리 동아시아 문화에서는 예부터 어른에게 음식대접을 하는 것이 하나의 중요한 가족의 도리로 되어 왔고, 이것이 어른을 존경하는 하나의 대표적인 방식으로 전해 내려왔다.

3. 선물로 하는 존경

선물(예: 돈, 옷, 일용품, 기타 쓸모 있는 물건)과 혜택(예: 연설 또는 이야기를 할 기회, 회의나 모임을 주도하는 권한, 편의 등)을 제공하여 경의를 표하는 것이다.

어른의 집을 방문할 때는 미리 예약을 하고 가능하면 간단한 선물을 가지고 가는 것이 바람직하다. 어른에게 하는 선물은 애정의 표시이자 그분들을 지원, 원조한다는 뜻이 들어 있을 뿐만 아니라 어른을 존경하는 뜻도 포함되어 있다. 일반적으로 연로한 어른들은 사회에서 은퇴하여 수입과 사회활동이 별로 없이 생활하는 분들이다.

이분들에게 있어 돈을 포함한 쓸모 있는 물질적인 것을 선물로 받는 것은 매우 반갑고 고마운 일이다. 특히 요즘 돈은 애정을 표현하는 수단이자 은혜를 갚으려는 뜻의 표현이 되었다.

선물의 또 하나의 형태는 모임에서 좌장이나 결혼식의 주례 역할을 제공하는 것이다. 이런 비물질적 선물도 노인들이 반가워하며 그분들을 존중하는 방식이 된다. 이 존경방식도 우리 사회에서는 여러 세대에 걸쳐 전해 온 문화적 관습이다.

4. 외모를 갖추어 하는 존경

존경을 나타내는 모습을 보이는 것으로서 예의 있고 존중하는 태도와 외모를 갖추어 존경을 표시하는 방법이다.

동양문화에서는 의식적이고 형식적인 생활면을 중요시해왔다. 조상에게 의식절차를 갖추어 제사를 올리고, 어른에게 단정하게 절을 하고, 존대하는 말을 사용하고, 공손한 태도를 갖추는 등의 행동은 모두가 예의 있는 말, 행동, 모습으로 나타내는 형식적 또는 의식적인 존경방식이다.

그래서 어른(부모, 노령의 친척, 선생, 직장의 장, 기타 윗사람)을 만날 때는 가능하면 옷을 단정하게 입고, 그 옷도 드러나게 화려하거나 사치스러운 것이 아니고, 머리도 잘 빗고 화장도 보통으로 하고, 공손하고 단정한 모습을 갖추는 것이 어른존경을 표하는 방식이 되고 있다.

어른들이 반가워하지 않는 모습이나 태도는 피하고 그분들이 편한 마음으로 대할 수 있는 모습을 가짐으로써 존경의 뜻을 표하는 것이다. 외모는 그 사람의 마음가짐을 나타낸다는 말이 있듯이 다른 사람을 존중하는 마음이 있으면 외모도 단정하고 예모가 있어야 하는 것이다.

5. 순종을 해서 하는 존경

어른을 존경하는 방식들 가운데 가장 중요한 것이 어른의 말씀을 잘 듣고 이를 따르는 것이다. 다시 말해서 어른을 존경하는 데는 어른의 명령 또는 지시를 따라 행동하고 어른이 하는 말씀을 귀담아 잘 듣는 방식이 필요하다. 동아시아나라들은 오랜 세월 동안 유교문화의 영향을 받아 어른과 윗사람에게 순종하는 관습을 지켜 왔다.

개인의 인권을 존중하고 모든 사람이 동등한 권리를 가지는 현대사회에서도 이러한 전통적 관습이 동아시아나라들에서는 여전히 실천되고 있다.

오랜 세대에 걸쳐 이 관습을 중요하다고 보아 왔고 이런 관습에 가치를 부여하고 가족생활과 사회생활에서 실행해 나오다가 이제는 하나의 일상 생활화한 것으로 볼 수 있다.

그러나 오늘날 진보적인 어른들은 무조건 젊은 사람들에게 순종을 요구하지 않고 자기들 스스로 젊은 사람들의 모범이 되고 이들에게 도움이 되는 일을 해서 이들이 자기들을 따르도록 하는 경향이다. 즉, 노력을 해서 순종을 사고 있는 것이다. 세대 간의 관계가 호혜적이고 평등한 방향으로 진전됨에 따라 이렇게 어른 측에서 순종을 사는 방식은 시대적 변화에 순응하는 것이라고 생각한다.

6. 존댓말(경어)를 사용해서 하는 존경

어른과 대화를 하거나 교신을 할 때 경어 또는 존댓말을 사용해서 존경을 표하는 방식이다.

이 방식은 언어예절에 속한다. 어른을 포함한 모든 사람에 대한 존경은 마음속에 있으며 존댓말은 이 마음을 상대편에게 알리는 말로 된 수단이다.

존경하는 정도는 어른과 대화할 때 가지는 신체적 동작에 나타나기도 하지만 어른을 상대로 사용하는 언어(명사, 동사, 전치사, 후치사, 구절, 문장)로서도 표현된다.

동아시아 사람들은 어른에게 하는 말과 글에서 존경을 다양하게 표현하는 문화적 특징을 가지고 있다. 게다가 경어를 사용하는 방식도 매우 다양하여 어른에게 하는 것, 선배에게 하는 것, 직장 윗사람에게 하는 것, 경사 때 하는 것, 초상 때 하는 것 등 다양한 변화와 미묘한 표현이 많다. 그래서 서양 사람들이 한국어, 중국어, 일본어를 배우는 데 있어 가장 어려워하는 것이 바로 이 경어 사용방법을 배우는 것이다.

어른과의 가족관계 및 사회관계에 따라 그분을 부르는 호칭이 달라야 한다. 호칭은 상대하는 사람을 가리켜 말하는 명칭이다(예: 부모님, 선생님, 교수님, 목사님/신부님/스님, 과장님, 박사님, 위원장님, 김씨, 부인 등).

그리고 존댓말은 상대방의 가족(인척) 관계, 연령, 사회적 지위에 따라 다를 수 있기 때문에 우리 사회에서는 서양과 달리 어른과 대화나 통신을 할 때에는 언어를 매우 조심스럽게 사용해야 한다.

특정한 예로, 어른을 직접 부를 때, 돌아가신 어른을 부를 때 그 호칭이 각각 다르다. 그리고 아버지를 직접 부를 때, 다른 어른 앞에서 자기 아버지를 부를 때, 사돈어른을 부를 때, 직장의 윗사람을 부를 때, 모르는 어른을 부를 때 그 호칭이 또한 다르다. 흔히 사용되는 호칭으로서 아버님, 어머님, 선생님, 부인, 박사님, 반장님, 위원장님, 과장님, 기사님 등을 들 수 있다.

그리고 아들, 며느리, 부부, 시댁가족, 처가, 형제, 자매, 기타 친척에 대한 호칭이 각각 다르다. 이 장에서는 이런 호칭에 대한 설명은 약하고자 한다(참조: 예절교육, 한국전례원, 2002).

호칭을 사용하는 데도 상대편을 존경하는 의미가 담긴 소리로 해야 한다. 즉, 언어 예절을 지켜야 하는 것이다.

어른이 알아들을 수 있는 말을 조용하면서도 조리 있게 한다. 말의 속도를 조절하여 어른이 이해하기 좋게 말한다. 어른이 어느 정도로 나의 말을 알아들을 수 있는가를 조심스럽게 파악해서 말의 속도와 크기를 조절한다.

과거보다는 엄격하지는 않지만 여전히 경어의 사용을 중요시하고 있다. 사람들의 경어를 사용하는 것을 보고 흔히 그 사람의 가족배경과 교육정도를 평가하는 경향이 있다.

서양 사람들은 경의를 표시하는 데 주로 어른의 성(이름이 아닌)과 호칭(Mr., Mrs., Dr., Rev., Chairperson, Professor 등)을 붙여서 부르는 게 끝이지만, 동아시아 사람들은 이에 겹쳐 위에서 지적하였듯이 다양한 경어를 사용한다. 우리의 언어 속에는 어른을 존경하는 뜻과 표현이 박혀 있는 것이다.

어른이 알아듣기 쉬운 말, 전문용어가 아닌 언어를 사용해야 한다.

그리고 존경하는 마음이 말속에 담기도록 조용하게 부드러운 말을 정확하게 해야 한다.

다음에 특히 어른과 대화할 때 유의해야 할 사항을 몇 가지 들어 보고자 한다.

고령자는 일반적으로 말하는 것이 더디고 한 말을 되풀이하며 어떤 것에 대해 길게 이야기하는 경향이 있다. 그러나 말하는 것이 답답하고 지루하여도 그분을 존경하는 뜻에서 긍정적으로 받아 들이며 다음 사항에 유의하는 것이 좋다.

① 어른과 대화하는 동안 부드러운 표정으로 조용하게 말을 한다.
② 바른 자세로 공손하게 말을 이어 간다.
③ 어른이 이해할 수 있도록 쉬운 말로 천천히 조리 있게 말한다.
④ 듣는 분의 눈을 똑바로 보고 자기 의견이 잘 전달되도록 가벼운 눈짓과 손짓을 적절히 섞어 가며 말을 해 나간다.
⑤ 어른이 말할 때 귀를 기울이는 자세를 취한다.
⑥ 어른이 하는 말을 이해하기 위해 노력하는 태도와 행동을 한다.
⑦ 어른이 말하는 도중에 끼어들지 않으며 어른이 말을 끝내기를 기다린다.
⑧ 어른에게 질문할 때에는 그분의 양해를 정중히 구한 다음에 한다.
⑨ 대화 도중에 자리를 떠야 할 때는 정중히 그분의 양해를 구한다.

다음으로 전화로 존경을 표하는 데 유의할 점을 들어 보겠다.

고령자는 흔히 청력이 약해져 다른 사람의 말을 명확히 듣지 못하는 경우가 많다. 따라서 고령자와 전화로 대화할 때는 그분이 어느 정도 다른 사람의 말을 들을 수 있는가를 조심스럽게 파악해서 내가 할 말의 크기와 속도를 조절해야 한다. 그리고 통화할 요건들을 미리 정리해서 가능한 한 짧게 통화한다. 먼저 상대하는 어른에게 정중히 인사를 하고 용건을 말한다. 대화를 마치면 전화를 끊는다고 말한 다음 인사를 하고 통화를 끝낸다.

그리고 어른을 비롯한 상대편을 존경하기 위하여 그분의 사회적 지위, 나이, 나와의 친밀성 등에 따라서 그를 높이는 표현을 해야 한다. 예로 '날씨가 좋습니다', '안녕히 가십시오'(~습니다, ~십시오). 경의를 나타내는 말끝(어미)를 붙여서 높인다. 그리고 나를 일부러 낮추어 공손한 뜻을 나타냄으로써 어른을 높일 수 있다. 예로 '이것을 접수해 주시옵소서', '매우 반가옵나이다'(~옵소서, ~나이다)가 있다.

7. 윗자리를 제공해서 하는 존경

존경하는 뜻으로 윗자리나 조용한 방을 드리고, 부모의 산소를 남향의 따뜻한 곳으로 잡는 것 등의 생활공간과 연관된 존경방식이다.

어른에게 앞자리, 윗자리 또는 높은 자리, 가운데 자리, 안전하고 따뜻한 자리, 화장실에 가까운 방을 제공하고 또 그분들이 원하는 자리에 앉도록 함으로써 경의를 표하는 것이다. 이렇게 자리의 배정을 통해서 어른에게 경의를 표하는 방법은 서양사회에서도 볼 수 있다.

그러나 서양에서는 주로 모임이나 회의에서 이러한 방식이 사용되는 경향이지만 우리 사회에서는 일상 가정 및 사회생활 속에서 이런 방식을 중요한 존경방법으로 실천하고 있다.

동아시아에서는 어릴 때부디 이른에게 윗사리를 제공하는 것을 하나의 생활관습으로 배운다.

조상의 묘를 쓰는 데도 무척 정신적 및 물질적 노력을 기울이는데,

남향이고 물이 잘 빠지며 경치가 좋은 곳에 조상의 유체를 모시는 것을 자녀의 도리로 삼고 있다. 동아시아인은 묏자리를 정하고 집터를 잡는 데 많은 에너지를 투입하는 문화적 관습을 유지해 나가고 있다.

8. 축하를 해 드려 존경하는 것

부모의 탄생일이나 부모를 중심으로 하는 가족행사에서 축하해 드리는 존경방식이다.

가족행사 가운데 부모의 60회 또는 70회 탄생일은 특히 중요하게 다루어진다. 이런 생일은 부모가 고령이 되어 일생의 중요한 전환점을 맞는 시점이다. 가족원들은 이때를 축하하는 겸 나이를 더하신 부모를 위로하는 뜻에서 축하행사를 한다. 다른 가족원의 생일에도 부모를 중심으로 가족이 함께 축하하고 격려하며 위로하는 모임을 수시로 가진다. 이렇게 축하행사를 하는 것은 부모에 대한 존경을 정서적이고 표면적으로 뚜렷하게 나타내기 위한 것이다.

9. 의논을 통한 존경

어른의 지혜와 경험을 존중하여 개인적 일, 가정의 일, 지켜야 할 관습과 의식에 관해서 이분들과 의논하는 것이다.

어른과 의논을 함으로써 젊은 사람은 음연히 존경을 표할 수 있다. 의논은 의견을 주고받는 교환적인 특성을 가진다. 어른과 젊은 사람 양편이 참여해서 서로에 대한 관심을 가지고 진행하는 대인관계이다. 이 관계에서 양편이 모두 혜택을 받을 수 있다. 젊은 사람은 도움이 되는 조언과 지원을 받을 수 있고 어른은 그분들의 사회적·가족적 지위를 존중받고 또 그분들의 지식과 경험이 젊은 사람에게 도움이 된다는 데 보람을 느낄 수 있다.

10. 인사를 해서 하는 존경

어른을 만나게 되어 반갑고 기쁘다는 심정과 그분을 존경한다는 표정을 나타내는 행동이 곧 인사이다. 어른에게 공경을 행동으로 나타내는 예절이다.

어른을 만나면 허리를 굽혀 안부를 물으면서 인사한다. 인사로서 어른과 악수를 할 경우에는 어른이 먼저 악수할 때 이에 응해서 악수하는 것이 관례이다.

동아시아에서는 인사의 대표적 방식이 절을 하는 것이다. 절을 할 때는 흔히 몸을 굽힌다. 이 방식은 몸의 동작으로 표시하는 존경이다.

절을 받는 어른은 이에 응해서 절하는 사람에게 답례로 맞절을 해주기도 한다. 존경의 대상이 되는 어른에게 몸을 굽히는 동작은 존경의 정도가 높을수록 더 굽히고 또 절하는 동작을 몇 번이고 반복하기도 한다.

절을 하여 경의를 표하는 방법은 서양 사람들도 종교적 의식이나 특별한 경우에 사용하고 있으나 일상적으로 하는 경우는 드물다. 고개를 숙이고 허리를 굽혀서 표현하는 방식은 동아시아 사람들의 독특한 존경방식이며 이들의 생활문화 속 깊이 뿌리 박혀 있는 관행이다.

이 밖에 손을 맞잡는 동작(공수) 그리고 최근 널리 행해지고 있는 악수가 있다. 공수(拱手)는 한 손을 다른 손의 위에 놓고 두 손을 마주 잡아 공경의 뜻을 나타낸다.

어느 방식이든 존경의 대상을 만나면 때를 놓치지 않고 곧 실행해야 한다. 그리고 절이나 악수를 할 상대방을 똑바로 쳐다보고 목례(눈으로 예의를 표시하는 것)를 하고 절을 해야 한다. 무엇보다도 존경은 마음에서 울어나는 경의를 표시하는 행동이다. 따라서 이 행동을 그러한 마음씨가 나타나도록 성의 있고 진실하게 그리고 때에 맞게 표현하는 것이 중요하다.

우리의 전통 예식에는 여러 가지 예의를 표현하는 방식들이 있는데 여기에서는 생략하고 일상생활에서 많이 사용하는 일반적 방식에 대해서만 간략히 논하였다.

11. 먼저 대접해서 하는 존경

어른을 우선적으로 대접하는 방식으로서 식사, 차 대접, 도움, 서비스, 편의 등을 먼저 제공하며 방, 목욕실, 자동차 등에 먼저 출입하도록 해서 경의를 표하는 것이다.

아랫사람 혹은 젊은 사람은 어른이 식사를 시작하면 이에 뒤따라 식사를 한다. 즉, 어른이 수저를 들고 나면 나의 수저를 든다. 새로운 음식이 있으면 이를 어른에게 먼저 권한다.

나 자신보다도 어른에게 먼저 혜택이나 편의가 가도록 함으로써 존경을 표시하는 것이다. 이 방식은 동아시아문화권에서 매우 중요시되고 있다. 대다수 어른들은 이렇게 먼저 대접받는 것을 자기들의 인격을 존중해 주고 사회적 지위를 받들어 주는 행위로 본다.

12. 조상에게 하는 존경

적어도 3대에 걸쳐 조상의 기일과 명절날에 제사를 올리는 것이다.

가족 성원들이 함께 음식을 정성껏 차리고 조상의 지방과 사진을 향해 절을 하고 제사가 끝난 뒤에 가족들이 조상에 관한 이야기를 나누면서 조상에게 감사한다. 조상의 묘와 사당을 가꾸고 조상이 이루지 못하고 남겨둔 사업과 조상의 소원을 성취하는 것은 모두 조상에 대한 존경을 표시하는 것이다.

부모가 돌아가시면 조상이 되신다. 이분들을 위하여 장례를 거행하는 일은 자녀의 일생에서 부모를 존경하는 가장 중요한 행사의 하나이다. 상복을 입고, 곡을 하며, 장의사, 관 및 묘를 정성 들여 선정해서 그분을 위해 장례와 매장을 엄숙하고 경건하게 해 드림으로써 고인에 대한 존경을 표현하는 방식이다.

다른 사람의 장례 시 문상할 때는 평생 가족과 사회를 위해 애쓰고 돌아가신 고인을 추모하면서 상주들의 효성에 경의를 표하는 마음으로 조의를 전한다.

13. 이웃노인을 존경하는 것

가족원이 아닌 이웃과 사회의 고령자들에게 보살핌과 서비스를 제공하는 방식으로서 경로일과 경로주간을 지키고, 어른들의 인권, 지위 및 안전을 위한 규칙을 지키고, 지역사회 경로서비스와 어른을 위한 사회운동에 참여하고, 버스나 지하철에서 자리를 어른에게 양보하고, 무거운 것을 나르는 어른을 돕고, 어른에게 차편을 제공하는 등의 방식이다.

이 방식은 점차 확대되어 가고 있다. 민간 지원활동과 관영 지원활동을 아울러 전개하고 있다. 가족의 지원능력이 저하됨에 따라 이웃 노인을 위한 봉사활동의 중요성은 증대하고 있다.

14. 사생활을 존중하는 것

어른의 사생활을 존중하는 것은 전통적으로 동아시아 문화권에서는 별로 거론되지 않았던 존경방식이다. 대가족을 이루고 다수 가족원들이 한 지붕 아래서 동거하던 생활환경에서는 개인의 사생활을 보장하기가 어려웠을 것이다. 그러나 시대의 흐름에 따라 이 방식을 중국과 일본의 젊은 성인들이 중요시하며 실천하고 있음이 나타났다. 어른의 개인적인 비밀을 지켜 드리고, 사생활을 보장해 드리고, 개인적인 안식처를 마련해 드림으로써 존경을 표하는 방식이다.

15. 동일시해서 존경하는 것

존경하는 어른의 가치관, 사상, 신조, 행동, 생활스타일을 동일시하여 따름으로써 존경하는 방식이다. 동아시아 나라들의 문학작품과 민속담에 부모, 선생, 지도자, 윗사람, 현저한 업적을 이루었거나 존경을 받는 인물, 집안어른, 지도자를 동일시하는 이야기들이 많이 수록되어 있다. 이 방식도 중국과 일본에서 사용되고 있음이 발견되었는데, 사실은 동아시아문화권에서 오랜 세대에 걸쳐 실천되어 온 방식이다.

위에 나열한 모든 존경방식들은 외면적으로만 행해서는 참다운 존경이 못 된다. 존경은 마음속으로 정성을 들여서 행해야 되는 예(禮)이다.

예는 사람이 다른 사람을 대할 때 마땅히 가져야 할 올바른 태도와 행위를 뜻한다. 이 점은 송복(1999) 교수의 다음과 같은 논의에서 설명되고 있다.

> "예(禮)는 형식적인 면뿐만 아니라 내면적인 면까지 다 포함되어 있다. 외면적·형식적으로 지키기만 해서 되는 것이 아니라 내면적 마음속으로까지 깊이 수용해서 내용과 형식이 어우러져야 하는 것이다. 이 양면이 모두 조화, 균형이 되어 합일의 상태를 이루어야 예라는 것이 이루어지는 것이다. 이렇게 해서 성립된 예는 마음과 행위 양면에서 공히 지켜지는 원칙이며 준칙이 된다. 따라서 예는 심성의 차원에서나 행위의 차원에서나 한 가지로 나타나야 한다."

효도를 해야 한다는 의식은 동아시아인의 마음속에 잠재되어 있다. 그러나 효는 전통사회에서나 현대사회에서나 실천하기가 쉽지가 않다(송복, 1999).

마찬가지로 효의 대표적 차원인 어른존경도 사람마다 해야 한다고 생각은 하지만 위에 논한 바와 같은 내용과 형식을 갖추어 행한다는 점에서 쉬운 일이 아니다.

제5장

중국인의
어른존경

:: 이어지는 전통

중국은 어른을 존경하는 가치를 표상하는 효(孝)의 발상지(發祥地)이다. 효는 중국문화에서 중요한 위치를 차지하며 오랜 세월에 걸쳐 중국인의 가정생활에 깊이 스며들어 이들의 가족관계, 생활태도, 예절 및 의식(儀式)의 사소한 부문에 이르기까지 반영되어 있다(錢遜, 2010; 李翔海, 2010; 李建業, 2003; de Bary 1995; Kong 1995; Chang 1998; Wang 2001).

하지만 20세기 초에 중국에 개방 바람이 일어나자 이 전통적 가치에 대한 비판이 젊은 지식인들 사이에서 일어났다. 5·4운동[1919년에 진덕수(陳德秀), 신(魯迅), 호적(胡適) 등이 이끈 중국의 사회운동] 이후 한동안 일부 중국지식인들은 효에 대해서 비판적 시각을 가지고 논쟁을 벌였다(李翔海, 2010).

그러나 중국 국학(國學)의 대사(大師) 임계유(任繼愈)는 지적하기를

"5·4운동 이래 일부 학자들이 효에 대해 역사적으로 고찰하지도 않고 비판한 것은 옳지 않다. 효는 중국 민족의 전통에 있어 도덕적 행위의 요소이며 이는 사람과 금수를 구분 짓는 기준으로 삼아 왔다"(錢遜, 2010). 그는 이어 효의 사상체계는 중국민족의 단결, 발전, 응집력의 강화를 이룩하도록 하였고, 민족가치관의 공통적 인식을 형성하여 수천 년 동안 매우 강력한 역할을 하였음을 간과해서는 안 된다고 하였다.

그 후 20세기 후반 중국에 사회주의 정치가 시작되었을 시기에는 효를 으뜸가는 의무로 삼는 데 문제가 있었다. 효의 대표적 표현인 조상 숭배는 공산주의 이념과 어긋나는 것으로 단정되었고, 효의 실천장인 전통적 가족체계를 봉건적이고 가부장적인 혼인체제라 하여 비난하였다. 그러나 중국 가족체계의 도덕적 바탕을 이루었던 효는 (문화혁명 때를 제외하고는) 사회주의 국가의 이념적 토의에서 직접적인 공격을 받지는 않았다(Leung, 1997; Chow, 1991).

이런 지난날의 정책과는 대조적으로 오늘날 중국정부는 유교의 부활과 효의 실천을 권장하는 방향으로 정책을 전환하였다. 근년에 중국의 유수 대학들에 유학연구소와 효연구소가 설립되었고 신유학(新儒學)의 학술활동과 효를 권정하기 위한 계몽운동이 전국적으로 확대되고 있다(陳榮照, 2010; 吳光, 2010).

지난 수십 년 동안의 극심한 정치경제적 변화 과정에서도 효는 여전히 중국 사람들의 부모와 어른에 대한 태도와 행동을 조절하는 문화적 가치로서 존속해 오고 있다(錢遜, 2010; 李翔海, 2010; 李建業, 2003; Wang, 2001; Tang & Parish, 2000; de Bary, 1995; Tu, 1995; Kong, 1995).

:: 가족의 변화와 부모부양

중국사회에서 가장 중심적인 것은 가족이다(Lang, 1946; Levy, 1949; Chow, 1991; Olson, 1993; Tang & Parish, 2000; Kong, 1995). 가족은 고령자를 위한 존경과 보살핌의 제1차적 원천이다.

가족은 아동을 사회화하고 고령의 가족을 존중하며 돌보는 책임을 진다(Whyte, 1995; Xie, Defrain, Meredith & Combs, 1996; Leung, 1997; Pei & Pillai, 1999; Wang, 2001; 李建業, 2003).

그런데 중국가족의 구조와 환경은 산업화와 도시화로 인하여 달라지고 있다(Goldstein & Ku, 1993; Leung, 1997; Pei & Pillai, 1999).

가족연구가인 William J. Goode(1963)은 그의 책 『세계혁명과 가족형태(*World Revolution and Family Pattern*)』에서 "현대화에 따라 수직적 가족과 확대된 친족의 의무는 부부간의 혼인결합에 우위를 두는 가족으로 전환하게 된다. 이런 변화에 따라 부계원칙은 약화되고 아들과 딸은 모두 동등하게 가족의 값있는 성원들이 된다"라고 예언했다.

근년에 중국에서 일어나고 있는 가족의 변화는 표면상으로는 Goode의 예언과 대체로 합치된다고 볼 수 있다. 그러나 서양문화에 속하는 Goode는 중국의 가족형태 밑바닥에 잠재해 있는 어른을 존중하고 보살피는 문화적 가치이자 정(情)으로 이루어진 가족윤리가 사회변동에도 불구하고 부모와 자녀 관계에 지속적으로 크고 깊게 영향을 끼치고 있다는 사실을 생각하지 못했을 것이다.

가족이 변하고 있기는 하지만 중국의 젊은 세대는 부모의 은혜에 감사하여 부모를 존경하고 돌보도록 권장하는 가족윤리를 새 시대의 생활환경에 맞추어 여전히 실천해 나가고 있다(Lin, 1973; Li, 1994; Leung, 1997; Wang, 2004, Kong, 1995; 李建業, 2003).

그러나 한편 가족구조와 생활스타일의 변화, 국가의 사회보장 및 사회복지서비스 제공, 새로운 법령의 시행에 따라 중국의 부모자녀 관계의 형태가 달라지고 있다.

아들은 결혼을 하면 짧은 기간만 부모와 동거한 후 곧 분가(分家)한다(Cohen, 1998; Wang, 2004; Whyte, 2004). 분가가 일찍이 됨에 따라 대가족을 중심으로 이루어져 온 가족생활방식도 수정되고 있다(王文亮, 2001).

중국의 새 민법과 혼인법은 남녀동등권, 개인의 결혼상대자 선정의 자유, 여성의 재산소유권을 보장한다. 토지는 부모가 독점하지 못하고 모든 사람에게 배분된다. 부모 사후 토지는 동리로 되돌아가 다른 사람에게 배당된다. 이런 변화로 자녀는 성인이 되면 부모에게 의존하지 않고 경제적으로 독립하게 된다. 이에 따라 고령자의 가족 내의 권위는 과거보다 약화되었다(Song, Luo & Jiang, 1994; Pei & Pillai, 1999; Whyte, 2004).

중국 산둥성(山東省)의 바오딩 지방에서 Whyte(2004) 교수가 비교적 오랜 시일에 걸쳐 행한 조사의 결과는 중국 가족의 변화와 고령자들의 형편에 대해 소상히 알려주고 있다. 그는 산둥성의 바오딩 지방의 고령자를 둘러싼 제반 사정이 중국의 중대(中大)도시의 사정과 대체로 비슷하다고 보았다. 다음 Whyte 교수의 조사결과를 참고해 보고자 한다.

이 지방의 대다수 노부모들은 결혼한 아들과 별거하고 있으며 이들은 아들과의 동거를 원하지도 않고 있다. 이제는 부모의 핵가족과 자녀의 핵가족들로 이루어진 가족망(networked families)을 형성하여 부모는 자녀들과 거리를 두고 살면서 자주 접촉하며 서로 지원하고 있다. 산둥성의 경우 고령자의 1/4 정도가 자녀로부터 현금지원을 받고 1/3은 물질적 도움을 받고 있다.

이제는 가족망이 전통적인 부모부양 방식을 상당부분 대신하게 되었다.

바오딩 지방의 대다수(75~95%) 노부모들은 성인자녀가 그들을 존경해 주며 효도한다고 응답했다. 95%가 자녀와의 정서적 관계에 만족하고 있다.

White는 인상 깊게 다음과 같이 지적하였다.

> "자녀는 일방적으로 부모를 부양하는 경향이지만, 사실은 부모가 자녀를 위해서 다방면으로 지원해 왔다. 좋은 학교에 입학 하도록, 유리한 직장을 얻도록, 결혼하도록, 집을 구하도록 지원하고, 손자녀를 돌보아주고, 재정적으로 지원하고, 집안일을 돌보아주고, 자녀의 문제를 해결해 주기 위해 친지의 도움을 받도록 주선하는 등 애를 써왔다."

그는 산둥 지역의 조사대상자들에서 자녀의 의무와 부모부양에 대한 태도에서 있어서는 세대 간 차이가 나타나지 않았다고 하였다. 부모와 자녀가 주고받는 다양한 형태의 지원은 비록 자녀가 떨어져 살아 자주 접촉하지 못하여도 지속적인 협동과 의무수행을 통해 확고히 실행되고 있다고 보았다.

Whyte는 이 지역의 부모들은 그들의 문제를 무시당하거나 자녀의 효심이 부족하다고 느끼는 이는 거의 없다고 지적했다. 따라서 그의 조사결과에 의하면 산둥성 바오딩 지방의 경우 노부모를 위한 효의 의무수행이 위기에 처했다는 징조는 나타나지 않았다.

결론적으로 이 지방의 노부모는 자녀의 부양에 대해 만족하고 있다. 그동안 매우 극적인 사회변동이 일어났음에도 불구하고 부모를 존중하고 보살피는 덕행은 과거와 같은 정도로 계속되고 있다는 것이다.

중국의 사회지도자는 부모를 존중하고 지원하는 가치인 효를 중국 특유의 문화적 유산으로 내세우고, 이는 아시아에서는 물론 세계 여러 나라들이 갖지 못한 독특한 문화적 자산이라고 자랑한다.

그러나 효는 과거보다는 완화되어 온건하게 규정되고 있다. 즉, 효는 부모를 존중하고 지원하며 부모와의 갈등관계를 피하는 가치라고 본다. 중국의 동리를 관리하는 동리관리위원회는 불효하는 자녀들이 생기면 이들에게 충고를 하고 부모를 지원하도록 설득한다. 딸은 떨어져 살지만 친정부모를 손끝으로 보살피기도 하고 물건과 돈으로 지원하기도 한다. 이제는 노부모가 결혼한 딸과 친밀한 관계를 유지하는 것이 매우 중요하게 되었다. 정부는 딸도 아들과 같이 부모를 부양토록 지령하였다.

부모를 지원할 책임도 아들들이 똑같이 나누어 수행한다. 부양책임도 현금을 부모에게 제공해서 수행하는 경우가 늘어나고 있다. 부모는 무엇이든 얼마든 자녀가 제공하는 도움에 감사하는 형편이다. 어려운 중에도 동네 이장에게 도움을 구하는 노인들은 적다. 가족의 문제를 바깥사람에게 알리기를 꺼리기 때문이다.

Whyte와 같은 시기에 중국농촌을 조사한 Miller(2004)는 농촌의 노인들은 도시노인들보다 더 잘 부양되고 있다고 보았다. 농촌의 젊은 사람들이 더 전통적이고 도시의 젊은이들이 선호하는 도시문화로부터 영향을 덜 받고 있기 때문일 것이다.

농촌지역의 다수 노인들은 자녀들로부터 많은 지원을 받을 기대를 하지 않고, 그들의 부담이 되지 않으려 한다. 다만 위기에 처해 있을 때 기본적 지원을 해 주기를 바란다. 경제적 여유가 있는 부모는 존경과 관심을 받는 정서적인 부자관계를 더 중요시한다.

젊은이들은 지역사회의 고령자부양－존경과 지원 에 대한 기대와 자신의 실천을 가족주변의 변화와 타협시키고 있다. 이웃과 공동사회의 눈치와 비평에 신경을 쓰며 "자식노릇을 못한다", "부자가 서로 도와 가지 않는다", "부모를 존중하지 않는다"라는 반가족적 비난을 받으려 하지 않는다. 가족의 체면을 중요시하고 있는 것이다 (Wang 2001). 이는 중국인의 전통적인 가족주의적 성향을 시사한다.

젊은이들은 새로운 시각과 생활스타일을 가지기 시작했지만 정부가 내세운 가족의 역할과 덕목을 대체로 따르고 있다. 그러나 이들은 과거와 같이 부모에게 무조건 복종하는 것이 아니라 부모와 동등하게 대화를 해서 가족을 꾸려 나가는 새로운 세대관계를 이루는 추세이다(Wang, 2004; Miller, 2004; Leung, 1997).

:: 이어지는 가족윤리

유교의 윤리적 규범은 노부모에 대한 부양의무를 자연적으로 수행하고 어른을 자동적으로 존경하는 사회적 규범으로 작용해 왔다(錢

遜, 2010; 李翔海, 2010; 李建業, 2003; Hsu, 1988; Streib, 1987; de Bary, 1995; Tu, 1995; Kong, 1995; Tang & Parish, 2000; Wang, 2004).

저명한 노년학자 Streib(1987) 교수는 중국 농촌의 노인생활에 커다란 영향을 끼치는 두 가지 요인을 지적하였다. 그는 효에 뿌리를 둔 전통적인 문화적 형태와 농촌의 농업경제적 조건으로서 상호의존적이며 협동적인 생활방식을 들었다. 그는 이 요건들은 중국의 가족들, 특히 농촌의 가족들이 고령의 부모를 존경하고 보살피는 전통적 생활양식을 유지케 하는 결과를 가져 왔다고 보았다.

부모자녀 사이의 전통적 세대관계는 농촌에서만 지속되는 것이 아니다. 현대 중국에 관한 연구들은(Kirkby, 1985; Liang, Tu & Chen, 1986; Tang & Parish, 2000; Streib, 1987) 도시는 농촌지역보다 더 빠른 속도로 변하고 있지만, 이 변화가 세대 간의 관계를 불안정하게 만들고 있지는 않다고 본다. 지금부터 30년 전 Whyte와 Parish(1984)는 이 점에 관해서 다음과 같이 논하였다.

"고령자의 힘은 어느 정도 약화된 것이 분명하다. 그러나 중국인의 노부모에 대한 존경과 노소간의 상호지원 의욕은 세대를 결속시키고 있다."

여러 해 지나서 이와 비슷한 의견을 다른 중국연구자들이 피력하였다(Chow, 1991, Xie, Defrain, Meredith & Combs, 1996; Ng, David & Lee, 2002; Whyte, 2004).

중국정부는 사회보장제도와 아울러 가족양로의 개발을 중요시하고 있다. 가족양로는 전통적 가족윤리의 실현으로 이루어진다(王文亮, 2001: 58).

중국에서는 요즘 안노(安老)라는 용어가 유행인데 논어(論語)의 노자안지(老者安之)에서 온 말이다. 그 뜻은 고령자에게 물질적 안정뿐만 아니라 정서적 지원 또는 안정도 제공해야 한다는 것이다. 정서적 안정의 기본내용은 마음을 편히 하고 보살피며 존중하는 것이다.

공자는 5가지의 가장 기본적인 인간관계로서 오륜(五倫)을 규정하였다. 오륜은 부모와 자녀, 남편과 처, 형과 아우. 친구, 군주와 신하 사이의 윤리적 관계이다(de Bary & Bloom, 1999: 336-337). 다섯 가지 관계에서 세 가지는 가족원에 해당되는데, 이 중에서도 가장 기본적 관계가 부모와 자녀의 관계이다. 이 관계에서 가장 중요한 것이 부모를 존경하는 의무이다.

유교경전 예기(禮記)에는 자녀가 부모에게 해야 할 역할과 의무에 대해서 다음과 같이 기록해 놓았다.

> "효자는 부모를 극진하게 존경하고, 즐거운 마음으로 음식을 대접하고, 병환을 앓을 때는 염려와 걱정을 하고, 사망하면 슬퍼하며 애도한다"(예기 하: 12, 15).

예기에는 또한 부모존경과 관련된 다음과 같은 구절이 있다.

> "효를 행하는 데 세 가지 방법이 있다. 첫째는 부모를 존경하고, 둘째는 부모를 수치스럽고 불명예하게 만들지 않고, 셋째는 충분한 식사를 대접하는 것이다"(大孝尊親, 其次不辱, 其下能養).

이와 같이 가장 먼저 지적한 의무가 부모를 존경히는 깃이다. 오랜 역사를 통해서 중국인은 광범위하고 포괄적인 방법으로 효를 행하면서 부모와 어른을 존경해 왔다.

자녀의 부모에 대한 의무는 크게 물질적 지원(贍養)과 정신적 지원(安老)의 두 가지로 나눌 수 있다. 고령자에게는 물질적 지원만이 아니라 정서적 안정도 이룩하도록 도와야 하는 것이다.

정서적 지원의 중요한 차원은 앞서 지적한 바와 같이 존경하고 보살피는 것이다.

전통적으로 효는 가정을 중심으로 행해져 왔다. 그래서 효를 가정윤리라고 했으며 효는 가정에 국한되는 것으로 생각하였다. 그러나 효의 범위는 그보다 훨씬 더 넓다.

공자는 집안에서는 효도하고 나아가서는 이웃과 사회의 어른을 공경(애중친인: 愛衆親仁)하라고 했다. 이렇게 함으로써 인(仁, 인간애)을 실천할 수 있음을 교시한 것이다(論語, 學而: 汎愛衆而親仁).

공자의 사랑하는 마음과 그 대상은 사람에서 동식물에 이르기까지 확대된다. 맹자는 공자의 이 사상을 계승하여 한 차원 더 발전시켰다. 즉, 그는 사람마다 측은지심(불쌍하고 가엾이 여기는 마음: 惻隱之心)이 있다고 했다(孟子, 公孫추).

가족에서 시작된 효는 이와 같이 이웃, 넓은 사회 나아가 세계로 인(仁)의 마음씨를 적용하는 범위가 확대된다. 이에 따라 인은 사람을 위한 정서적 및 물질적 보살핌의 범위에서 물건까지 중하게 여기는 경지로 발전하는 사회윤리로서 자리 잡게 된다.

위와 같이 인애의 실행은 곧 효의 실천을 말한다. 그리고 효는 모든 사람과 모든 물건을 측은지심을 가지고 보살피고 존중함으로써 이루어질 수 있는 것이다.

중국의 부모를 존중하고 지원하는 가족윤리는 깊은 내면적 차원을 지닌다. 즉, 부모로부터 받은 은혜를 갚고(報本反始) 부모에 대한 덕

(德)을 쌓는(感恩載德) 정(情)이 중국인의 마음속 깊이 담겨 있는 것이다(李翔海, 2010).

Whyte(2004) 교수는 중국인들이 이러한 정을 실천하는 데 주어지는 보상(incentive)은 법적인 것이 아니라 '문화적'이고 '도덕적'인 것이라고 했다. 이 말은 오랜 역사를 두고 중국사회에서 실천되어 온 어른존경의 문화적 전통과 부모자녀 간의 윤리적 관계가 합성되어 표현되고 있음을 시사한다.

:: 세대 간의 상호지원

중국연구자들은 효의 가치는 여전히 중국사회에서 영향력을 발휘하고 있다고 주장한다(Parish & Whyte, 1978: Streib, 1987; Chow, 1991; Olson, 1993; Kong, 1995; Tang & Parish, 2000). 효의 가치는 부모와 자녀, 어른과 젊은이 사이의 호혜적(互惠的) 또는 호수적(互授的) 관계를 통해서 실천으로 옮겨질 수 있다(호혜적 관계에 대해서는 제10장에서 논의한다).

홍콩 대학교의 Nelson Chow(1991) 교수는 문화혁명이 진행된 10년 동안 가족체계가 혼란상태에 빠졌고, 혁명 당국은 자녀에게 부모를 존경하지 말라고 지령했다. 그러나 그 강력한 명령에도 불구하고 중국인들은 가정 안에서 전과 다름없이 효를 실천해 갔다고 했다.

중국의 새 헌법은 성인자녀가 노부모를 지원할 책임을 법으로 제정하였다.

가족이 없는 고령자는 지역사회(이웃공동체)가 책임지고 돌봄, 식사, 주거, 장례를 위한 지원을 한다. 이것을 다섯 가지 보장(五保戶)이라고 한다. 이 보장은 은퇴자홈(중국에서는 '어른존경센터'라고 함)에서도 제공된다.

30여년 전 중국가족전문 교수들인 Parish와 Whyte(1978: 77)는 "빈곤한 농부는 먼저 그들의 가족으로부터 도움을 받고 가족이 제공 못하는 도움을 이웃으로부터 받는다"고 했다.

오늘날에도 대다수 중국가족들과 이웃공동체들은 고령의 친척과 이웃을 지원하고 있다(Wang, 2001; Xie, Defrain, Meredith & Combs, 1996, 李建業, 2003; Whyte, 2004). 농촌에 사는 가족만이 아니라 교육을 받은 도시인들까지도 농촌에 남아있는 가족원들과 밀접한 관계를 유지하며 지원하고 있다(Xue, Xin & Liu, 1998). 이러한 전통적 생활방식이 대다수 중국가족들 사이에서 자연스러운 관습으로 받아들여지고 있다(Pei & Pillai, 1999; Streib, 1987).

중국문화에서 부모자녀의 존중하고 지원하는 관계는 호혜적(互惠的 또는 互授的)인 성질의 것이다. 즉, 성인자녀는 고령의 부모를 존중하고 지원하는 것이 그들이 부모로부터 받은 도움(은혜)을 갚는 자연스러운 도리라고 믿는다. 부모자녀 간의 밀접한 상호의존적인 유대관계를 통해 세대 간의 지원이 이루어지고 있는 것이다. 이런 상호의존적 가족관계는 중국인들이 간직하는 문화적 특성이다(李建業, 2003; Pedersen, 1983).

중국인은 가족원들 사이의 상호의존을 교환관계의 기준으로 받아들인다. 고령자들은 자녀에 의존하는 것을 자존심을 훼손하는 것으로 보지 않는다. 그리고 젊은 세대와 중년기의 사람들은 자력으로 영원히 살아갈 수 있을 것이라고 믿거나 자신들이 고령자가 되면 어려움에 부딪히지 않을 것이라는 환상을 갖지 않는다. 누구나 노년이 되면 상호교환의 관례와 호혜적 관습에 따라 젊은 세대에 의존하게 되는 것을 노화의 불가피한 여건으로 받아들인다. 서양 사람들같이 의존을 병이나 수치로 알고 독립과 자존을 고집하지 않는다(Streib, 1987).

:: 정부정책과 효의 재조명

중국의 부모부양체계는 전통적 가치로부터 영향을 받지만 사회주의정부의 시책으로부터도 직접적인 영향을 받고 있다(王文亮, 2001; Leung, 1997).

중국정부는 노부모 부양을 자녀의 당연한 의무로 규정하고 있다. 효를 노인부양의 국가적 도전에 대처하는 방안으로 보고 있다고도 할 수 있다.

중국정부는 각종 포고문을 통해서 부모를 존경하고 지원하는 역할을 사회주의적 가족의 덕목으로 삼고 이를 권장하고 있다. 이와 같이 효를 바탕으로 하는 고령자 존경은 중국가족의 의무인 동시에 사회주의국가 시민의 덕목으로 승화되었다.

노인존경과 노인부양에 대한 국가정책을 추진하는 데 관하여 중국정부 부주석 萬國權은 다음과 같이 말했다(人民日報, 1999).

"전통적 가족구조가 변하고 있으며 인구고령화는 이미 매우 심각한 상태에 이르렀다. 우리 중국인은 노인을 존경하고 보살피는 오

랜 전통을 간직하고 있다. 이 미덕과 노력을 지속하여 우리의 노인
들을 보살피고, 이들이 즐거운 생활을 하고 뜻있는 만년을 가지도
록 지원해야 한다."

중국 정부 정책의 기본원칙은 가족의 지원과 사회의 지원을 효과
적으로 연계시키는 것으로서(Olson, 1987; Leung, 1997) 가족의 지원
능력을 가족 바깥의 공공서비스로 보완하는 사회체계를 구축하는 것
이다(Wang, 2004).

이런 사회적 노력을 뒷받침하기 위하여 중국의 노년학자들은 "거
택보호(居家養老: Djujia Yanglao)"를 발전시키기 위한 조사연구를 하
고 있다(중국노년학회, Gerontological Society of China 2006). 가족 외
부에서 오는 지원과 연계해서 가족 내부의 지원체계를 구축하려는
노력이다.

중화인민공화국 헌법은 노인은 성장한 자녀로부터 물질적 지원을
받을 권리가 있다고 규정하고 있다. 헌법 제49조에는 부모는 어린 자
녀를 양육하고 교육시킬 위무가 있고 성장한 자녀는 부모를 지원할
의무가 있다고 규정되어 있다. 1981년에 제정된 중국의 혼인법에도
부모는 자녀를 양육하고 교육할 의무가 있으며 자녀는 부모를 지원
할 의무가 있다고 되어 있다.

법률적인 규정이 효의 가치를 의미하는 것은 아니지만, 중국의 법
규는 중국이 고령자를 존경하고 보살피는 효를 억제 또는 규제할 필요
가 없음을 분명히 하고 있다(Chow, 1991). 홍콩 대학교의 Edward
Leung(1997) 교수는 "중화인민공화국의 정책수립자들은 노인부양을
중요시하는 중국의 전통적 가치가 계속 사람들에게 영향을 끼쳐 주
기를 원하고 있다"고 단언했다.

고령자지원을 위한 가족과 지역사회의 민간노력과 병행해서 중국 정부는 위와 같이 법을 제정하고, 사회보장체계를 개발하고, 고령자를 위한 공적 서비스를 개선하고, 고령자를 지원하는 가족에게 수당과 세금감면 혜택을 주는 등의 지원을 하고 있다. 이러한 일련의 진전을 보아 중국에는 어른을 존중하는 정치사회적인 분위기가 조성되고 있다고 할 수 있다.

중국노년학회 회장 張文范(1998)은 다음과 같이 중국의 사회적 목표를 분명히 하고 있다.

> "중국의 고령자부양방식은 가족이 제공하는 보살핌과 국가가 제공하는 지원을 결합한 것이다. 이 방식은 대체로 가족이 제공하는 보살핌에 크게 의존하고 있다. 혈연관계와 혼인으로 이루어진 가족 내에서 젊은 성원들은 고령의 성원들에게 경제적 지원, 일상생활 지원 및 정서적 지원을 제공할 책임을 수행해야 한다. 자녀가 해야 할 이런 행동은 전통적인 중국의 노인부양방법인 효를 실천하는 것이다. 우리는 이 고령자 지원을 위한 전통을 계승해서 오늘날 사회주의 정신문화를 건설하는 데 적용해야 한다. 노인의 행복한 여생을 보장하기 위해서 우리는 가족의 노인부양과 사회의 노인부양의 두 가지의 기본적 방법을 결합해야 한다."

앞에 소개한 학자들의 의견과 중국정부부수상 및 중국노년학회장의 담화는 중국의 문화적 전통을 지속하려는 국가사회적 의지를 예증하며, 부모와 어른을 존중하고 보살피는 사회적 환경이 대체로 유지되고 있음을 시사한다.

그렇다면 어른을 존경하는 데 유리한 사회문화적 및 정치적 배경을 가진 중국인들은 과연 이 전통적 가치를 실생활에서 실현하고 있는가? 이에 대한 대답에 필요한 경험적 자료는 현재로는 거의 존재하지 않는다. 이 주제에 대한 연구조사가 없었기 때문이다.

오늘날 중국사회에서 진행되는 변동을 탐사하기 위해서는 먼저 변화의 잠재적 원천인 젊은 사람들을 조사해야 하겠다. 그래서 본 연구는 중국의 젊은 성인들을 조사대상으로 선정하였다. 이 젊은이들은 머지않아 이 나라의 다양한 분야에 걸친 국민생활을 영도해 나가게 될 것이다. 이들이 고령자를 어떻게 대접하느냐 하는 과제는 고령자들뿐만 아니라 중국사회에도 매우 중요한 관심사가 아닐 수 없다.

중국에서도 지금까지 어른존경이 추상적인 말로만 표현되어 왔으며, 이를 실천하고 연구하는 데 도움이 될 만한 구체적이고 체계적인 지침을 찾기가 어렵다.

:: 어른존경의 뜻

존경은 사람에게 관심을 가지고 걱정하는 내면적이고 정서적 감정과 눈에 보이는 외부지향적인 이타적 행동으로 표현된다(Downie & Telfer, 1978; Dillon, 1992; Gibbard, 1990: 264-69; Silverman & Maxwell, 1978: 96).

이런 표현은 사회가 지니는 문화로부터 커다란 영향을 받는다(Streib, 1987; Sokolovsky, 1990; Homes & Holmes, 1995; Palmore & Maeda, 1985).

중국인은 특이한 어른존경의 문화적 전통을 간직하고 있다. 중국문화에서 어른존경과 관련된 가치, 규범 및 행동양식은 한 세대로부터 다음 세대로 끈질기게 연속되어 왔다. 중국의 어른존경의 전통적 기반은 앞서 지적한 바와 같이 효에 관한 유교의 가르침이다. 특히 인(仁)의 이념을 그 가르침의 근본으로 하고 있다.

:: 존경과 보살핌

　　보살핌은 존경의 일부이다(Downie & Telfer, 1969). 존경을 하려면 상대자에게 관심을 가져야 하고 어떤 형태의 이타적(利他的) 행동을 해야 한다. 예를 들어 다른 사람을 위한 보살핌 또는 서비스를 제공해 주어야 한다(Gibbard, 1990: 265; Kelly, 1990; Finkel, 1982; Sung, 1998; Ingersoll-Dayton & Saengtienchai, 1999). 존경은 눈에 보이지 않는 내면적 차원이 있지만, 눈에 보이는(가시적) 행동으로 표현된다(Silverman & Maxwell, 1978). 사람을 존경하려면 그 사람에게 합당한 어떤 행동을 보여 주어야 한다(Gibbard, 1990). 즉, 그 사람을 존경하기 위해 어떤 행동이나 특정한 제스처를 해야 한다(Downie & Telfer, 1969; Dillon, 1992). 이런 행동적으로서 음성(예: 인사말, 호칭), 신체적 움직임(예: 서비스, 절, 안내), 외모(예: 단정한 옷차림, 미용)를 들 수 있다. 존경하는 사람은 이러한 예와 존경을 나타내는 몸짓과 표현을 한다. 존경받는 사람은 이런 행동을 의미 있는 표상(symbols)으로서 받아들인다(Hewit, 1988). 이런 행동이 존경을 나타내는 제스처로 규정이 되면 이 제스처를 볼 때마다 존경받는 사람이나 존경하는 사람에게 의미가 있게 된다.

:: 고령자들의 소원

고령자들에게는 음식, 의복, 주거, 보건 및 안전이 생활의 필수적 요건들이다. 그러나 이분들은 또 하나의 필수적인 요건을 충족해야 한다. 그것은 사람들로부터 존경을 받는 것이다(Reichel, 1995; Leininger, 1990; Sung, 2001, 2004).

고령자들의 존경을 받고자 하는 의욕은 모든 문화권에서 비슷한 것 같다. 일례로 효의 전통이 없는 미국에서도 그러함이 나타났다. 미국의 최대 일간지 New York Times지(1996. 9. 22.)가 고령자들이 가장 원하는 것을 조사한 결과 다름 아닌 사람들로부터 존경받는 것으로 나타난 것이다. 미국의 고령자들은 우리는 긴요한 삶의 조건인 의식주는 해결하고 있는데 꼭 필요한 존경을 옳게 받지 못하고 있다고 한다.

:: 존경이 미치는 긍정적 영향

중요한 사실은 존경을 받는 고령자는 생에 대한 만족감을 가지게 되며, 자신들이 사회에 쓸모가 있는 존재라고 믿게 되고, 가족 및 주변 사람들과 어울려서 긍정적 상호관계를 가지게 된다는 것이다 (Applegate & Morse, 1994; Ghusn, Hyde, Stevens, & Teasdale, 1996). 이와 같이 어른존경은 고령자들의 지위를 향상시키고, 이분들의 자기존중감과 안녕감을 증진하며, 이들을 가족과 사회에 통합하도록 하는 중요한 힘−문화적 및 사회적 영향력−이 된다(Nydegger, 1983;

Leininger, 1990; Riley & Riley, 1994; Sung, 2010).

젊은 사람이 어른을 존중하는 이유는 어른에 대한 마음속으로부터의 존경심, 은혜를 갚겠다는 소망, 또는 어른을 즐겁게 하려는 뜻에서 행하는 것으로 볼 수 있다. 이런 자원적이고, 진실한 표현과 대조해서 외부로부터 압력을 받고 존경해야 하는 경우에는 제1장에서 지적한 바와 같이 그 표현은 외관상의 표현에 불과할 수 있고, 진정한 마음에서 우러나는 존경이 되기 어려울 것이다. 마음에서 우러나는 존경이 형식적으로 외관상으로만 나타나는 존경보다 더 중요함은 공자가 경전 여러 곳에서 지적한 바 있다.

:: 존경의 표현과 5개 집단들

존경의 표현은 사람과의 관계와 직결된다. 다시 말하면 존경의 표현은 다른 사람과의 관계를 이루는 데 있어 지켜야 할 개인적 의무와 사회적 질서와 연계된다. 이 질서는 적어도 5개 집단들—제1차 집단(부모, 고령의 친족), 제2집단(선생, 친밀한 선배), 제3집단(직장의 윗사람), 제4집단(이웃 노인), 제5집단(일반 고령자)—과의 인간관계에 따라 이루어진다고 볼 수 있다. 일반적으로 존경의 정도는 이 5개 집단들의 순서(1~5위)에 따라 달라질 수 있다고 가정한다.

즉, 존경하는 사람이 존경을 받는 사람과 위와 같은 사회적 순서 속에서 어느 정도로 가까운 관계를 가지는가, 즉 제1 집단에 속하는가 아니면 제2, 제3, 제4 또는 제5 집단에 속하는가를 검토하고서 전자가 후자에게 가지는 관심, 보살피는 태도와 행동, 친밀도, 은혜를 갚을 의지, 및 애정의 정도가 결정되고 이에 따라 존경의 정도가 결정된다고 가정할 수 있다.

∷ 조사의 목적

본 조사를 위해서 제기된 과제들은 세 가지이다.

① 중국의 젊은 사람들은 노인을 존경하는가?
② 존경을 한다면 어떠한 방식을 사용하여 존경을 표현하는가?
③ 존경하는 방식은 대상자들의 개인적 특성에 따라 차이가 있는가?

이들 질문에 대한 답을 얻기 위하여 중국의 젊은 성인들이 어른을 존경하기 위해 행하는 행동적 표현을 탐사하였다.

조사지역으로서 중국의 4개 도시―상하이(上海), 난징(南京), 칭다오(靑島) 및 청두(成都)-를 선정하여 이들 지역의 젊은 성인들―주로 대학생들과 대학원생들-을 대상으로 설문조사(survey)를 하였다.

∷ 조사방법

본 연구는 미국 University of Southern California 사회사업대학원의 지원으로 이루어졌다. 설문을 작성하기 전에 2개 미국 대학들에서 유학 중인 중국인 학생들 중 28명을 무작위로 선발하여 이들이 미국으로 유학 오기 전 본국(중국)에서 가장 자주 사용하였고 가장 중요하다고 인식한 어른존경의 표현을 적어 달라고 부탁하였다. 앞서 소개한 선행연구들이 식별한 존경방식들을 열거하여 참고로 하도록 이들에게 주었다. 또한 이런 표현 외에도 그들이 사용한 다른 존경방식이 있으면 기입해 달라고 요청하였다.

이 예비조사에서 선행연구들이 보고하지 않은 나음의 두 가지 방식들을 발견하였다:

① (동일화해서 하는 존경) 어른의 이념, 가치관 및 생활방식을 따른다.
② (사생활을 존중해서 하는 존경) 어른의 사생활과 사비밀을 존중한다.

이 방식을 포함한 찾아낸 아래의 15개 방식으로 구성된 설문을 작성하였다.

:: 조사에 사용된 존경방식

① 보살핌으로 하는 존경
② 음식대접으로 하는 존경
③ 선물로 하는 존경
④ 외모를 갖추어 하는 존경
⑤ 순종을 해서 하는 존경
⑥ 존댓말로 하는 존경

⑦ 윗자리를 제공해서 하는 존경
⑧ 축하를 해서 하는 존경
⑨ 의논을 해서 하는 존경
⑩ 인사를 해서 하는 존경
⑪ 먼저 대접해서 하는 존경
⑫ 조상에게 하는 존경
⑬ 이웃노인에 대한 존경
⑭ 사생활 존중
⑮ 동일시해서 하는 존경

:: 설문의 구성과 내용

　각 설문은 15개 방식을 지적한 지표들과 응답자들의 사회인구학적 특성을 포함한 총 29개 항목들로 구성되었다(<표 5> 참조).

　두 편의 설문들을 조사대상자들에게 배부하여 응답하도록 했다(부록 참조: 중국어 설문). 첫 번째 편은 응답자에게 각 항목(존경방식)에 대해 어느 정도 자주 실천했는가, 실천한 빈도를 기입하도록 했다. 두 번째 편은 같은 항목들에 대해 그들의 개인적 판단에 따라 어느 정도로 중요한가, 중요성의 정도를 지적하도록 했다. 다시 말하면 존경방식을 어느 정도로 자주 실행했는가, 그리고 어느 정도로 중요시했는가에 대한 자료를 각각 얻어 존경의 실천 정도를 신뢰성과 타당성이 있게 파악하려고 했다.

　설문에서 보살핌으로 하는 존경은 4개 항목들("수단적 보살핌": 시간을 함께 보냄, 집안일을 돌봄; "정서적 보살핌": 다정하게 대함, 편안하게 함)은 모두 보살핌으로 하는 존경방식을 지적하는 지표들이다. 나머지 존경방식들의 대다수는 두 가지의 지표들로 지적되었다(<표 3> 참조)(부록참조: 중국어설문, 社會調查表).

이어 조사대상자의 사회인구학적 특성을 묻는 항목들(성별, 연령, 결혼상태, 교육, 부모와 동거/별거, 거주지역—도시/농촌)이 따랐다. 끝으로 응답자와 부모 사이의 관계의 질을 묻는 세 가지 항목들이 들어있다.

각 항목에 대한 빈도는 5단위 측도로 지적되었다(5=*항상 실천하였음*, 4=*자주 실천한 편임*, 3=*가끔 실천하였음*, 2=*별로 실천하지 않았음*, 1=*전혀 실천하지 않았음*). 중요성의 정도도 역시 5단위 측도로 지적되었다(5=*매우 중요함*, 4=*중요한 편임*, 3=*중요하기도 하고 중요치 않기도 함*, 2=*별로 중요하지 않음*, 1=*전혀 중요하지 않음*).

영어와 중국어를 구사하는 조사자가 원래 영문으로 된 설문을 중국어로 번역하고, 다른 중국어 사용자가 이를 영어로 역번역하였다. 세 번째 이중국어 사용자가 이 영어로 된 질문들을 다시 중국어로 번역하였다. 세 사람의 번역자들이 행한 두 가지 국어로 된 설문들을 대조하여 모두 언어적으로 동일하고 중국의 문화적 맥락에서 사용하는 데 합당하다는 결론을 내렸다.

∷ 조사대상자

이렇게 구성된 설문들은 중국의 상하이(上海), 난징(南京), 칭다오(靑島) 및 청두(成都)에 있는 대학들에 재학 중인 대학생과 대학원생들이 실천하는 어른존경방식을 알아내기 위해서 사용되었다. 이들 도시에는 역동적으로 사회적 및 경제적 변화가 일어나고 있다. 상하이는 중국에서 기장 산업화된 초대도시이고, 난징은 문화적이면서 산업화된 대도시이고, 칭다오는 농업지역으로 둘러싸인 산업화된 도시이며, 청두는 중국내륙지역에 위치한 교통중심지이고 중국의 문화적 전통을 보존하고 있는 지방도시이다. 칭다오와 청두의 대상자들 중에는 농촌 출신이 다수 포함되어 있다. 이들 각 도시에는 대학들이 5개 이상이 있어 이 중에서 2개 대학들을 무작위로 선출하였다. 모두가 정부지원으로 운영되는 남녀공학이며 사회적 및 경제적으로 다양한 학생들이 다니고 있는 대학들이다.

자료는 총 1,632명의 학생들로부터 수집되었다(난징 405, 상하이 402, 칭다오 404, 청두 421). 각 대학에서 사회계열 과목들을 청강하는 대학생들과 대학원생들을 설문응답자로 선발하였다. 각 교실에서 강사가 청강생들에게 이 조사는 자원해서 참여하는 것이며, 설문은 무기명으로 기입하도록 알려 주었다. 각 대학에서 90~95% 이상의 응답자들이 설문을 완성해 주었다.

:: 조사결과

지금부터 설문에 대한 응답을 바탕으로 찾아낸 존경방식들과 존경방식 분석에 대해서 논의하고자 한다.

종합해서 보면, <표 3>에서 보듯이 대다수의 응답자들은 대학에 다니는 젊은 성인들로서 89%는 20~29세(20~24, 70%; 25~29세, 19%), 59%는 학부학생, 25%는 대학원생, 5%는 박사학위 소지자, 11%는 기타 학위 소지자; 남성 57%, 여성 43%; 미혼 68%, 기혼 32%; 부모와 별거 63%, 부모와 동거 37%; 도시거주자 83%, 농촌거주자 17%로 나누어졌다.

4개 지역들(상하이, 난징, 칭다오, 청두)의 응답자들의 사회인구학적 특성을 비교해 보았다. 분석을 위하여 응답자들을 지역에 따라 4개 집단으로 분리하였다.

결혼상태에서는 상하이 집단이 난징, 칭다오 및 청두 집단들보다 미혼자가 더 많았다(미혼자: 상하이 83%; 난징 64%, 청두 54%, 칭다오 49%; 기혼자: 상하이 17%; 난징 36%, 청두 46%, 칭다오 51%) [Chi-square검정결과: X^2=268.02, df=3, sig.=.001].

주거형태에서도 달랐다. 가장 도시화된 상하이의 집단이 다른 지역 집단들보다도 부모와 함께 사는 응답자들이 적었고, 지방도시인 칭다오와 청두에는 상대적으로 동거하는 응답자들이 더 많았다[부모와 동거: 청두 53%, 칭다오 51%, 난징 39%, 상하이 12%; 부모와 별거: 상하이 88%, 난징 61%, 칭다오 49%, 청두 47%(X^2=84.13, df=3, sig.=.001)]. 거주지역에서도 역시 예측한 바와 같이 지방도시인 청두와 칭다오가 다른 집단들보다 농촌에 사는 응답자들이 더 많았다[농촌거주자: 청두 49, 칭다오 46%, 난징 25%, 상하이 13%; 도시거주자: 상하이 87%, 난징 75%, 칭다오 54%, 청두 51(X^2=28.73, df=3, sig.=.001)].

<표 3> 응답자들의 사회인구학적 특성 – 중국응답자

사회경제적 특성	%	사회경제적 특성	%
연령		*교육*	
20-24	69.2	대학	59.5
25-29	19.6	대학원	24.7
30-34	4.8	Ph.D.	9.6
35-39	1.9	기타	6.2
40+	4.5	*부모동거*	
성별		예	36.6
남	56.6	아니오	63.4
여	43.4	*거주지역*	
결혼상태		농촌	17.4
기혼	32.1	도시	82.6
미혼	67.9		
N=1,622		N=1,622	

요약하면 조사대상자들의 대다수는 그들의 부모와 떨어져 도시에
살고 있는 미혼자들이다.

:: 존경방식에 대한 평가: 빈도와 중요성

<표 4>는 중국에서 행한 앞의 조사들에서 나온 15개 존경방식들에
대한 조사결과를 보여 준다. 각 방식은 지적한 빈도(평균)와 중요성
(평균)에 기초한 자료이다.
또한 <그림 1>은 15개 존경방식들의 지적 빈도와 중요성 정도를
보여준다.

<표 4> 어른존경방식에 대한 빈도와 중요성 - 중국응답자*

어른존경 방식	지적 빈도[1]			중요성[2]			**평균등위
	등위	평균	S.D.	등위	평균	S.D.	
외모	1	4.25	0.85	5	4.06	0.85	2
존댓말	2	4.09	0.89	3	4.10	0.81	1
먼저	3	3.95	0.90	7	3.89	1.01	5
윗자리	4	3.90	0.89	4	4.08	0.91	4
인사	5	3.87	0.88	6	3.91	0.92	6
보살핌	6	3.74	0.99	1	4.21	0.77	3
순종	7	3.72	0.96	14	3.39	1.16	10
사생활	8	3.65	1.04	9	3.82	1.36	8
음식	9	3.64	1.67	2	4.12	0.89	6
축하	10	3.63	1.09	12	3.57	0.99	11
동일시	11	3.60	1.05	11	3.76	0.98	11
조상	12	3.58	1.15	8	3.88	1.02	9
이웃	13	3.46	1.09	10	3.77	1.19	13
의논	14	3.37	0.98	15	3.29	0.99	15
선물	15	2.79	1.23	13	3.40	1.04	14

*N = 1,632

** 평균등위: (빈도의 등위 + 중요성의 등위) / 2
[1] 각 방식을 지적한 빈도(5=항상 실천함~1=전혀 실천 안 함)
[2] 각 방식에 주어진 중요성(5=매우 중요함~1=전혀 중요치 않음)

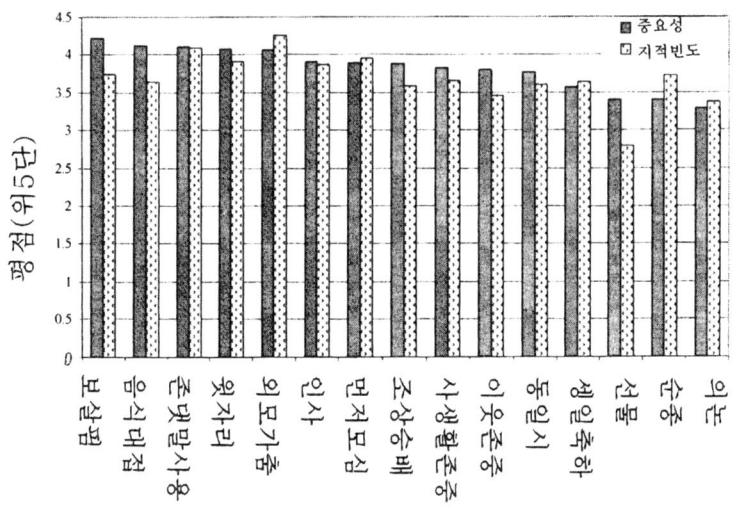

〈그림 1〉 존경방식의 지적 빈도와 중요성-중국응답자

먼저 지적 빈도를 보면, 외모를 갖추어 하는 존경이 가장 많이 지적되었다(평균 4.25, 1등위). 다음으로 많이 지적된 방식은 존댓말을 사용해서 하는 존경(평균 4.09, 2등위)이다. 이 두 방식들은 "자주 실천한 편"보다 "약간 더 자주 사용함"의 범위에 속하는 평점을 받았다. 다음으로 먼저 대접해서 하는 존경(3.95, 3등위), 윗자리를 제공해서 하는 존경(3.90, 4등위), 인사를 해서 하는 존경(3.87, 5등위), 보살핌으로 하는 존경(3.74, 6등위), 순종으로 하는 존경(3.72, 7등위), 사생활 존중(3.65, 8등위), 음식대접으로 하는 존경(3.64, 9등위), 축하를 해서 하는 존경(3.63, 10등위), 동일시해서 하는 존경(3.60, 11등위) 및 조상에 대한 존경(3.58, 12등위)의 10 가지 방식들이 "자주 실천한 편" 내지 이에 가까운 평을 받았다. 나머지 방식들—이웃노인 존경(3.46, 13등위), 의논을 해서 하는 존경(3.37, 14등위) 및 선물로 하는 존경(2.79,

15등위)―은 "가끔 실천함" 내지 이에 가까운 평이 나왔다.

다음 중요성에서는 보살핌으로 하는 존경이 가장 중요한 방식으로 나타났다(4.21, 1등위). 다음으로 음식대접으로 하는 존경(4.12, 2등위), 존댓말로 하는 존경(4.10, 3등위), 윗자리를 제공해서 하는 존경(4.08, 4등위) 및 외모를 갖추고 하는 존경(4.06, 5등위)이 따랐다. 이 5개 방식은 "중요한 편"보다 더 중요함의 평을 받았다. 이와 같이 중국의 젊은 성인들은 인상 깊게도 보살핌으로 하는 존경을 가장 중요하다고 지적하였다. 6～13등위로 평가된 방식들은 인사로 하는 존경(3.91), 먼저 대접해서 하는 존경(3.89), 조상에 대한 존경(3.88), 사생활 존중(3.82), 이웃노인 존경(3.77), 동일시해서 하는 존경(3.76) 및 축하를 해서 하는 존경(3.57)이다. 이 방식들은 거의 "중요한 편"에 가까운 평점을 받았다. 나머지 방식들―선물로 하는 존경(3.40), 순종해서 하는 존경(3.39) 및 의논해서 하는 존경(3.29)―은 "중요하기도 하고 중요하지 않기도 함"의 중간보다는 약간 중요한 편에 가까운 평을 받았다.

15개 방식들 중 12개는 2개 이상의 지표들로 지적되었고, 음식대접으로 하는 존경, 사생활 존중, 동일시해서 하는 존경은 각각 1개 지표로 평가했다(각 방식을 지적한 지표들은 <표 5>에 들어 있음).

모든 방식들은 빈도의 평균치들이 서로 통계적으로 유의한 긍정적 상관관계를 가지며($r=.63$～$.41$, $p<.05$～$.001$, $N=1393$～1622), 중요성에서도 역시 긍정적이고 유의한 상관관계를 가졌음이 시사되었다($r=.55$～$.37$, $p<.001$, $N=1393$～1622).

이 자료는 15개 방식들이 각각 독특한 행동으로 존경을 표현하지만, 뜻과 실천면에서 서로 연관되어 있음을 시사한다. 이 방식들이 종합되어 어른존경을 묘사하기 때문에 총체적 어른존경을 설명할 때는 이들 모두를 사용해야만 하겠다.

한편 빈도의 평균치와 중요성의 평균치는 긍정적인 상관관계를 가진다(r=.77, p<.01). 이런 관계는 빈도에 기초한 등위(1~15)와 중요성에 기초한 등위(1~15) 사이의 관계에서도 나타났다. 즉, Spearman 등위상관관계 분석에서 두 등위들이 서로 연관되었음이 시사되었다(Rho=.67). 이 결과는 존경방식을 실천한 빈도를 바탕으로 중요성 정도를 대략 추정할 수 있음을 시사한다.

〈표 5〉 어른존경의 지표에 대한 빈도와 중요성 — 중국응답자

어른존경 지표	빈도		중요성	
	평균	S.D.	평균	S.D.
보살핌으로 하는 존경				
시간을 함께함	3.47	0.84	4.24	0.8
집안일을 돌봄	3.57	0.89	4.10	0.88
다정하게 대함	3.93	0.99	4.41	0.97
행복, 안락하게 함	4.00	0.86	4.09	0.97
순종으로 하는 존경				
복종함	3.68	1.09	3.36	0.89
귀담아들음	3.76	0.87	3.42	0.91
존댓말로 하는 존경				
존댓말을 사용함	4.10	0.90	4.13	0.8
호칭을 부름	4.08	1.10	4.06	1.03
인사로 하는 존경				
묵례를 함	3.84	0.89	3.97	0.82
인사를 함	3.90	0.88	3.85	0.96
의논으로 하는 존경				
의논을 함	3.21	1.09	3.32	1.06
충고를 받음	3.53	0.98	3.26	1.05

외모를 갖추고 하는 존경				
얌전한 태도를 가짐	4.24	0.85	4.28	0.89
단정한 옷차림을 함	4.26	1.14	3.83	1.03
먼저 대접해서 하는 존경				
먼저 대접함	3.96	1.00	4.02	0.85
먼저 가도록 함	3.94	0.90	3.76	1.06
이웃노인 존경				
이웃노인을 돌봄	3.25	1.09	3.65	0.91
자리를 양보함	3.68	0.89	3.88	0.94
축하해서 하는 존경				
생일에 방문함	3.62	1.03	3.57	0.9
생일에 전화함	3.65	1.06	3.58	0.92
선물로 하는 존경				
선물을 함	2.68	1.13	3.22	0.92
소원을 성취함	2.90	1.00	3.58	0.97
윗자리를 드려 하는 존경				
모임을 주도케 함	3.82	1.10	3.80	1.02
윗자리를 제공함	3.98	1.04	3.99	0.95
음식대접으로 하는 존경				
음식을 제공함	3.64	0.95	4.12	0.82
동일시해서 하는 존경				
동일시함	3.60	0.96	3.76	0.98
사생활 존중				
사비밀을 존중함	3.65	1.06	3.82	0.89
조상에 대한 존경				
승묘를 함	3.45	1.15	3.79	1.06
제사를 올림	3.72	1.06	3.97	0.98

N = 1,622

다음에 15개 존경방식들과 이들의 지표들에 대한 지적 빈도와 중
요성 정도에 관해서 알아보고자 한다.

:: 어른존경의 방식과 지표

"*보살핌으로 하는 존경*"은 다음의 4가지 지표들로 설명하였다.

① 어른을 안락하게 함
② 어른을 다정하게 대함
③ 어른의 집안일을 돌봄
④ 어른과 시간을 함께 보냄

위의 지표들의 숫자들을 합쳐 보살핌으로 하는 존경의 평균치를 내었다. <표 5>가 보여 주는 바와 같이 어른을 안락하게 함과 어른에게 다정하게 함(정서적 차원)은 어른과 시간을 함께 보냄과 집안일을 돌봄(수단적 차원)보다 더 자주 실천되었다. 이들 지표들에 주어진 '빈도'는 약간 낮았으나 '중요성'은 높았다. '다정하게 대함'은 모든 지표들 중 가장 높았다. 보살핌으로 하는 방식은 15개 방식들 중에서 중요성 정도가 가장 높다.

"*보살핌으로 하는 존경*"은 가족과 어른을 돌보는 사람들(서비스전달자)에게 매우 중요한 뜻을 내포하고 있다. 다수의 고령자들은 여러 가지 신체적·심리적 및 사회경제적 문제들을 가지고 있다. 이 문제들을 해소하기 위해서 이분들은 돌보는 사람들에게 거의 전적으로 의존하게 된다. 이렇게 모든 것을 서비스제공자에게 맡기고 의존하는 고령자를 서비스제공자가 존경심을 가지고 돌보느냐 그렇지 않느냐에 따라 그 고령자의 노후생활의 질이 크게 달라질 수 있다. 인생말기에 임한 고령자에게 제공하는 서비스에서 존경은 매우 긴요하다.

“순종으로 하는 존경”은 ‘어른에게 순종함’과 ‘어른이 하는 말을 귀담아들음’으로 평하였다. 두 가지 모두 비교적 ‘자주 실천함’으로 나왔다. 그러나 중요성은 두 지표들 모두가 ‘중요한 편’보다 낮으며 중요하다와 중요하지 않다에 가깝다.

　각 존경방식의 평균을 얻기 위해서 해당지표들의 수치를 합산하였다.

　가족중심적이고 위계적인 사회관계가 널리 이루어지는 중국사회에서는 어른에게 순종해서 하는 존경은 사회적 규범으로 통용되고 있다. 대개의 경우 젊은이는 부모의 충고를 받고서 이를 따른다. 그들은 고령의 친척(부모, 큰형, 친척어른)으로부터 꾸지람을 받고서도 대개의 경우 반항하지 않는다. 작업장에서 선임자로부터 충고를 받으면 대개는 이를 따른다. 그리고 학교에서는 학생들이 선생에게 거의 기탄없이 복종한다. 이러한 행동은 중국의 젊은 사람들이 부모와 선배에 대해 표시하는 존경을 나타낸다.

　이런 어른존경의 행동적 패턴은 중국전통문화의 일부라고 할 수 있다. 그런데 본 연구에서는 예상 외로 응답자들이 순종해서 하는 존경의 중요성에 비교적 낮은 평가를 했다. 이런 반응은 중국젊은이들의 고령자에 대한 태도의 시대적 변화를 반영하는 것인지? 이에 대한 보다 더 심층적인 탐색이 있어야 하겠다.

　“*음식대접으로 하는 존경*”은 ‘어른이 즐기는 음료와 식사를 대접함’으로 지적되었는데 거의 ‘자주’에서 ‘가끔’ 사이의 평을 받았고, 중요성에서는 ‘중요함’으로 나왔다. 고령이 되면 음식을 대접받는 것을 복 받는 것이라고 반가워한다. 음식대접은 오랜 세월 동안 동아시아에서 효행의 대표적 표현으로서 칭찬받아 온 존경방식이다. 중국의 효행 이야기들에는 어김없이 효자가 노령의 부모가 좋아하는 음식을 애써 마련해서 대접했다는 내용이 들어 있다. 예로 중국의 유명한 『24효행이야기(24孝的故事)』에 수록된 효자 이야기들의 다수가 부모가 원하는 음식을 어렵게 마련해서 정성 들여 대접한 내용이다.

  "*존댓말로 하는 존경*"은 '존댓말을 사용함'과 '호칭을 부름'으로 지적하였다. 두 지표 모두 '자주 실천함'과 '중요한 편'으로 평가되었다. 중국인들은 지금도 경의를 표시하기 위하여 어른에게 인사할 때, 어른과 대화할 때와 편지를 쓸 때 존댓말을 사용한다. 존경하는 정도는 윗사람에게 사용하는 존댓말 가운데 단어의 명사는 물론 전치사와 후치사, 그리고 구절과 문장에까지 반영된다. 중국인은 물론 다른 동아시아 사람들에게도 한문으로 이런 존경스러운 표현을 한다는 것은 쉽지 많은 일이다. 문화와 언어를 달리하는 서양 사람들에게는 말할 나위도 없이 어려운 일이다.

  어른존경은 중국어 속에 심어 있다. 지금은 존경의 표현들이 상당수 단순화되었지만 전통적 방식은 매우 복잡하다.

  "*인사로 하는 존경*"은 '어른을 만날 때 인사를 함', 그리고 '어른의 호칭을 부름'으로 지적하였다. 이 두 지표들은 모두 '자주' 사용되었고 '중요함'으로 평가되었다. 중국에서는 어른을 대할 때 경어를 사용하고 단정한 모습을 갖추는 것만으로는 충분치 못하다. 적절한 몸짓도 해야 한다. 어느 정도로 순종하느냐는 것은 절을 하고 몸을 굽히는 정도에 따라, 그리고 합장을 한 손을 위로 올리는 정도에 따라 나타난다. 깊은 존경을 표하기 위해서 이런 행동적 표현을 반복하고 계속한다.

  인사는 중국 어린이들이 부모로부터 배우는 첫 사회적 행동이다. 그런데 이 방식은 서서히 단순화되고 있다. 예를 들어 젊은 사람들은 어른을 만나면 절 대신에 악수를 하거나 고개를 숙인다. 그러나 중국의 문화적 전통은 아직도 젊은 사람들이 어른존경의 전통적 방식을 따르도록 영향을 주고 있다.

"*의논을 해서 하는 존경*"은 '어른과 의논을 함'과 '어른의 충고를 받음'으로 평하였다. 이 두 지표들은 '가끔 함'과 '중요하기도 하고 중요치 않기도 함'의 중간에 가까운 평을 받았다. 젊은이는 개인 및 가족에 관한 일들에 대하여 어른의 의견을 묻는다. 이렇게 의논함으로써 어른에 대한 경의를 표한다. 이 방식으로 노소가 다 같이 혜택을 받을 수 있다. 젊은이는 지식, 지혜 및 도움을 받고 고령자는 자기의 경험과 지식으로 젊은이를 도와줌으로써 개인적 충족감을 가지며 이들로부터 감사와 존경을 받게 된다. 그러나 본 연구에서는 두 지표들이 별로 높게 평가되지 않았다.

"*외모를 갖추어 하는 존경*"은 '예의 있는 모습을 갖춤'과 '단정한 옷차림을 함'인데 두 지표들이 다 같이 '자주 실천함'과 '중요함'으로 평가되었다. 오만하고 무관심한 태도와 어른의 불쾌감을 사는 표정은 존경의 표시라고 할 수 없다. 예에 맞고 의식적(儀式的)인 생활태도는 중국문화에서 여전히 중요시되고 있다.

"*먼저 대접해서 하는 존경*"은 '먼저 대접함'과 '방이나 승강기에 먼저 들어가도록 함'의 두 지표로 지적되었는데 두 지표들이 모두 '자주' 사용되었으며 '중요함'으로 평가되었다. 이 방식은 어른을 먼저 대접하고, 식사, 음료, 서비스를 어른에게 먼저 제공하고, 방이나 자동차에 먼저 들어가도록 하고, 복복을 먼저 하도록 하는 것 등이다. 이런 우선적인 대접은 흔히 연령순으로 하거나 존경하는 정도에 따라 한다. 중국의 고령자들 사이에는 연령에 따라 존경받는 것을 당연시하는 경향이 있으며 우선적 대접은 중요한 존경방식으로 받아들여지고 있다.

"*이웃노인에 대한 존경*"은 '이웃노인을 돌봄'과 '버스나 기차에서 어른에게 자리를 양보함'의 두 지표로 평가했다. 이 지표들은 거의 '가끔' 실천했으며 '중요함'에 가까운 평이 나왔다. 이 방식은 공적(정부의) 및 사적(민간의) 서비스를 고령자에게 제공하고, 이들의 사회적 신분을 높이고, 가족 바깥 서비스를 제공하는 등의 사회적 노력을 반영한다. 중국의 이웃공동체가 제공하는 5가지 혜택(五保戶)은 이런 사회적 노력의 한 예이다. 중국 농촌에서는 지역사회 주도의 공적 및 사적 서비스를 사정이 어려운 고령자들에게 제공하고, 고령자들에게 예의를 갖추어 대하도록 젊은이를 교육하며, 고령자들을 학대하거나 유기할 경우에 경고를 하고 심한 사례는 법적으로 처벌한다. 이웃노인존경은 전통적 유교교의에 근원을 두는 문화적 가치이다. 공자는 가족과 사회의 모든 성원들을 존중하는 폭넓은 사회관계를 구상하였다. 이 점에 관하여 공자는 다음과 같이 말했다.

"내 집안의 어른을 존경으로 대하는 것처럼 다른 집안의 어른도 존경으로 대해야 할 것이다"(효경, 2당). 따라서 예(禮)는 가족의 역을 넘어 이웃과 사회로 확장된다.

"*축하로 하는 존경*"은 어른의 탄생일에 '방문을 함'과 '전화를 함'의 두 지표로 평하였다. 두 지표들이 다 같이 '가끔' 보다 '자주' 실천되었고 거의 '중요함'에 가깝게 평가되었다. 생일은 생의 주기에서 중요한 시점이 된다. 이날은 어른이 고령기에 한발 더 진입함을 의미하며, 부모에게 경의를 표하고 축하를 하는 기회가 된다. 자녀는 부모의 탄생일과 뜻있는 가족행사를 맞아 전화를 하고 방문을 한다. 이런 행사의 주목적은 노부모에게 존경의 뜻을 특출한 방법으로 전하기 위한 것이다.

"*선물로 하는 존경*"은 '선물을 함'과 '어른의 소원을 성취함'으로 지적되었다. '선물을 함'은 '가끔 실천함'과 중간 평점으로서 '중요하기도 하고 중요치 않기도 함'으로 평하였다. '소원을 성취함'은 '선물을 함'보다 더 자주 실천되었고 약간 더 중요한 것으로 나타났다. 선물은 의복, 돈, 기타 상징적 가치가 있는 물건으로 한다. 그 밖에 어른의 소원을 성취하는 것도 선물과 같은 뜻을 내포한다. 용돈을 주는 것이 요즘에는 인기 있는 선물이 되어가고 있다.

"*윗자리를 제공해서 하는 존경*"은 '모임에서 의장자리를 줌'과 '윗자리를 줌'의 두 지표를 사용했는데 '자주 실천함'과에 '중요함'에 가까운 평을 받았다. 동아시아문화에서는 윗사람에게 좋은 자리를 제공하는 것이 중요한 관습으로 되어 있다. 어른에게 가운데자리, 윗자리, 난로에 가까운 자리, 조용한 방을 제공한다. 그리고 운수가 좋은 집자리를 정하는 데 많은 노력을 기울인다.

"*조상에 대한 존경*"은 '성묘를 함'과 '제사를 올림'의 두 지표로 평했다. 성묘는 '때때로 함'이고 제사는 '자주 실천함'에 가깝게 평가되었다. 중요성에서는 두 지표들 모두에 '중요함'에 가까운 평점을 주었다. 조상에 대한 존경(조상숭배)은 중국문화에서 효를 표하는 핵심적 방식이다. 조상으로부터 받은 은혜에 감사하기 위해 조상을 숭배한다. 기일(제삿날)에 몇 세대 내의 조상들에게 제사를 올린다. 가족원들은 깨끗한 방이나 절에서 위패 또는 사신 앞에 제사음식을 차려 놓고 절을 한다. 차례가 끝나면 부모는 자녀에게 조상에 대한 기념할 만한 이야기를 해 주어 후세가 조상을 잊지 않도록 한다. 조상의 묘를 가꾸는 일도 은혜를 갚는 방법이다. 족보를 마련하고 종가 모임에 참여하는 일은 아직도 중국과 홍콩, 타이완, 싱가포르를 포함한 중국인사회에서 널리 행해지고 있다. 이런 활동은 조상숭배 관습을 강화한다.

"*동일시해서 하는 존경*"은 '어른의 가치관과 생활양식을 동일시함'의 한 가지 지표로 지적하였는데 '자주 함'과 '중요함'에 가까운 평을 받았다. 부모, 선생, 선배, 존경하는 지도자, 밀접한 관계를 갖는 어른, 훌륭한 인물의 가치관, 신조, 사상, 행동, 생활스타일을 따르거나 동일시함으로써 그에게 경의를 표한다. 중국의 문학작품과 민속담에는 이런 방식으로 존경을 나타낸 사례가 많이 나온다.

"*사생활에 대한 존중*"은 '자주 함'과 '중요함'에 가까운 평을 받았다. 어른의 사생활을 존중하여 간섭하지 않고, 이분들의 개인적 비밀을 지켜 줌으로써 사생활을 존중한다. 전통적으로 가족원들이 친밀하게 상호의존하는 관계를 유지하는 중국문화에서는 사생활에 대해서는 별로 관심을 두지 않았다. 그러나 본 조사에서는 중국의 젊은이들이 이 방식에 비교적 높은 평점을 주었다. 이런 결과는 이 존경방식을 새 세대가 중요시하고 있음을 사사한다.

이상 15개 방식들에 대한 지적 빈도와 중요성에 대해서 알아보았다.

다음으로 응답자의 사회인구학적 특성과 4개의 존경방식들 사이의 관계를 검정해 보았다. 이 4개 방식들은 보살펴서 하는 존경, 순종으로 하는 존경, 조상숭배 및 이웃노인 존경이다.

앞서 논한 바와 같이 보살핌으로 하는 존경은 보살피는 사람(가족원, 전문봉사자)과 관련된 특별한 뜻을 내포하고 있다. 보살핌을 제공하는 사람이 고령자를 존경으로 대접하는 것은 곧 이분들의 만년의 생의 질을 고양하는 중요한 요인이 되기 때문에 우리는 이 방식에 대해여 각별한 관심을 가져야 하겠다.

순종해서 하는 존경은 중국문화에서 전통적으로 중요한 존경의 표현으로 되어 왔다.

조상숭배는 중국인들이 소중하게 여기며 꾸준히 지켜나가는 두드러진 문화적 유산이자 가족의식이다. 이 방식은 가족중심적으로 실천되어 온 효의 대표적 표현이다. 조상을 숭배함은 가족원들을 결속하여 상호의존적인 체계를 형성하며 나아가 가족의 안정과 영속을 이룩하는 힘이 된다. 중국인들은 앞으로 오랫동안 이 존경방식을 실천해 갈 것으로 본다.

오늘날 중국에서는 이웃노인을 존경하는 활동이 고령자의 신분을 고양하고 공적 및 사적 서비스를 제공하는 중요한 방법으로 등장하였다. 중국은 가족의 역을 넘어서 지역사회 중심의 서비스를 고령자들에게 제공하는 데 주력하고 있다. 이웃노인 존경은 노인인구가 급속히 증가하고 출생률이 감소함에 따라 보살핌을 제공하는 가족의 능력이 줄고 있는 중국으로서는 시대적 관심사가 아닐 수 없다.

응답자의 특성과 앞의 4가지 방식들과의 상호관계를 살펴보고자 한다.

응답자의 특성(연령, 결혼상태, 성별, 교육, 거주형태, 거주지역)으로 보살핌으로 하는 존경의 중요성을 예측하는 정도를 탐사하기 위하여 다중회기분석을 하였다. 분석과정에서 '결혼상태—성별'의 두 요인을 사입하였다(<표 6> 참조). 분석결과는 결혼상태와 성별은 각각 보살핌의 평점의 변화를 통계적으로 유의하게 설명하고 있음이 시사되었다(33%의 변화 설명). 다른 특성들은 보살핌 존경을 유의하게 예측하지 못하였다.

여성응답자가 남성응답자보다도 보실핌으로 하는 존경에 더 많은 평점을 주었다. 보살핌 존경 평균은 여성 4.16과 남성 3.88이며, 평균 차는 ±.28이다. 결혼한 응답자는 보살핌 존경을 미혼자보다도 더 높게 평가하였다. 중요성 평점은 기혼자 4.12, 미혼자 3.93이고 평균차는 ±.19이다.

보살핌 존경의 4개 지표들(정서적 지표 2개와 수단적 지표 2개)의 경우는 기혼 여성들의 56%가 '시간을 함께 보냄'에 높은 평점을 주었는데, 남성(44%)과 비교하면 차이가 난다(X^2=3.32, df=1, sig.<.50). 여성 응답자들의 58%가 '집안일 돌봄'에 높은 평점을 주었는데 남성 42%에 비해 높다(X^2=8.25, df=1, sig.<.08). '다정하게 대함'에서도 여성이 57%를 주었는데 남성 43%에 비해 높다(X^2=20.50, df=1, sig.<.001). 끝으로 '안락하게 함'에서는 60%의 여성 응답자들이 높은 평점을 주었는데 남성 40%에 비하면 역시 높다(X^2=89.10, df=4, sig.<.001). 이와 같이 여성 기혼자가 보살핌 존경의 4가지 지표들 모두에 높은 평점을 주었다.

순종으로 하는 존경은 중요성이 비교적 낮게 평가되었으나 비교적 자주 실천되었다. 회귀분석 결과는 성별(t=3.16, B=.097, p<.002)과 결혼상태(t=2.44, B=.074, p<.015)가 각각 통계적으로 유의한 선에서 '순종'의 평점을 예측함을 시사한다(R^2=.523, F=8.18, p<.001). 기혼자가 중요성을 높게 평하였다(여성 3.94, 남성 3.63—중요성 기초: 여성 3.93, 남성 3.74—빈도 기초: 기혼자 4.10, 미혼자 3.84—중요성 기초 기혼자 4.11, 미혼자 3.93—빈도 기초).

소상에 대한 존경은 '때때로'보다는 약간 더 자주 실천하였으나

'중요함'에 거의 가깝게 평하였다. 회귀분석 결과는 성별(t=44.95, .099, p<.001)과 결혼상태(t=25.14, B=.157, p<.001)가 각각 조상숭배 방식의 평점을 통계적으로 유의한 선에서 예측함을 시사한다(R²=3.63, df=1, F=8.57, p<.003). 남성이 조상숭배방식을 여성보다 더 높게 평하였고(3.98 vs. 377), 기혼자가 미혼자보다 더 높게 평하였다(3.95 vs. 3.81).

이웃노인존경은 지적 빈도보다 중요성 정도가 약간 너 높다. 이 방식의 평점을 예측한 변수도 역시 성별(t=26.22, B=.164, p<.001)과 결혼상태이다(t=.28.4, B=.17.2, p<.001); (R²=16.39, F=26.44, p<.001). 남성과 기혼자는 각각 이 방식의 중요성을 여성보다 높게(3.89 vs. 3.65) 그리고 미혼자가 기혼자보다 높게 평하였다(3.84 vs. 3.70).

이와 같이 성별과 결혼상태는 4개 지표의 평균을 예측한 요인들이다. 그러나 성별의 영향은 일관성이 없는 혼합된 상태라고 할 수 있다. 즉, 여성은 보살핌 존경과 순종 존경에 남성보다 높은 평점을 주었는데 남성은 이웃노인존경과 조상숭배를 여성보다 더 높이 평가하였다. 이상 4개 방식들 모두에서 실천빈도보다 중요성이 더 높이 평가되었다. 즉, 실천은 자주 안 했지만 중요성은 인정한 셈이다.

이 밖의 특성들(연령, 교육, 거주지역 및 거주형태)의 경우는 15개 방식들에 대한 평점들 사이의 변화가 통계적으로 유의하지가 않음이 시사되었다. 연령의 하위 지수들(20~24, 25~29, 30~34, 35~39, 40+)과 15개 방식들의 평점들도 역시 통계적으로 유의한 관계를 가지고 있지 않다(X=22.84, df=16, sig.ㄱ.12).

거주지역(농촌, 도시)에 따라 4개 존경방식 모두에 통계적으로 유의한 차이가 있음이 시사되었다. 보살핌, 순종, 조상숭배 및 이웃노인

존경의 지적 빈도와 중요성에 거주지역에 따라 각각 통계적으로 유의한 차이가 있음이 시사되었다. 농촌거주자들이 4개 존경방식 모두를 도시거주자들보다 더 중요하다고 평하였고 더 자주 실천하였다.

이와 연계해서 농촌으로 둘러 싸인 도시인 청두와 칭따오의 경우는 4개 존경방식들에 긍정적인 응답을 한 응답자들이 초대도시인 상하이와 대도시인 난징보다도 더 많았다. 이 자료는 중국내의 지역에 따른 어른존경과 관련된 태도와 행동에 차이가 있음을 시사하는 것이다.

거주형태(동거, 별거)에서는 지적 빈도와 중요성 모두에서 차이가 있다.

〈표 6〉 독립변수(응답자 특성)의 효과분석 : 종속변수(보살핌으로 하는 존경)－중국응답자

Source	Df	평균 Square	F	P
Intercept		1372.039	5.559	0.001
연령	1	1.184	3.027	0.082
결혼상태	1	4.892	11.534	0.003
성별	1	3.637	8.574	0.001
주거형태	1	1.065	2.512	0.113
거주지역	1	0.009	0.022	0.881
교육	1	0.797	1.880	0.131
거주지역/성별	1	0.480	1.131	0.288
Error	1047	0.424		
Total	1057			

N = 1,202

교육의 하위변수들(학부, 대학원, 박사과정)은 평점과 통계적으로 유의한 관계가 없었다(X^2=9.52, df=8, sig.=.25). 거주지역의 하위변수

들(지방, 도시)(t= -.480, df=1097, sig.=.631)도 거주형태(부모와 동거, 별거)와 통계적으로 유의한 관계가 성립되지 않았다.

상하이, 난징, 청두 및 칭다오의 4개 지역들 간의 차이점에 대해서 좀 더 삶여 보았다.

존경방식들 중 가장 많이 지적되고 가장 중요시된 6가지를 골랐다. 즉 집안일 돌봄, 안락하게 함, 존댓말을 함, 인사를 함, 외모를 갖춤, 먼저 대접함의 6개 항목들이다. [집안일 돌봄과 안락하게 함은 보살펴서 하는 존경의 대표적 지표들임.] 이들 방식들에 주어진 평균치의 지역에 따른 차이를 변량분석하였다.

이들 항목들은 4개 지역들 모두에 따라 통계적으로 유의하게 달랐다[자승화=집단간   106.62~7.78;   집단내   1027.41~974.39;   df=3, F=47.62~3.68; p=.001~.012].

집안일돌봄에서는 상하이와 난징 두 대도시들 사이에는 차이가 없으나(평균차: .044, p=.89), 상하이와 지방도시 산둥 및 청두 사이에는 차이가 있다(평균차: 산둥 .728, p=.001, 청두 .309, p=.001). 그런데 산둥은 3개 지역들과 모두 차이가 있다(평균차: 난징 .683, p=.001, 상하이 .728, p=.001, 청두 .418, p=.001). 청두의 경우도 3개 도시들 모두와 차이가 있다(평균차: 난징 .265, p=.001, 상하이 .309, p=.001, 상둥 .418, p=.001). 산둥과 청두의 두 지방도시에서는 응답자들이 집안일 돌봄을 더 중요시하고 더 자주 실천했음이 사시되었다.

다음 안락하게 함에서는 웬일인지 4개 도시들 전부 사이에 차이가 하나도 없다.

존댓말 사용에서는 난징과 산둥 간에 차이가 있고(평균차 .211, p=.004), 상하이와 산둥 간에도 차이가 있다(.371, p=.001).

인사를 함에서도 역시 산둥과 3개 도시들 모두 사이에 차이가 있다(산둥 vs. 난징: .449, p=.001; 산둥 vs. 상하이: .370, p=.001; 산둥 vs. 청두: .328, p=.001). 그런데 상하이, 난징, 청두 간에는 차이가 보이지 않는다(상하이 vs. 난징: .079, p=.58; 난징 vs. 청두: .121, p=.24; 상하이 vs. 청두: .042, p=.91).

외모를 갖춤에서는 4개 도시들 사이에 차이가 없다.

먼저 대접함에서는 산둥과 3개 지역들 모두 사이에 차이가 있다.

(산둥 vs. 난징: .333, p. .001; 산둥 vs. 상하이: .308, p=.001; 산둥 vs. 청두: .321, p=.001).

이상의 분석결과를 요약하면 6개 항목들 중 안락하게 함과 외모를 갖춤을 제외한 4개 항목들--집안일 돌봄, 존댓말 사용, 인사를 함, 먼저 대접함--에서 산둥과 나머지 3개 도시들 사이가 일관되게 통계적으로 유의하게 차이가 있음이 시사되었다. 평균차를 보면 산둥이 4개 존경 항목들 모두에서 다른 대도시 지역들의 평균차 보다도 일관되게 현저히 높다. 앞서 지적하였듯이 집안일 돌봄에서는 산둥과 청두의 두 지방도시가 두 대도시들보다 평균치가 더 높다.

"인사를 함"을 예로 보면 아래와 같다.

			평균차	유의도
난징	vs.	상하이	.079	.580
		산둥	.449	.001
		청두	.121	.245
상하이	vs.	난징	.079	580
		산둥	.370	.001
		청두	.042	.917
청두	vs.	난징	.121	.246
		상하이	.042	.917
		산둥	.328	.001
산둥	vs.	난징	.449	.001
		상하이	.370	.001
		청두	.328	.001

산둥은 공자가 태어난 역사적으로 유서가 깊은 곳이기도 하고 도시화가 상하이, 난징 및 청두에 비하여 늦은 곳이다. 그리고 농촌으로 둘러 싸여 도시와 농촌이 밀접히 연계된 사회적 및 경제적 생활환경을 갖었다. 따라서 위의 분석이 시사하듯이 다른 대도시들보다 보수적이고 전통고수적인 경향이 엿보인다. 청두도 지방도시로서 중국의 전통문화를 보수적으로 고수하는 성향을 가지는 지역으로 알려져 있다. 이런 청두의 특성이 약하나마 분석결과에 반영되었다고 본다. 특히 산둥의 응답자들이 대도시의 젊은 사람들보다 인사, 존댓말, 먼저 대접함 및 집안일 돌봄을 더 중요시하고 더 자주 실천하였음이 일관되게 나타난 점은 인상적이다. 지역에 따라 어른을 존경하는 데 차이가 있음을 시사한다.

다음 29개 지표들의 저변차원을 탐색하기 위하여 요인분석 (직각적배

리맥스주요인분석) 을 중요성자료를 사용해서 행하였다. 분석결과 5개 요인들(eigen치=1 이상)이 출현하였다(<표 7> 참조). 29개 지표들 중 26개가 적제치 .50 또는 그 이상을 가져 이를 요인을 지적하는 지표들로 선정하였다. 첫째 요인은 8개 적재치로 이루어졌는데 '상징적 존경'이라고 이름 지었다. 이 8개 적재치들은 인사를 함에서 외모를 단정히 함에 이르는 어른존경방식들을 반영하며 상징적이고 의식적인 . 뜻을 함축한다. 두 번째 요인은 6개의 적재치들을 가지며 '베풀어 하는 존경'이라 이름 지었는데 존경을 표시하기 위한 물질적 및 비물질적인 것을 제공하는 방식들을 지적한다. 셋째 요인은 5개 적재치들을 갖는데 '순종해서 하는 존경'이라 이름 지었는데 복종하고 공손한 행위를 나타낸다. 넷째 요인은 4개 적재치들을 가지며 '보살펴서 하는 존경'이라 이름 지었는데 정서적 및 수단적인 보살핌을 나타낸다. 다섯째 요인은 3개의 적재치들을 가지며 '조상에 대한 존경'이라 했는데 조상숭배를 상징한다. 이상의 5개 요인들은 전체 변량의 55%를 차지한다.

　이상과 같이 다양한 존경의 표현들은 다음의 5개 차원으로 축소할 수 있음이 시사되었다.

　　① 상징적 존경
　　② 베풀어 하는 존경
　　③ 순종으로 하는 존경
　　④ 보살핌으로 하는 존경
　　⑤ 조상에 대한 존경

:: 세대 간의 관계

응답자와 그들의 부모와의 지지적 관계에 대한 정보를 얻기 위하여 다음의 세 가지 질문을 하였다.

① 어른들이 제공해준 관심과 배려에 대한 응답자의 만족정도(정서적 보살핌)
② 어른들이 제공한 물질적 지원에 대한 응답자의 만족정도(물질적 지원)
③ 고령의 어른을 보살펴 줄 의향(은혜를 갚을 의지)

위에서 처음 2개 질문들은 어른으로부터 받은 지원에 관한 것인데 둘이 모두 고령의 어른을 지원하겠다는 응답자의 의지와 통계적으로 유의한 긍정적 상관관계를 갖었음이 시사되었다(r=.317, .366, p<.01, 2-tailed, n=1,202).

이런 결과는 어른으로부터 보살핌과 지원을 받은 응답자들은 노령기의 부모를 지원할 의지를 가지는 경향이 있음을 시사한다. 이 사실은 또한 중국의 젊은 성인들의 부모로부터 받은 은혜를 갚아야 된다는 믿음을 반영한다. 이는 나아가 세대 간에 긍정적인 상호지원관계가 있음을 나타내는 것이라고 볼 수 있다.

응답자에게 베푼 염려/걱정과 물질적 지원은 순종으로 하는 존경의 두 가지 지표들—어른 지시를 따름과 어른 말에 귀를 기울임—과 각각 긍정적인 상관관계를 가신다: (r=.224, .202, p<.001, 2-tailed, n=1201), (r = .194, .221).

요인	어른존경지표	적제치				
		I	II	III	IV	V
I 상징적 존경	우선 대접	0.832				
	윗자리 제공	0.702				
	인사	0.688				
	안락하게 함	0.686				
	외모 단정	0.668				
	먼저 출입	0.546				
	호칭 사용	0.532				
	목례	0.521				
II 베풀어 하는 존경	윗자리 제공		0.696			
	모임 주제		0.693			
	음식 대접		0.659			
	선물		0.652			
	방문		0.593			
	전화		0.538			
III 순종으로 하는 존경	의논			0.704		
	옷차림			0.606		
	귀담아들음			0.593		
	충고			0.567		
	복종			0.556		
IV 보살핌으로 하는 존경	다정함				0.741	
	존댓말				0.689	
	시간 함께				0.665	
	집안일				0.609	
V 조상에 대한 존경	승묘					0.835
	제사					0.830
	사비밀					0.575
Eigen치		10.67	2.59	1.58	1.49	1.07
전체변량에 대한 비율		36.79	8.96	5.47	5.16	3.72

*N = 1,202

:: 논 의

위에 제시한 중국인의 어른존경방식들은 이 책의 제6장과 제7장에서 보고하는 일본인과 한국인으로부터 식별한 존경방식들과 매우 비슷하다(Sung & Kim, 2002; Sung & Hagiwara, 2010).

선행연구들이 식별한 거의 모든 존경방식들을 중국에서 재발견한 셈이다. 단지 2개 방식들만이 선행연구들이 보고하지 않은 것들이다. 즉, 사생활 존중과 동일시해서 하는 존경이다.

이와 같이 중국의 젊은 성인들에 대한 조사는 다른 동아시아 나라들에서 얻은 자료와 일관성 있게 동일한 결과를 산출하였다. 그리하여 동아시아에서 널리 사용되는 공통적인 존경방식을 신뢰성 있게 확인하게 되었다.

본 조사는 전통적 유교문화가 발상한 중국에서 다양한 어른존경방식들을 경험적인 자료를 바탕으로 식별하였고 선행연구들이 하지 못한 존경의 행동적 패턴을 계량적인 자료를 바탕으로 식별하였다.

조사대상자들은 사회주의 정치체제하에서 태어나 성장하였지만 오늘날 중국사회에서 자유주의적 분위기, 비전통적 가치관, 동료로부터의 영향에 노출되어 있다. 이런 환경적 영향은 그들로 하여금 부모와 다른 가치관을 갖게 하고 전통적 어른존경방법을 지키는 사회적 규범을 약화시키는 경향이 없지 않을 것으로 본다.

그러나 인상적인 것은 이들 젊은 중국인이 여러 가지 방식으로 어른을 존경히고 있나는 사실이다.

중국의 성인자녀는 어른을 존경하는 데 있어 그들이 처해 있는 상황적 이유 때문에 어떤 방식은 다른 방식보다 더 자주 실행하고 더 중요시하고 있음이 나타났다. 응답자들은 노부모들과 물리적으로 떨어져 있기 때문에, 몇몇 방식들은 자주 실천하지 못했을 것이다. 또한 어떤 응답자들은 전통적 어른존경방식에 별로 무게를 두지 않았기 때문에 그러한 결과가 나왔을지도 모른다.

존경방식에 대한 평가는 응답자의 사회인구학적 특성에 따라 달랐다. 평점은 성별과 결혼상태 그리고 거주지역과 주거형태와 밀접한 관계가 있었다. 특히 여성 응답자와 기혼자가 남성과 미혼자보다도 더 긍정적으로 평가했다. 성별과 결혼상태에 따른 차이는 중국의 가족체계에서 여성의 역할과 관련이 있는 것으로 보인다. 중국에서는 여전히 여성이 부모를 돌보는 주역을 담당하고 있다. 아들도 노부모에게 정서적 및 재정적 지원을 하고 가정 바깥의 자원을 제공한다. 그러나 그들이 손끝으로 하는 보살핌을 제공하는 경우는 드물다. 결혼을 한 딸은 노령의 시부모를 보살피는 오래된 전통적 의무를 수행하는 경우가 많다. 응답자들의 어머니들이 이런 역할을 수행하고 있을 것이며 여성 응답자들의 경우는 자신들이 머지않아 같은 역할을 수행하게 될 것으로 생각할 것이다. 한편 기혼자들은 더 성숙하여 고령의 가족원이 보살핌과 서비스를 필요로 한다는 사실을 더 잘 이해하고 있을 것이다.

거주지역(농촌, 도시)에 따라 현저한 차이가 엿보였다. 농촌거주 응답자들이 도시거주 응답자들보다도 더 자주 (4개의 선정된) 존경방식들을 실천하였고, 이 방식들을 더 중요시했다. 농촌거주자들은 대부분 부모와 조부모와 함께 생활하는 경우가 많을 것이며 가정생활이 도시가족보다도 더 전통적이고 보수적일 것이다. 이러한 생활배경으로 인하여 그러한 긍정적인 반응을 보인 것으로 추측한다. 이와 연계해서 농촌으로 둘러싸인 도시인 청두와 칭다오의 경우는 4개 존경방식들에 긍정적인 응답을 한 응답자들이 초대도시인 상하이와 대도시인 난징보다도 더 많았다. 이 자료는 중국 내의 지역에 따른 어른존경과 관련된 태도와 행동에 차이가 있음을 시사하는 것이다.

응답자의 연령과 교육정도는 존경방식에 대한 평점과 통계적으로 유의한 상관관계를 갖지 않았다. 대다수의 응답사들은 20~24세의 미혼자이다. 따라서 이 결과는 그러한 생활환경에서 사는 젊은 성인집단이 보여 주는 공통적인 행태적 표현인 것으로 보인다. 장래 연구는 면접, 초점집단 등 질적인 조사방법을 사용하여 개인적 배경과 존경하는 행위 간의 관계를 더 심층적으로 탐색할 수 있기를 바란다.

한편 어른과의 상호관계에서 젊은 사람들의 어른존경 표현은 개인적인 관계에 따라 다를 수 있다. 즉, 존경의 표현은 앞서 논의한 사회적 질서(또는 순서)와 연계되어 있을 것이다. 즉, 제1차 집단(부모와 고령의 친척), 제2차 집단(선생, 친밀한 선배/어른), 제3차 집단(직장의 윗사람), 제4차 집단(연고가 있는 어른/고령자) 및 제5차 집단(일반 고령자)을 말한다. 중국에서도 대개의 경우 어른존경의 정도는 이 순서에 따라 달라질 수 있다고 본다.

여러 세기 동안 중국사람들은 부모를 지원하는 책임이 모든 것에 앞선다는 문화적 가치를 간직해 왔다. 이 가치는 문학, 연극, 회화, 및 시(詩)에서 강조되었다. 중국인은 고령의 친척을 존경하는 가족문화에 동화하도록 어릴 때부티 사회화뇌고 있다.

전통적 가족가치는 노인이 결혼한 아들과 같이 사는 거주양식을 따르도록 권장한다. Pei와 Pillai(1999)는 중국에서 결혼한 자녀와 함께 사는 거주형태는 노부모의 만족감을 증대한다고 보고하였다. 성인 자녀와 동거함으로써 고령의 허약한 노인은 손끝으로 제공하는 보살 핌과 서비스를 받으며 여생의 안녕을 보장받는다는 것이다. 직업과 교육의 기회를 찾아 노부모와 별거하는 사람들의 수가 증가하고는 있으나 대다수의 중국 노인들은 여전히 자녀와 함께 살고 있다(Yuan, 1994: 王文亮, 2001).

Whyte(2004), Davis-Friedman(1983: 103)과 Tu(1995)는 중국의 고령 자와 성인자녀와의 상호교환은 세대 간의 단합과 호혜적 관계를 현 저히 증진시키고 있다고 했다.

이와 같이 어른존경의 요점인 보살핌과 지원은 농촌지역에서는 별 로 변한 바가 없으며 오히려 1979년에 제정된 가족책임법은 노인들 이 가족 안에서 더 안정되어 생활하도록 만들었다(Nee, 1984; Wang, 2004). 총체적으로 중국의 정부정책은 안정된 가정을 유지하고 부모 자녀의 의무를 지키도록 권장, 지원하고 있다.

중국정부는 유교의 재조명을 허락하고 특히 효의 실천을 권장하고 나섰다. 정부는 가족, 친척 및 이웃 사이의 지원이 국가의 공적 지원 과 통합되어 제공되기를 바라고 있다. 이와 같이 고령자지원을 위한 노력이 가족체계의 내부와 외부에서 병행하여 진행되고 있다.

Tang과 Parish(2000)의 다음 소견도 이러한 추세를 지적하는 것이 다. "효의 기능은 부모-자녀 간의 관계로 제한되었지만 효의 미덕은 전통적으로 젊은 사람들이 고령의 가족과 사회의 모든 고령자들에 대한 존경과 공손함을 불러일으키는 힘이 되어왔다."

어른존경은 경제적 조건, 생활양식, 인구이동, 기술, 기타 가족 바 깥의 요인들에 따라 수정되어 갈 것으로 본다. 따라서 본 연구에서 발견한 어른존경방식이 변하지 않고 그대로 실행되어 갈 것이라 단정하기는 어렵다.

Chow(1995, 1997)는 가족의 가치와 생활방식이 달라진다 해도 중국인의 노부모를 존경하려는 심정은 세대 간의 관계를 지속적으로 결속하게 될 것이라고 내다보았다. 그는 동아시아 사람들의 공통점에 대해서 다음과 같이 지적했다.

> "타이완, 홍콩 및 싱가포르는 중국인들이 다수를 이루고 있는데 이들 나라에서는 모두 노부모 존중을 강조하고 있다. 중국문화의 영향을 받은 일본과 한국의 경우도 효는 노인 존중에 영향을 주는 중요한 가치로서 실천되고 있다."

이러한 공통점을 나타내는 사실로서 본 연구가 중국에서 발견한 존경방식들은 한국과 일본의 젊은 성인들이 실천하는 방식들과 대동소이하다. 사실 학자들은 동아시아인들이 간직하는 공통적인 가치로서 효, 어른존중, 가족원들의 상호의존, 지역사회에 대한 사명감을 들고 있다(Pedersen, 1983; Chow, 1995; Tu, 1995; Sung, 2007).

저자는 동아시아 나라들 사이에 차이점이 있음을 부정하지는 않는다. 다만 이들이 어른존경의 가치를 공통적으로 간직하고 있음을 지적하려는 것이다.

중국인은 그들의 문화적 형태화된 행동인 어른존경은 앞으로도 지속할 것으로 본다(Lin, 1973; Kong, 1995; 李建業, 2003).

중국정부가 강력히 추진해 온 '일가족—일자녀' 달성을 위한 가족계획의 결과로 아동출생률이 현저히 낮아졌다. 이 때문에 이들을 부양할 가족의 크기는 작아지고 상대적으로 노령인구는 늘고 있다(Yi

& Wenmei, 1994; Du, 2009). 중국은 앞으로 소수의 성인자녀가 많은 고령자를 보살피는 부담을 지게 되었다. 가족의 변화와 이런 인구학적 변동이 중국의 고령자 부양에 미칠 충격을 염려하는 소리가 높아지고 있다(董金裕, 2010; 錢遜, 2010; 李翔海, 2010; 李建業, 2003; Jia 1988).

앞으로 노년학자들이 다루어야 할 중요한 과제는 중국의 젊은 사람들이 어느 정도로 전통적 어른존경의 가치를 보존하느냐에 대한 탐색이다. 많은 노년학자들은 효문화가 발상한 중국에서 이 가치가 다음 세대에 전수될 것인지, 이 과제가 어떻게 다루어지게 될 것인지 주목하고 있다.

본 탐색적 연구는 거대인구를 가진 중국의 4개 지역들에서만 수집한 한정된 표본에서 얻은 자료를 바탕으로 행해졌다. 조사대상자들은 대학별로 무작위 선발되기는 했지만 이들의 대다수는 의도적으로 선정된 도시들의 대학에 다니는 젊은 성인들에 한정되어 있다. 장래 연구는 표본의 크기를 대폭 증대하여 학교에 다니지 않는 농촌의 젊은이 그리고 더 연상의 성인들을 포함하기를 바란다. 그리고 응답자들의 특성과 어른존경과의 관계를 탐색하는 데 있어 부모와 자녀가 소유하는 자원, 사회적 지원망, 가족의 단합 및 상호지원과의 관계도 조사해 보기를 바란다. 나아가 어느 존경방식이 국제적으로 보편화된 것이고 어느 방식이 유교문화적 배경을 가진 중국 특유의 방식인가를 구별하기 위한 비교문화적 고찰도 하기를 바란다.

社 会 调 查 表

亲爱的同学们：

我们正在做一个调查研究，关于在这个变化巨大的时代，年轻人是如何和老年人共处的。

请您花几分钟时间认真回答以下的问题。您的回答将保密，所以请不要写名字。

谢谢合作！

研究人员

请在选项上打√。

性别：男_____ , 女_____ ;

年　　龄：_____ 岁；

婚　　否：是_____ ,否_____ ;

教　　育：大学本科____ ,硕士____ ,大专____ ,其他____ ;

和老年人住在一起：是_____ ,否_____ ,

家庭住址：农村_____ ,城市_____ ,

1. 总的来说，你对老人给予你兴趣爱好的关心和重视的满意程度如何？
(1) 根本不满意；(2) 不满意；(3) 无所谓满不满意；
(4) 相当满意；(5) 非常满意

2. 总的来说，你对从老人那儿得到的物质支持满意程度如何？
(1) 根本不满意；(2) 不满意；(3) 无所谓满不满意；
(4) 相当满意；(5) 非常满意

3. 当老人因年龄大而不能自立时，你会以何种程度去支持和关心他们？
(1) 基本不关心；(2) 有一点关心；(3) 比较关心
(4) 相当关心；(5) 非常关心

4. 请填表

对老人的行为	请√出你是如何做的					请√出你是如何想的				
1. 花时间陪老人	从来不	基本不	有时	经常	总是	根本 不重要	不是 很重要	无所谓 重不重要	相当 重要	非常 重要
2. 为老人做家务										
3. 对老人友善和周到										
4. 使老人感到快乐舒服										
5. 遵守老人的命令										
6. 听老人的话										
7. 用尊敬的言语和老人说话										
8. 称呼老人的头衔 （如 xx先生、女士、博士、 教授等）										
9. 见到老人时打招呼										
10. 问候老人										
11. 关于私事向老人请教										
12. 征询老人的建议										
13. 对老人礼貌										
14. 会见老人时，穿正式的 服装										
15. 优先服务和照顾老人										
16. 给老人让路										
17. 在社区邻里为老人服务										
18. 公共汽车上给老人让座										
19. 老人生日时拜访										
20. 老人生日时，打电话祝贺										
21. 给老人送礼物和钱										
22. 努力达到老人最期望的 目标										
23. 请老人主持会议										
24. 给老人安排头等座										
25. 准备老人喜欢的食品										
26. 理解老人的思想和生活 方式										
27. 尊重老人的个人隐私和 生活										
28. 扫墓										
29. 祭日纪奠										

제6장

일본인의
어른존경

:: 변화와 지속

동아시아에서 가장 앞서 산업화되고 민주화된 일본국에서 어른을 존중하는 가치인 효가 어느 정도로 유지되고 있는지 우리는 커다란 관심을 가지고 지켜보고 있다.

사실 학자들은 어른존경과 자녀책임을 중요시한 일본의 전통적 가치인 효의 표현은 지난 100여 년에 걸쳐 지속된 정치적 및 경제적 변혁과정에서 변화 또는 수정되고 있다고 보고 있다(Takeshita, 1988; Ogawa & Rutherford, 1994; Maeda, 1997; Soeda, 1978; Harada, 1988; Davis, 1993; Selden, 1993; Koyano, 1996; O'Leary 2000; Traphagan, 2004).

일본사람들은 근년에 효─오야꼬꼬(Oya-kohkoh)─라는 말을 사수 사용하지 않는다. 효를 과기 군사정권하에서 천황에 대한 충성과 부모에 대한 효를 강요당한 기억을 되새기는 부정적 의미를 가진 것으로 보는 경향이 있다(Maeda, 1997).

　제2차 세계대전 후 부모를 존경하고 보살피는 역할을 수행하던 장이었던 가족은 극적으로 변하였다. 이후 가족 주변에서 일어난 변화는 다양하다.

　전후 남녀동등권의 보장과 사회보장 체계의 발전에 수반하여 서양의 가치와 생활스타일이 스며들어 효를 실천하는 사회환경이 달라지고 있다.

　제2차 대전 직후 제정된 일본의 민법은 집(家, 이애, Ie)의 개념과 구조를 크게 바꾸어 놓았다(Kumagai, 1986; Koyano, 2000; 内田, 2002; 石田 & 山縣, 2010). 이 충격적인 변혁으로 새로운 가족환경이 조성되었고, 이 환경 속에서 세대 간의 관계는 동등하고 비위계적인 것으로 변하였다.

　장자상속제도도 폐지되었다. 모든 자녀는 같은 상속권을 갖게 되었고 부모를 보살피는 책임도 자녀가 나누어 가진다. 남녀동등권이 강조됨으로써 여성배우자의 신분이 높아졌다. 아울러 개인의 권리와 선택의 자유가 신장되고 결혼상대의 자유선택이 허용되어 유교적 가부장제도와는 다른 서구식 핵가족 이념을 본뜬 가족체계가 형성되어 왔다.

　이와 같이 일본인은 전쟁 전의 봉건적 생활방식에 대신하여 민주적이고 개인주의적 원칙에 준하여 생활하게 된 것이다.

　이런 변동에 수반하여 핵가족 수와 노인인구가 크게 증가하고 출산율은 저하하였다(内閣部高齢社會白書, 2009).

　무엇보다도 가족원들의 생활스타일에 변화가 현저하다. 자녀는 부모와 평등하게 권리와 발언권을 주장하며 며느리는 시부모와 따로 살기를 원한다. 직업전선에 들어간 여성 수가 급증하고 다수 성인 자녀들은 노부모를 돌볼 시간적 여유가 부족하다. 이런 변동과 맞물려서 사회보장체계가 갖추어짐으로써 노인부양 부담은 가족으로부터 공적 서비스 체계로 이전되고 있다.

젊은 사람들의 평등주의적 성향, 자녀와의 별거 및 접촉 감소 등 변동에 수반하여 고령자들의 가치관도 달라지고 있다. 고령자들은 사생활과 독립된 생활을 지향하여 자녀와 거리를 두면서 친밀한 관계를 유지하는 경향이 바로 그것이다. 이들은 자녀가 수난적 지원보다도 정서적 유대관계를 가져 주기를 바라고 있다. 자신들을 존중해 주며 위급할 때 돌보아 주기를 원한다.

그러나 한편 전후 일어난 위와 같은 사회적 변화에도 불구하고 일본인들 사이에 부모에 대한 자녀의 도리를 수행하는 데는 큰 변화가 없다고 한다. 가족의 크기가 작아지고 사람들의 이동이 잦아지기는 했지만, 일본인의 부모부양관습은 전쟁 전과 크게 다름없이 행해지고 있다는 것이다(Hashimoto, 2004: 183; Maeda, 1997).

가족은 여전히 노부모 부양의 책임을 지고 있다. 사회보장제도가 발전되었지만 일본은 가족을 중심으로 하는 고령자부양방침을 유지하고 있다. 고령자개호의료를 포함한 사회보장제도는 국가수준의 전략이 지방정부로 하달되어 지역케어 형식을 갖게 되는데, 이 지역케어는 결국 가족케어로 내려가게 된다(石田 & 山縣, 2010). 그리고 가족의 능력이 없을 때는 공적 생활보호를 요청할 수는 있지만 이 경우 '보족성원칙(補足性原則: 친족부양우선원칙)'에 따라 가족이 먼저 모든 가능한 부양을 수행해야 한다(內田, 2002).

이런 부양방침을 보아 일본인의 전쟁전과 전쟁 후에 가족을 중심으로 어른을 존중하고 지원하는 가치와 사상에는 큰 변화가 없는 것

같다. 즉, 연속성이 있다고 본다. 여러 가지 감촉할 수 있는 또 감촉할 수 없는 차원의 문화적 영향력으로 가족중심적인 부모부양의 전통은 이어지고 있다고 보는 것이다.

특히 일본인이 어릴 때부터 받는 가족중심적인 정서적 및 도덕적 사회화의 영향은 끈질기게 지속되고 있다(Isono & Isono, 1958; Sekiguchi et al., 2008).

:: 사회화와 가치의 내면화

부모에 대한 존경과 순종의 가치관은 오랜 역사를 통해서 시행되어 온 일본의 유교적 도덕교육에 깊이 뿌리 박혀 있다(Sekiguchi et al., 2000). 어린이들이 어려서부터 받는 도덕교육은 가족과 사회에 대한 도덕적 책임을 수행하게 하는 힘이 되고 있다. 이 힘이 곧 일본사회의 과거와 현재의 연속성을 유지케 한다.

아동 양육에서 특히 부모에게 순종하며 협동하는 것을 착한 아동의 이상형으로 보는 성향이 강하다(Kumagai & Kumagai, 1986; Masataka, 1999; Shwalb & Shwalb, 1996). 순종과 협동에 높은 가치를 부여하고 (Rohlen, 1989), 이런 특성을 착한 사람의 본성으로서 삼는 것이다.

어머니는 어린이와 밀접한 관계를 유지하며 이 관계를 통해서 어린이를 통제하고 자기로부터 떨어져나가지 못하게 한다. 그리하여 아동은 어머니와 강한 동일화를 이룸으로써 어머니와의 이별에 대한 공포감을 갖게 된다. 모자의 결합 강도가 곧 순종을 낳게 하는 관건이 된다(Schooler, 1996).

한편 학교에서의 사회화도 커다란 영향을 끼친다(Tobin, Wu & Davidson, 1989). 국민학교에 입학하기 전에 예비학교에서부터 훈육교육을 하며 이런 교육에는 부모와 선생을 존중하는 내용이 들어 있다. 존댓말을 사용하고 감사의 표현을 하도록 가르친다.

이들은 공손한 행동을 하고 선생과 어른을 존중하도록 정규적으로 사회화되고, 대화를 통해서두 교화됨으로써 공손하고 예의 바른 행동규칙을 알게 되며 어른에 대한 공손과 존경을 내면화하게 된다. 즉, 부모은혜에 대한 감사와 자녀의 의무에 대한 규범적인 감정을 가지게 된다. 이런 과정에서 문서화되지 않고 명확히 설명되지 않은 생활규칙을 익히게 되고 준수하게 된다.

아동들은 자라나면서 이와 같이 효를 실천하는 착한 학생으로 행동한다. 이들은 가족과 사회의 위계질서의 현실을 내면화하여 새 헌법에 규정된 바와는 다른 비민주주적인(평등하지 않은) 가치관을 가지고 행동하게 된다(Hashimoto, 2004).

권위주의적 체제를 회피하는 움직임이 있기도 하다. 즉, 권위를 가진 어른과 갈등관계에 들어가지 않으려고 윗사람을 회피하는 경우가있고, 표면상으로만 복종하는 것같이 보이고 내면적으로는 불복종하는 형식적 행동을 하는 사례들도 있다(Tsurumi, 1970; Soeda, 1978; Lebra, 1984).

가정생활에서 아버지는 만날 기회가 적지만 그의 가족을 위한 기여는 절실히 필요하고 그에 대해 은혜를 입었기 때문에 아버지도 어머니와 같이 자녀가 순종하고 존중해야 하는 대상이다. 아버지와 자주 접촉하지 않기 때문에 어머니와 자녀의 관계는 더욱 돈독해지며 어머니에 대한 자녀의 순종과 존중은 두터워지기만 한다.

조상에 대한 관계는 매우 중요하다. 조상은 나를 이 세상에 존재케 했다. 따라서 살아 있는 부모에 대한 존경과 순종은 조상으로까지 연장된다. 나의 옳은 또는 그릇된 행동은 곧 조상에 대한 좋고 나쁜 행위가 된다. 조상이 만족할 행동을 해야 한다. 조상은 도덕적 권위를 가진 존재이기 때문이다.

:: 변화와 존경

일본가족의 권위체계는 중국의 그것보다도 더 확고하게 사회체계 속에 뿌리 박혀 있다. 중국에서는 전통적 권위 체계와 효에 반대하는 운동(예: 5·4운동)이 일어났지만 일본에서는 그런 움직임이 없었다. 그래서 전통적 권위체계는 일본에서 더 광범위하게 자리 잡고 있다고 본다.

일본인은 개인의 존재론적 안전은 부모에게 순종하는 가족원이 되고, 권위를 가진 집단의 멤버가 됨으로써 이루어진다는 가치관을 내면화하게 된다(Traphagan, 2004: 216).

전통적 가치와 새로운 사회조류는 차이를 드러내고 있지만(Takahashi, 1995; Ma & Rosenberg, 1999; O'Leary, 2000) 전통의 영향은 지속되고 있다(Koyano, 1996, 2000; De Vos, 1988; Morgan & Hiroshima, 1983; Hashimoto, 2004; Jenike, 2004).

그러나 전통적 가족체계는 사회변동에 적응하여 이념과 구조면에서 수정되었다.

농촌에는 전통적 가족체계를 유지하는 가족이 도시에서보다 더 많은 편이다. 일본의 농촌부락은 전통적 성향의 사회구조를 간직하고 있어 씨족과 가족문화가 비교적 변화가 없이 존속되고 있다(Harada, 1988). 일본의 농촌과 도시는 밀접히 연계되어 있다(Kumagai, 1986). 농촌생활과 도시생활 사이에는 굉장한 교류 또는 왕래가 진행되고 있는 것이다. 이런 현상은 일본 가족들이 서로 밀접한 유대관계를 유지하고 있기 때문이다(Ogawa & Rutherford, 1993; Elliott & Campbell, 1993; Maeda, 1997).

Maeda(1997)의 다음과 같은 진술은 일본사회가 변하고 있기는 하지만 고령자를 위한 존경과 보살핌을 지향하는 가치는 존속되고 있음을 시사하는 것이다.

"근년의 사회변화에도 불구하고 일본 사람들은 전통적 동거형태와 노령의 부모를 위한 가족의 지원을 지속하고 있다. 이러한 동향은 전통적 가족풍습을 따라야 한다는 사회적 압력 때문인 이유도 있다. 거의 완전히 도시화된 도쿄와 오사카 같은 지역에서도 이런 압력은 과거보다는 약하지만 작용하고 있다."

일본에서 널리 볼 수 있는 세대 간의 동거현상은 전통문화가 지속되고 있음을 시사한다. 고도로 산업화된 일본에서 이와 같은 서양사회에서 볼 수 없는 동거현상이 존속한다는 사실은 매우 인상적이다. 전통적 가치는 노부모가 결혼한 자녀와 동거하는 데 무게를 둔다(Tsuya & Martin, 1992: Jenike, 2004). 부모자녀의 동거는 자녀의 책임을 수행하는 중심직 지표이기 때문이다. 결혼한 자녀와 동거하는 노부모는 혼자 사는 노부모보다 손끝으로 제공하는 보살핌을 더 많이 받으면서 건강을 더 잘 돌볼 수 있다. 고도로 현대화된 일본에서 도시에 사는 고령자의 약 40%와 신체장애를 가진 사람들의 약 50%가 그들의 가족과 함께 살고 있다(Maeda, 1997; Ogawa & Rutherford, 1993; Choi, 1999). 이러한 특이한 문화적 관습은 다수 일본인들이 아직도 실천하고 있다(Maeda, 1997; Koyano, Fukawa, Shibata & Gunji, 1994: Traphagan, 2004). 하지만 부모와의 동거는 결혼상대를 자유롭게 선정하는 데 어려움이 있고, 여성배우자가 시부모와의 동거를 회피하는 등의 문제들이 있어 개개 가정의 실정에 따라 조정되고 있다.

이렇게 생활양식이 변하고 포괄적인 사회복지서비스가 제공됨에 따라 전통적 가치의 표현은 수정되고 있다. 그러나 이 가치는 계속해서 일본인들의 고령자를 대하는 방식에 영향을 끼치고 있는 것이다. 이런 현상은 De Vos(1988)가 지적한 바와 같이 현대 일본의 특징인 '이중적 이미지(The Dual Image)' − 전통과 변화가 공존하는 − 를 반영하는 문화적 지속과 사회변화의 혼합과정이 진행되고 있는 것이라고 볼 수 있다.

일본에서 일어나는 이런 변동은 오랜 세월에 걸쳐 전해 내려온 권위주의적이고 가부장적인 대인관계로부터 노소 간의 평등과 호혜적 관계로 변해가는 양상을 보여 주는 것이다. 변화를 걱정하는 일본인들은 그들의 가족전통에 위기가 온 것으로 보며 젊은 세대의 노부모와 고령자에 대한 태도를 재검토할 필요가 있다고 주장한다.

이 시대적 추세에 따라 일본의 젊은 세대가 고령자를 존중하는 태도와 행동은 중요한 관심사가 아닐 수 없다(Ogawa & Rutherford, 1993; Tomita, 1994; Takahashi, 1995; Koyano, 1989; Jenike, 2004). 사실 근년에 어른존경은 일본과 외국 노년학자들 사이에 커다란 관심사로 등장하였다(Palmore & Maeda, 1985; Maeda, 1997; Takahashi, 1995; Koyano, Inoue & Shibata, 1987; Silverman & Maxwell, 1978; Streib, 1987; Post, 1989; Chipperfield & Havens, 1992; Mehta, 1997; Ingersoll-Dayton & Saengtienchai, 1999; Choi, 2001; Sung, 2001, 2004).

일본사회의 고령자에 대한 존경과 관련된 변화를 탐색하기 위해서는 먼저 변화의 잠재적 원천이 되는 젊은 세대를 들여다보아야 할 것으로 본다.

앞으로 이들 젊은이들은 고령자를 위한 지원체계를 받드는 긴요한 세대가 된다. 따라서 이들이 고령자를 존경하는 태도는 고령자에게뿐만 아니라 일본사회 전체에도 매우 중요하다.

오늘날의 일본의 젊은이들은 고령자를 존경하고 있는가? 존경을 한다면 어떠한 방식으로 하고 있는가? 구체적으로 그들은 어른에게 존경의 뜻을 전달하기 위해서 어떤 행동을 하는가?

이런 과제에 대한 자료를 얻기 위하여 본 연구는 일본의 젊은 성인들이 어른을 존경하기 위해 표현하는 방식을 탐색하였다.

일본에서도 고령자를 존경하는데 대한 체계적인 연구가 매우 희소하다. 따라서 어른존경에 관한 경험적 자료도 입수하기가 매우 어렵다.

본 연구는 일본 젊은 성인들이 사용하는 어른존경방식의 목록을 마련하기 위한 탐험적 시도이다. 이 연구는 어른존경과 관련된 모든 범주에 걸친 조사는 아니다. 다만 제한적으로 젊은 사람들이 어른을 존경하기 위해 표현하는 구체적 행동방식들을 탐색하려는 것이다. 본 연구에서 얻는 결과가 일본인들과 비슷한 사회문화적 변화과정을 겪고 있는 다른 아시아 나라들의 노년학자들에게 조금이라도 참고가 된다면 다행이라고 생각한다.

:: 어른존경의 의미

어른존경의 개념에 대하서는 이미 앞장에서 진술하였다. 이 장에서는 다만 어른존경의 중요성을 중심으로 간략히 논하고자 한다.

일본인도 중국인, 한국인 등 동아시아 사람들과 같이 효와 어른존경의 전통을 오랜 세월에 걸쳐 지켜 왔다(Silberman, 1962; Lang, 1946; Park, 1983; Traphagan, 2004).

어른존경은 이타적이고 호의적으로 다른 사람에게 경의를 전하는 행동이다. 우리는 다른 사람을 존경하기 위해서 그에게 세심한 관심을 표현하고 그 사람을 중요시한다(Downie & Telfer, 1969; Dillon, 1992).

보살핌은 곧 존경의 한 유형이고 존경의 중요한 내용이다. 존경을 하려면 다른 사람을 위한 어떤 구체적 행동(서비스, 일, 작업)을 해야 한다(Gibbard, 1990: 265; Kelly, 1990; Dillon, 1992). 따라서 존경은 눈으로 볼 수 있는 실제적이고 구체적인 행동이다. 사람을 존경하는 데는 그 사람이 당연히 받아야 하는 또는 받을 자격이 있는 어떤 행동을 보여 주어야 한다(Gibbard, 1990).

존경하는 사람은 존경심을 전달하기 위하여 어떤 행동적 표현을 한다. 존경을 하는 사람과 존경을 받는 사람이 다 같이 다음과 같은 행동적 표현을 주고받을 수 있다. 즉, 음성(예: 인사말), 신체적 움직임(예: 집안일 돌봄), 태도(예: 단정한 모습을 함) 등이다(Sung, 2001, 2004). 이런 표현 또는 제스처를 존경의 뜻이 담긴 표상으로 인정하고 받아들이게 된다.

고령자들은 여러 가지 필요한 것이 있다. 음식, 의복, 주택, 안전 등이다. 그러나 이들에게는 또 한 가지 꼭 필요한 것이 있다. 그것은 사람들로부터 존경을 받는 것이다(Reichel, 1995; Leininger, 1990; Sung, 2001, 2004).

노년학자들의 견해는 고령자를 존경함으로써 그분들을 예의와 인간애를 가지고 보살피고, 이분들의 자존심과 사회적 신분을 높이고, 이분들을 가족 및 사회와 통합할 수 있다는 것이나(Aplegate & Morse, 1994; Ghusn, Hyde, Stevens, Hyde & Teasdale, 1996). 그래서 어른존경을 고령자의 사회적 신분과 개인적 존엄성을 높이고 그분들의 여생의 질을 향상하는 중요한 요인이 된다고 보고 있다(Noelker & Harel, 2000; Downie & Telfer, 1969). 뿐만 아니라 존경은 구체적인 혜택을 가져온다. 존경을 받는 고령자는 생에 대한 만족을 하며 자기 존중감을 가지게 되고, 가족, 지역사회, 이웃과 더 잘 어울리게 된다(Applegate & Morse, 1994; Ghusn, Hyde, Stevens, Hyde, & Teasdale, 1996). 게다가 존경을 받는 고령자는 치료자/사비스제공자와 협조적 관계를 가지게 되어 치료/서비스의 효과를 증대하는 결과를 낳게 한다(Sung & Dunkle, 2010). 따라서 어른존경은 고령자의 신분을 높이고, 행복감을 증대하고, 가족과 사회로 통합하며 봉사자/부양자와의 긍정적인 관계를 조성하는 힘이 된다(Leininger, 1990; Riley & Riley, 1994).

:: 부모에 대한 의무

　유교와 불교의 교의에 깊은 뿌리를 둔 어른존경의 가치는 오랜 세월 동안 일본인의 일상적인 예의범절과 생활태도의 사소한 부면에 이르기까지 반영되어 있다(Caudill, 1973; Palmore & Maeda, 1985; De Vos, 1988; Takahashi, 1995; Maeda, 1997; Koyano, 1999; Hashimoto, 2004). 그리고 효의 가치는 일본의 가족체계와 사회구조 속 깊이 뿌리 박혀 있다(De Vos, 1988; Palmore & Maeda, 1985; Takahashi, 1995).
　일본가족을 보면 어른존경은 자녀의 부모에 대한 책임과 부모의 은혜를 갚으려는 심정에 내재해 있음을 알 수 있다(De Vos, 1988; Hashimoto, 2004). 사회구조를 보면 부모자녀 간의 인간관계는 흔히 위계적 구조를 가지며 젊은 사람은 어른과 윗사람에게 존경, 예의 및 충성심을 가지고 대한다(Chie, 1988; Palmore & Maeda, 1985; Caudill, 1973).
　일본문화를 연구한 De Vos(1988)는 어른에게 존경을 표하는 것은 문화에 뿌리를 둔 일본인의 행동이라고 다음과 같이 말했다.

　　"유교의 전통은 아주 잠재의식적으로 오늘의 일본에서 지속되고 있으며 이는 일본인이 감사와 존경을 표현하는 모습에서 나타난다. 이런 표시는 윗사람에게 하게 되며 이보다 앞서 부모에게 행한다."

　일본인은 모든 의무 가운데서 부모에 대한 의무를 제일 중요시하는 문화적 이념을 간직해 왔다. 이 의무는 이들의 문학, 연극, 회화 및 시(詩)에서 표현되었으며 대중매체와 학교교과서를 통해서 확산되어 왔다. 이러한 일본인의 의무감은 보족성원칙(가족부양우선원칙)에도 반영되어 있다(石田 & 山縣, 2010). 이 법은 일본의 문화적 맥락에서 생긴 특유한 법칙이라고 할 수 있다. 부모부양의 일차적 책임을 가족에게 부과하는 법이다.

앞서 논의한 바와 같이 일본 어린이는 가족 내에서 어른을 존경하는 가족문화에 적응하도록 사회화된다(De Vos, 1988). 즉, 어릴 때부터 어른을 존경하는 가족규칙에 따라 행동하도록 훈련된다. 초기의 대표적 표현은 어른과 선생에게 절을 하고 존경하는 말을 사용하면서 인사하는 것이다(Mann, Mitsui, Beswick & Harmoni, 1994; Caudill & Schooler, 1988; Hashimoto, 2004). 어린이의 어른에 대한 도의심은 가족을 중심으로 하는 이런 과정을 거쳐 형성된다(Harada, 1988).

앞서 소개한 세대 간의 동거현상은 이런 도의심을 나타내는 의미 있는 현상이라고 본다.

:: 애매한 태도

일본인들의 어른존경을 논의하는 데 있어 짚고 넘어갈 점은 일본의 젊은 사람들이 어른을 존경하는 데 대해서 애매한 태도를 가지는 경향이 있다는 학자들의 논의이다(Koyano, 1989).

일본 사회학자 Soeda(1978)는 어른존경의 표현들을 '디때마애'와 '혼내'의 두 가지로 구분하였다. '다때마애'를 어른존경과 연관해서 사용하면 그것은 문화적인 규범에 따른 형식적인 표현임을 의미하고,

'혼내'를 사용하면 그것은 진실한 또는 참다운 어른존경의 표현을 의미하게 된다. 일본학자들은 존중과 공손의 일반적인 표현은 문화적으로 규정된 규범적 행위 또는 내용이 없는 의식적인 관습에 지나지 않다고 했다(Makizono, 1986; Soeda, 1978).

이런 2중적 관점은 일본 사람들의 존경하는 행동에 대해서 좀 주의해서 생각할 필요가 있음을 알려준다. 이 관점에 따르면 존경은 자동적으로 진실한 표현이라고 보기는 어렵다. 그렇다면 존경을 받는 사람은 존경의 표현이 진실한지 아닌지를 알아보기 위하여 존경자의 내면적 심정을 조심스럽게 살펴보아야 할 것이다. 그러나 단순한 접촉에서 이렇게 파악하기는 쉬운 일이 아니다.

보통 어른을 존경하는 이유는 젊은이가 어른을 마음속으로부터 존경하려고, 그분의 은혜를 갚으려고, 그분에게 친밀함과 애정을 전달하려고, 또는 그분을 즐겁게 해주기 위해서 표현한다. 이런 자원적으로 진실하게 존경하는 경우와는 대조적으로 압력에 의해서 또는 지시를 받고 하는 수 없이 존경하는 경우에는 참다운 존경심이 없이 외면적 제스처만 보이게 된다. 아마도 앞의 일본학자들이 지적한 "다때마에"에 해당하는 어른존경은 이 사례에 혜당되는 것으로 본다.

일본의 젊은 사람들이 표현하는 어른존경은 다른 나라의 젊은이들과 비슷하게 개인적 관계에 따라 다를 수 있을 것이다. 즉, 존경의 표현은 사회적 순서와 연계되어 행해질 수 있다. 이 순서는 앞장에서 논한 바와 같이 다음과 같은 집단들과의 특이한 관계의 차등을 따르는 것으로 볼 수 있다. 즉, 제1차 집단(부모와 고령의 친척), 제2차 집단(선생, 친밀한 선배/어른), 제3차 집단(직장의 윗사람), 제4차 집단(연고가 있는 어른/고령인), 제5차 집단(일반 어른/고령자)이다. 대개의 경우 어른존경의 내용은 이 순서에 따라 달라질 수 있다. 존경자와 피존경자의 관계가 정상적인 경우 이 순서에 따라 존경의 정도가 정해진다고 추정할 수 있다.

이 논문에서는 어른존경의 진실성 또는 부실성에 대한 논의를 계속하지 않겠다.

본 조사는 주목적인 어른존경방식의 식별에 초점을 두었다. 이 조사에서 나타나는 어른존경은 일본문화에 뿌리를 둔 행위이며, 대다수의 조사대상자들은 위의 5개 집단들에 속하는 어른과 정상적 관계를 가지면서 진실한 존경을 표현한다는 가정하에서 조사를 진행하였다.

:: 선행연구의 주요결과

Silverman과 Maxwell(1978)은 Murdock와 White의 세계 여러 곳에서 선정한 186개 지역들의 비교문화적 표본에서 추려낸 34개 사회들에서 얻은 질적 자료를 바탕으로 7가지 존경방식들을 찾아냈다. 이 방식들은 다양한 문화적 맥락에서 노인들을 존중하는 행동을 관찰하고서 귀납적으로 찾아낸 것이다. 그 7가지 방식들은 ① 서비스로 하는 존경(집안일 돌봄), ② 음식대접으로 하는 존경(어른의 기호에 맞는 음식을 대접함), ③ 선물로 하는 존경(선물을 제공함), ④ 언어로 하는 존경(존댓말을 사용함), ⑤ 외모를 갖추어 하는 존경(예모 있는 태도를 갖춤), ⑥ 자리를 세심해서 하는 존경(명예로운 자리를 제공함), 및 ⑦ 축하를 해서 하는 존경 (생일을 축하함).

이 연구가 행해지고 훨씬 뒤인 1980~1990년대에 어른존경에 관한 5개 연구들이 아시아 나라들에서 이루어졌다. 이 연구들은 아시아 문화에 깊은 뿌리를 둔 노소/부자 간의 정서적 관계와 얽혀 있는 어른 존경방식을 질적 및 양적 연구를 통해서 식별해냈다. 이들 연구는 각각 다른 나라에서 행해졌으나 아시아인들의 어른존경에 대한 유용한 정보를 제공하였다.

다음에 앞장에서 논의한 내용을 요약해서 재론한다. Palmore와 Maeda(1985)는 일본사회에 대한 질적 연구를 통해서 일본인들의 어른존경을 소개하였고, Mehta(1997)는 싱가포르 사람들의 어른존경에 대해서 초점집단방법을 사용하여 식별하였으며, Ingersoll-Dayton과 Saengtienchai (1999)도 역시 초점집단을 사용하여 태국, 싱가포르, 타이완 및 필리핀에서 어른존경을 탐색하였다. Sung과 Kim(2003)은 한국에서 어른존경방식을 식별하였다. 그리고 최근에 Sung과Yan(2007)은 중국의 4개 지역들에서 존경방식들을 가려내었다(<표 3> 참조). 중국에서는 선행연구들이 보고하지 않은 2가지의 새 방식들－사생활 존중과 동일시해서 하는 존경－을 찾아내었다.

Silverman과 Maxwell이 발견한 어른존경방식들을 비롯하여 위의 연구들이 식별한 어른존경방식들을 다음의 15가지 존경방식으로 묶을 수가 있다. 즉, ① 순종으로 하는 존경, ② 의논으로 하는 존경, ③ 인사로 하는 존경, ④ 일반 노인 존경(이웃노인 존경), ⑤ 보살핌으로 하는 존경, ⑥ 음식대접으로 하는 존경, ⑦ 선물로 하는 존경, ⑧ 존댓말로 하는 존경, ⑨ 외모를 갖추어 하는 존경, ⑩ 윗자리를 제공해서 하는 존경, ⑪ 먼저 대접해서 하는 존경, ⑫ 생일축하로 하는 존경, ⑬ 조상 존경, ⑭ 사생활을 존중해서 하는 존경, 및 ⑮ 동일시해서 하는 존경(Sung, 2001; 2007).

이상과 같이 15가지의 존경방식으로 나눌 수 있다.

이 자료를 바탕으로 본 연구는 일본의 젊은 사람들이 어른존경을 하는 실상을 탐색하였다. 그런데 선행연구들은 본 연구에 기여는 했지만 조사대상자들의 개인적 특성을 감안하여 존경의 정도를 계량적으로 설명하지는 못했다. 그리고 이들 모두가 (Palmore와 Maeda의 연구를 포함하여) 일본의 젊은 사람들이 어른존경을 하는 데 대해서 조사를 하지 않았다.

본 연구의 목적은 어른을 존경하는 데 일본인들이 가장 빈번히 사용하는 방식들을 찾아내고, 존경하는 사람이 각각의 방식에 부여하는 중요성 정도를 탐색하는 데 있다. 이를 위해 존경방식을 사용하는 '빈도'와 존경방식에 주어지는 '중요성'을 동시에 조사하였다.

∷ 연구방법

가장 광범위하게 실행되는 존경방식을 찾아내는 데 노력을 집중하였다. 이를 위해 도쿄대수도지역의 2개 대학들의 본교와 분교(대학마다 1개 본교 및 1개 분교가 있어 종합 4개 캠퍼스를 가짐)에서 621명의 대학생들을 무작위로 선발하여 조사하였다.

설문구성에 착수하기 전에 미국 서부의 2개 대학들에서 학생친목회에 참석한 일본인 유학생들 중에서 무작위로 15명을 추출하여 이들에게 일본에 있을 때 가장 자주 실천한 어른존경방식들을 기입해 달라고 부탁하였다. 본 연구자는 이들에게 선행연구들이 제공한 어른 존경의 표현방식들을 제공하여 참고하도록 하였다. 학생들에게 이 명단에 없는 방식들도 자주 실행하고 중요하다고 보는 것들이 있으면 적어달라고 했다. 이 예비조사에서 선행연구들이 제시한 방식들 외의 것은 나타나지 않았다.

이 질문서에 대한 응답을 바탕으로 일본에서도 (중국의 경우와 같이) 15가지의 어른존경방식들을 찾아내었다. 이 방식들에는 중국조사에서 나온 2개 방식들－① 어른의 가치관과 생활스타일을 동일시함 (동일시해서 하는 존경)과 ② 어른의 사생활을 존중함(사생활 존중)이 포함되어 있다.

2편의 설문들(부록 참조: 일본어 설문, 設問紙)을 조사대상자들에게 나누어 주어 응답하도록 하였다. 첫 설문지는 중국에서 사용한 것과 같은 29개 지표들로 구성되었는데(<표 6>, 이는 존경방식을 실천한 빈도를 조사하기 위한 것이다. 실행한 빈도는 5단위 측도로 측정하였다(5=항상 했음, 4=자주 했음, 3=때때로 했음, 2=혹간 했음, 1=전혀 안했음).

두 번째 설문도 역시 29개 항목들로 되었는데 이는 존경방식에 부여한 중요성을 책정하기 위한 것으로 역시 5단위 측도를 사용하였다 (5=매우 중요함, 4=중요한 편임, 3=중요하기도 하고 중요하지 않기도 함, 2=별로 중요하지 않음, 1=전혀 중요치 않음).

설문에는 또한 응답자의 개인적 특성(연령, 성별, 결혼상태, 교육, 거주지역－도시, 농촌, 주거형태－부모와의 동거/별거)과 응답자와 부모 사이의 지원관계를 탐색하기 위한 3개 질문들이 포함되어 있다.

설문은 알기 쉬운 단어와 구절로 이루어진 짧고 단순한 문장으로 되어 있으며 관용·어로 된 질문은 들어 있지 않다. 응답자들이 교실에서 쉽게 응답할 수 있도록 꾸몄다. 영어로 된 설문을 일본어로 번역하는 데 있어 '번역－역번역－재번역'의 절차를 따랐다. 번역자들은 번역된 일본어판 설문이 문화적으로 타당하며 언어적으로도 원본과 동등함을 확인하였다.

설문은 먼저 도쿄 시내의 2개 대학(본교)에서 사용되었고, 다음에 같은 대학의 도쿄시 교외의 2개 분교에서 사용되었다. 이와 같이 조사는 4개의 각각 다른 캠퍼스에서 실시되었다.

자료는 이들 대학에 재학 중인 총 621명의 표본을 통해서 수집되었다. 이 대학들은 사립대학이며 남녀공학이고 학생들은 사회경제적으로 다양한 배경을 가졌다. 조사대상자들은 학부생들과 대학원생들이다. 각 대학 내에서 사회과학부의 5~7개 강의실에서 무작위로 선발되었다. 강의를 담당한 강사는 이 조사에 참여하는 것은 자유이며 참여의사가 있는 학생은 무기명으로 설문에 응답해 주도록 지시했다. 교실마다 90% 이상의 응답자들이 설문을 완성하여 제출해 주었다.

:: 조사결과

다음은 조사대상자들의 응답을 분석한 결과이며 이 자료를 바탕으로 일본의 젊은 성인들이 실천하는 존경방식들을 가려내었다. 응답자들의 사회인구학적 특성과 부모자녀 간의 지원관계도 아울러 분석하였다.

응답자들은 거의가 대학에 다니는 젊은 성인들이다(<표 8>). 이들의 89%는 20~29세(20~24: 70%; 25~29: 19%); 58%는 남성, 42%는 여성; 70%는 미혼자, 30%는 기혼자; 84%는 대학생(학부생 58%, 대학원생 26%, 박사학위 소지자 9%, 기타 학위 7%); 65%는 부모와 별거, 35%는 동거; 83%는 도시거주, 17%는 농촌거주로 나누어진다.

다음 <그림 2>는 존경방식들의 지적 빈도와 중요성 평균에 기초한 것이다.

〈표 8〉 사회인구학적 특성 – 일본응답자*

특성		백분율
연령		
	20-24	93.2
	25-29	2.5
	30-34	1.2
	35-39	1.1
	40+	2.0
성별		
	맘	42.2
	여	57.8
결혼상태		
	기혼	5.2
	미혼	94.8
교육		
	대학	79.9
	대학원	10.6
	Ph.D.	9.5
부모와 동거		
	Yes	69.2
	No	30.8
거주지역		
	농촌	59.1
	도시	40.9

*N = 621

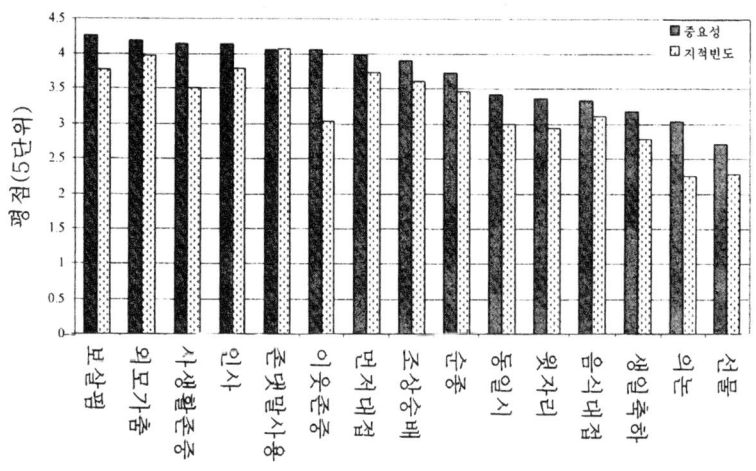

<그림 2> 어른존경의 지적 빈도와 중요성-일본응답자

:: 실천한 어른존경방식

　일본의 젊은 성인들이 어른을 존경하기 위하여 사용한 방식들을 보면 어른과 젊은이 사이의 전통적인 관계가 아직도 지속되고 있음을 알 수 있고, 노소 간의 관계의 중요함을 이해할 수 있다. 이 존경방식들은 곧 일본사회의 사회적 규범을 반영하는 것이라고 볼 수 있다.

　먼저 존경방식을 실천한 빈도를 보면 '언어로 하는 존경'(존댓말을 사용함, 존경하는 호칭을 사용함)이 가장 자주 사용되었다[4.07(5단위 기초한 실천 빈도: 1=전혀 실천하지 않음, 2=간혹 실천함, 3=때때로 실천함, 4=자주 실천함, 5=항상 실천함), <표 8>]. 둘째로 가장 자주 실천된 방식은 '외모를 갖추어 하는 존경'(예모가 있는 모습을 갖춤,

단정한 복장을 함)(3.97), 셋째는 '인사로 하는 존경'(인사를 함, 답례를 함)(3.79), 넷째는 '보살펴서 하는 존경'(시간을 함께 보냄, 집안일을 돌봄, 친절하고 다정함, 즐겁고 편안하게 함)(3.78), 다섯째로 '먼저 대접해서 하는 존경'(먼저 대접함, 문을 먼저 나가도록 함)(3.73), 여섯째 '조상에 대한 존경'(제사를 모심, 성묘를 함)(3.61) 및 일곱째 '사생활 존중'(어른의 사생활을 존중함, 개인적 비밀을 지킴)(3.50)은 '자주'에서 '자주한 편'으로 평가되었다.

이어 여덟째 '순종으로 하는 존경'(지시를 따름, 말을 귀담아 들음)(3.47), 아홉째 '음식대접으로 하는 존경'(어른의 기호에 맞는 음식대접)(3.11), 열째 '이웃노인 존경'(이웃노인 돌봄, 좌석 양보)(3.04), 열한째 '동일시해서 하는 존경'(어른의 가치관 생활스타일을 동일시함)(3.00), 및 열두째 '자리를 제공해서 하는 존경'(윗자리를 제공함, 명예로운 역할을 제공함)(2.94)은 '때때로' 실천되었다.

나머지 방식들—열셋째 '선물로 하는 존경'(선물을 함, 소원을 성취함)(2.27), 열넷째 '의논을 해서 하는 존경'(개인문제에 대해서 의논을 함, 충고를 받음)(2.25) 및 열다섯째 '축하를 해서 하는 존경'(생일에 방문해서 축하함, 생일에 전화를 하거나 축하카드를 보냄)(2.23)은 '드물게' 실천되었다.

다음 중요성에서는 15개 방식들 중 '보살핌으로 하는 존경'이 가장 높은 등위를 받았다(4.25)—5단위 측도에서 '매우 중요함'보다는 낮지만 '중요한 편'보다는 더 높은 평점이다[참고: 1=전혀 중요치 않음, 2=중요하지 않음, 3=중요하지도 않고 중요하기도 함(중간 정도), 4=중요한 편, 5=매우 중요함]. 다음으로 '외모로 하는 존경'(4.18), 셋째 '사생활을 존중함'(4.15), 넷째 '인사를 해서 하는 존경'(4.14), 다섯째 '경어로 하는 존경'(4.06), 공동 다섯째 '이웃노인 존경'(4.06), 일곱째 '먼저 대접해서 하는 존경'(3.99), 여덟째 '조상에 대한 존경('3.90) 및 아홉째 '순종을 해서 하는 존경'(3.74)의 8가지 방식들은 중요함보다 약간 낮은 '중요한 편'의 평점을 받았다. 나머지 방식들—열째 '음식대접으로 하는 존경'(3.44), 열한째 '동일시해서 하는 존경'(3.42), 열두째 '자리를 제공해서 하는 존경'(3.36), 열셋째 '축하를 해서 하는 존경'(3.18), 열넷째 '의논을 해서 하는 존경'(3.04) 및 얼다섯째 '선물을 해서 하는 존경'(2.72)—은 중간 등위로서 '중요하지도 않고 중요하기도 함'을 받았다. 가장 낮은 (가장 중요치 않음) 평점은 선물로 하는 존경에 주어졌다.

〈표 9〉 존경방식에 대한 지적 빈도와 중요성 – 일본응답자*

존경방식	지적 빈도[1]			중요성[2]			**평균등위
	등위	평균	S.D.	등위	평균	S.D.	
존댓말	1	4.07	1.35	5	4.06	0.94	3
외모	2	3.97	0.88	2	4.18	0.85	1
인사	3	3.79	1.23	4	4.14	0.83	4
보살핌	4	3.78	0.99	1	4.25	0.79	2
먼저	5	3.73	1.09	7	3.99	1.01	6
조상	6	3.61	0.86	8	3.90	0.91	7
사생활	7	3.50	0.98	3	4.15	0.89	5
순종	8	3.47	0.97	9	3.74	0.82	9
음식	9	3.11	1.14	10	3.44	0.90	10
이웃	10	3.04	1.09	5	4.06	1.49	8
동일시	11	3.00	0.98	11	3.42	0.92	11
윗자리	12	2.94	0.87	12	3.36	0.91	12
선물	13	2.27	1.23	15	2.72	0.92	13
의논	14	2.25	1.07	14	3.04	0.83	13
축하	15	2.79	1.26	13	3.18	1.02	13

*N = 621
** 평균등위 (빈도에 따른 등위 + 중요성에 따른 등위) / 2
[1] 지적 빈도 2.00 이상 평점을 받은 방식만 포함.
[2] 중요성 평점: 5단위 측도에 기초함(5=매우 중요함~1=전혀 중요하지 않음)

특기할 점은 본 연구가 식별한 존경방식들은 저자가 한국과 중국의 젊은 사람들을 조사해서 나온 존경방식들과 거의 같다는 사실이다(Sung & Kim, 2002; Sung & Yan, 2006). 이 방식들은 또한 타이완, 싱가포르, 태국, 필리핀에서 행한 조사들에서 가려낸 존경방식들과도 차이가 없다(Ingersoll-Dayton & Saengtienchai, 1999; Mehta, 1997). 따라서 앞서 찾아낸 존경방식들은 본 연구에서 모두 재발견된 셈이다.

이 사실은 동아시아 전역에서 실천되는 어른존경방식의 공통성을 확인하게 하는 것이다. 본 연구에서 새로 식별된 방식은 중국의 조사에서 나온 결과와 동일하게 두 가지—동일시해서 하는 존경과 사생활 존중—이다.

그리하여 15가지로 이루어진 존경방식들의 세트 또는 짝이 출현하였다. 이 방식들로 동아시아에서 가장 서구화된 일본의 젊은 사람들이 어른을 존경하고 있음을 확인한 것이다.

∷ 높은 평점을 받은 방식들

지적 빈도에 대한 등위와 중요성에 대한 등위를 종합한 평균 등위를 보면(<표 9>, '중요함'에서 '중요한 편'의 평을 받은 방식들은 ① 외모로 하는 존경, ② 보살핌으로 하는 존경, ③ 경어로 하는 존경, ④ 인사로 하는 존경, ⑤ 사생활 존중, ⑥ 먼저 대접해서 하는 존경, ⑦ 조상에 대한 존경 및 (8)순종으로 하는 존경이다.

이들 중에서 가장 높은 평점을 받은 방식들(외모로 하는 종경, 인

사를 해서 하는 존경, 경어로 하는 존경 및 먼저 대접해서 하는 존경)
은 모두가 어른존경을 '상징적'으로 표현하는, 즉 외면으로 나타내는
방식들이라고 볼 수 있다. 이들 상징적 표현은 예의바른 태도, 예의바
르게 인사하기, 존댓말을 사용하기, 어른을 먼저 대접하는 방식이다.

존경의 상징적 표현은 일본의 조사대상자들이 가장 빈번히 실행한
존경방식이다(<표 9>, 존경의 지표 및 표현). 다수 일본인들은 흔히
어른에 대한 순종, 예의 및 충성을 요구하는 수직적 사회구조 속에서
대인관계를 이룬다. 이 관행은 일본인이 어려서 사회화되는 과정에서
내면화하는 가족문화의 특성임을 앞서 논의한 바 있다. 이런 관계에
서는 상징적 표현은 흔히 의식적이고 형식적 표현으로 변하는 경우
가 있다.

상징적 표현을 중요시하고 자주 실천하는 관행은 동아시아 사람들
의 공통적인 문화적 특징이라고 할 수 있다. 우리는 중국의 젊은 사
람들에서 이런 특성을 발견했고 다음 장에서 소개하는 한국의 자료
에서도 같은 특색이 나타났다. 하지만 일본의 자료에서는 이 특성이
더 현저하게 나타난 것이다.

일본의 문화적 맥락에서는 젊은 사람은 위와 같은 여러 가지 존경
의 표현을 고령의 친척, 선생 및 가까운 연상자를 만날 때 적절히 때
에 맞게 표현해야 한다.

일본인은 고도로 서구화되고 산업화되었지만 이런 오래된 문화적
관습은 여전히 지키고 있다. 만약 젊은 사람이 이런 방식으로 존경을
표현하지 않는다면 일본사회에서 일반적으로 통용되는 예의법칙을
어기는 것이 된다.

어른을 존경하는 관습은 유교의 가치로부터 영향을 받아 일본문화

깊이 뿌리내리고 있다. 일본인은 그들의 부모와 조부모들보다는 이런 관습을 덜 실천하게 되었지만 이 행동적 표현은 본 연구의 결과가 예증하듯이 아직도 젊은이들 사이에서 널리 행해지고 있다.

외모로 하는 존경에 대해서는 예의, 순종, 양보 및 의식적 관습을 매우 중요시하는 일본문화에서 높은 가치를 부여하고 있다. 어른을 만날 때 젊은 사람은 예의바르고 단정하며 얌전한 복장과 외모를 갖추어야 한다.

두 번째 현저한 방식은 보살핌으로 하는 존경이다. 인상 깊게도 일본응답자들도 이 방식에 높은 평점을 주었다. 모든 문화에서 보살펴서 하는 존경은 고령자를 보살피고 돌보는 사람들에게 매우 중요한 함의를 가진다. 이런 행동은 자비심을 가지고 동정적으로 어른을 돌보아 주는 인간적인 가치를 반영하며 특히 신체적 능력이 쇠퇴하고 인생의 말기에 있는 고령자에게는 매우 중요한 뜻을 가진다.

고령자들은 대다수가 여러 가지 문제를 안고 있다. 이 문제를 해소하기 위해 이들은 흔히 서비스제공자에게 거의 전적으로 의존하게 된다. 이렇게 제공자에게 의존하는 상태에서는 제공자가 존경스럽게 보살피는 문제는 더욱더 중요한 사회적 의미를 가진다.

본 조사의 대상자들은 젊은 대학생들이며 이들은 떨어져 사는 부모를 직접 보살필 수 없는 처지에 있다. 아마도 이런 별거하는 사정 때문에 보살펴서 하는 존경의 지적 빈도가 비교적 낮게 나타난 것으로 보인다. 그럼에도 불구하고 이들의 대다수는 이 방식이 중요하다고 평하였다. 이런 긍정적인 평은 중국의 응답자들에서도 나왔다.

보살핌으로 하는 존경-시간을 함께 보냄, 집안일을 돌봄, 친절함과 동정심을 가짐, 행복하고 안락하게 함-은 모두가 보살피고 지원하는 방식이다. 이런 표현은 도움을 주는 행동이고 동정적으로 걱정함을 의미한다. 이 표현은 관심을 가지고 걱정하는 정서적 형태와 집안일 돌봄, 식사시중, 시간을 함께 보냄 등 수단적 형태로 나누어진다. 이 형태들은 종합적으로 어른존경을 하기 위해서 함께 실천되어야 한다.

존댓말로 하는 존경-세 번째 등위-의 경우는 그 표현이 간단하지가 않다. 다음 절에서 설명하지만 일본어에는 어른을 만날 때 사용하는 낱말, 구절, 문장이 수없이 많다. 어른에게 인사하는 것-인사로 하는 존경-도 간단하지가 않다. 저자는 일본사람들이 일상생활에서 사용하는 이런 존경의 표현들은 중국과 한국에서 사용되는 존경의 표현보다 더 복잡하다고 본다.

말이나 문장뿐만 아니라 몸을 숙이고 앞으로 굽히는 동작을 하고 그 숙이고 굽히는 정도가 깊을수록 존경의 정도가 높아지기 때문에 몸의 동작을 조절하는 것도 중요하다. 이런 존경방식은 어릴 때부터 일본 어린이들이 배우는 사회적 행동이다. 일본에서 흔히 볼 수 있는 광경이지만 연고가 있는 사람을 만나면 몸을 굽혀 절을 하는데 흔히 이런 동작을 몇 번이고 되풀이한다. 존경의 뜻을 더 많이 나타내기 위한 행위이다. 일본에서는 이런 표현을 하는 데 있어 일본인은 중국인과 한국인에 비하여 더 적극적이고 주의 깊은 것으로 보인다.

응답자들은 '사생활 존중'을 중요시했다. 어른에게 편히 쉬도록 조용하고 안락한 방을 제공하고, 개인적 일에 대해 비밀을 지키고, 어른의 사회적 지위와 존엄성을 유지하기 위한 조치를 취함으로써 그분의 사생활을 존중한다. 사생활존중은 동양문화에서는 그다지 중요하게 다루지 않았었다. 그러나 본 조사에서는 젊은 일본인들이 이 방식에 높은 평점을 배정하였다.

어른을 먼저 대접하는 방식이 들어 있다. 젊은이는 어른에게 도움을 먼저 제공하고, 이들의 편의를 먼저 보아 주고, 자동차를 먼저 타게 하고, 문에 먼저 들어가도록 하고, 목욕을 먼저 하게 하는 등 어른을 우선적으로 대접하는 것이다. 즉, 어른에게 혜택이나 편의를 먼저 제공하여 존경을 표시하는 방식이다. 이 방식은 중국과 한국에서도 널리 사용되고 있다.

사망한 조상에 대한 존경(조상숭배)은 '자주 행함'과 '중요함'의 평을 받았다. 이 방식을 중요하다고 본 점으로 보아 일본의 젊은이들도 상당히 보수적 또는 전통고수적이라고 할 수 있다. 조상 숭배는 일본인이 오랜 세월에 걸쳐 실천해온 문화적 관습이다. 일본인은 기일(제삿날)과 명절에 가정에서 또는 절(불교사원)에서 일정한 세대 이내 조상들을 위한 제사를 지낸다. 다른 동아시아 사람들의 경우와 같이 조상숭배는 일본의 매우 중요한 가족의식이다. 본 조사에서도 이 방식의 중요성이 높이 평가되었다.

이웃노인에 대한 존경은 자주 실행되지 않았으나 주요하다고 평하였다. 이 방식은 일본에서 민간의 자원적 노력으로 이루어지는 각종 행사를 통해서 실행되고 있다. 고령자에게 자리를 양보하고, 길을 건널 때 도와주고, 물건을 옮겨주고, 차편을 제공하고, 집안일을 돌보아 주는 등의 봉사활동은 이웃노인을 존중하는 행동이다. 일본인들도 전통적으로 자신의 가족원을 돌보는 데 개인의 정력을 소모하였다. 그러나 현대 일본에서는 시민들의 힘이 지역사회와 커다란 사회의 고령자를 위한 서비스에 많이 투입되고 있다. 본 연구에서 시사된 바와 같이 일본의 젊은 성인들도 가족의 영역 밖으로 사회의 어른들을 보살피는 데 관심을 가지고 있다.

순종을 해서 하는 존경(어른의 지시를 따름, 어른 말에 귀를 기울임)은 빈도에 따르면 여덟 번째이고 중요성에 따르면 아홉 번째이며, 중요성 평점 3.39('중요하기도 하고 중요치 않기도 함')에 가까운 평이다. 전통적으로 어른에게 순종하는 것은 대표적인 존경방식이다. 그러나 본 연구에서는 응답자들이 이 방식에 대해서 중요성을 비교적 낮게 평하였다. 즉, 어른과 윗사람에게 자주(높은 빈도로) 순종을 하였지만 이 존경방식이 별로 중요치 않다고 본 것이다. 이 자료는 일본의 젊은이들이 어른에게 복종하거나 순종할 의지가 약해졌음을 시사하는 것일까? 이 점에 대해서는 앞으로 보다 심층적인 조사를 해보아야 하겠다.

음식대접으로 하는 존경(어른의 기호에 맞는 음료와 식사를 대접함)도 비교적 낮은 평을 받았다. 어른의 기호에 맞는 음식을 대접하는 것은 일본에서도 어른에게 경의를 표하는 매우 중요한 방법으로 되어 왔다. 일본의 문학작품과 속담을 읽어 보면 어른에게 차와 식사를 대접하는 사례가 수없이 실려 있고, 이 방법이 부모와 어른을 섬기는 주된 방법임이 묘사되고 있다. 그러나 본 조사에 응한 젊은 일본인들은 이 방식을 그다지 중요하다고 보지 않았다.

동일시해서 하는 존경은 중국과 일본에서 새로이 발견된 존경방식이다. 부모, 선생, 존경하는 선배 또는 지도자 등 밀접한 관계를 가진 어른의 사상, 가치관, 업적, 생활태도를 동일시함으로써 이분에게 존경을 표하는 것이다. 사실 이 방식도 특출한 신분을 가지거나 훌륭한 업적을 낸 어른과 인물을 존경하는 데 사용해 온 오래 된 존경방식이다.

어른에게 가운데 지리, 따뜻한 자리 또는 조용한 방을 제공하는 것도 오래된 존경방법이다. 그리고 어른에게 예식을 주재하거나 회의를 사회하는 역할을 주는 것도 역시 흔히 사용되는 존경의 표현이 된다.

부모의 탄생일, 특히 60세 생신은 가족원들이 함께 축하하는 행사이다. 자녀는 부모의 생일을 축하하고 가족원들의 특별한 행사에 부모를 중심으로 모두 모인다. 축하를 해서 하는 존경의 중요한 목적은 부모와 어른에게 경의를 뚜렷하게 표현하기 위한 것이다.

선물을 해서 하는 존경은 때때로 행하였고 중요하기도 하고 중요치 않기도 한 중간 평을 받았다. 이렇게 비교적 낮은 평을 받기는 했지만, 어른, 윗사람, 선배에게 선물을 하는 것은 다른 사회에서 보다도 일본사회에서 더 널리 또 많이 행해지고 있는 관습이다. 다른 동아시아 사람들도 선물을 하지만, 일본에서는 유별 선물을 격식 있게 빈번히 주고받는 풍습을 널리 관찰할 수 있다. 이 방식에 비교적 낮은 평점을 준 까닭은 아마도 응답자들이 부모와 떨어져 있고 재정적으로 선물을 할 여유가 없기 때문일 것이다.

의논을 해서 하는 존경은 가끔 하였다. 일상적으로 이 방식을 사용하여 젊은 사람은 개인의 일이나 가족에 관한 일을 의논한다. 이렇게 함으로써 어른에게 함축적으로 경의를 표할 수 있다. 한편 의논에 응해 주는 어른은 자기의 충고와 상담을 받는 젊은이가 감사하는 것을 보고 자기 충족감을 갖고 만족을 하게 된다.

비교적 낮은 평점을 받은 방식들―윗자리, 축하, 선물 및 의논―은 부모와 떨어져 학교에 다니는 응답자들에게는 실천하기가 어려웠던 것으로 보인다.

:: 응답자의 특성과 존경방식

응답자의 특성과 3가지 존경방식들 간의 상호관계를 탐색하였다. 3가지 선정된 방식들은 보살핌으로 하는 존경, 순종해서 하는 존경 및 조상에 대한 존경이다. 이 방식들은 일본에서도 문화적으로 특별한 뜻을 가지고 있다.

본 조사에서 보살핌으로 하는 존경은 가장 중요한 방식으로 지적되었는데 보살피면서 존경하는 방식은 고령자 특히 신체가 허약하여 봉사자에게 의존하는 고령자에게는 매우 커다란 의미를 가진다. 의존적인 고령자는 서비스제공자로부터 존경을 받음으로써 만년을 심리적 및 사회적으로 보다 품위 있게 지낼 수가 있는 것이다.

전통적으로 순종을 해서 하는 존경은 일본에서도 다른 동아시아 나라들의 경우와 같이 어른존경의 대표적인 방식으로 되어 왔다. 동아시아의 문화적 맥락에서는 연고가 있고 밀접한 관계를 갖는 윗사람의 지시에 순응하고 이분의 말을 귀담아듣는 것이 기본적인 존경방법으로 되어 왔다. 오늘날 일본의 젊은 세대가 오랫동안 전해 내려온 이 덕목을 어느 정도로 유지해 나갈는지 궁금했다.

조상에 대한 존경은 일본인이 소중히 보존하고 있는 두드러진 문화적 유산이며 가족적 의식이고 예절이다. 조상에 대한 존경 또는 조상숭배는 일본문화 깊이 그 뿌리를 내리고 있다. 조상숭배는 전통적으로 가족중심적 효의 바탕을 이루는 관습이다. 일본의 젊은 세대도 이 존경방식을 실천하고 있고 앞으로도 실천해 나갈 것으로 본다.

응답자의 개인적 특성들 중 연령, 거주지역 및 주거형태는 빈도에 따른 평은 물론 중요성에 따른 평점과도 통계적으로 유의한 상관관계가 없다. 그러나 성별, 결혼상태 및 교육에 따라서는 변화가 있다.

다음은 응답자의 특성과 위에서 지적한 3개 변수(존경방식들)와의 상관관계(중요성 자료에 기초함)를 분석한 결과이다.

단계적 회귀분석의 결과는 성별, 결혼상태 및 교육이 보살핌으로 하는 존경의 평점을 통계적으로 유의하게 예측할 수 있음을 사사하였다(연령, 거주지 및 주거형태는 통계적으로 유의한 결과가 나오지 않아 이 분석에서 제외되었음).

첫 방정식에서 성별이 독립변수 그리고 보살피는 존경이 종속변수로서 각각 투입되었다. 이 분석에서 성별은 통계적으로 유의한 예측변수임이 시사되었다(<표 10>, 여성응답자는 남성응답자보다 보살피는 존경을 더 높이 평하였다(보살피는 존경의 평균점: 여성 4.16, 남성 3.88: 평균 차이=±.28).

〈표 10〉 어른존경의 지표평가 – 일본응답자*

방식 및 지표	지적 빈도		중요성	
	평균%	S.D.	평균	S.D.
보살핌으로 존경				
시간을 함께 보냄	3.55	0.88	4.21	0.89
집안일 돌봄	3.60	0.82	4.17	0.87
다정 및 동정	3.96	0.91	4.39	0.79
편안함 및 안락함	4.00	0.77	4.24	0.79
순종으로 존경				
지시를 따름	3.45	0.99	3.70	1.01
귀담아들음	3.51	0.91	3.79	0.98
존댓말로 존경				
존댓말 사용	4.10	0.97	4.11	0.83
호칭 사용	4.05	0.88	4.01	0.89

인사로 존경				
인사	3.77	0.81	4.11	0.87
답례	3.83	0.86	4.19	0.89
의논으로 존경				
의논	2.21	1.01	3.10	1.17
충고를 받음	2.29	1.18	3.00	1.11
외모로 존경				
예를 갖춘 모습	4.17	0.81	4.28	0.79
단정한 의복	3.77	1.09	4.08	1.21
먼저 모셔 존경				
먼저 대접	3.76	0.99	4.04	0.98
먼저 모심	3.70	0.94	3.95	0.94
이웃노인 존경				
이웃노인 돌봄	3.06	1.12	4.04	1.02
자리 양보	3.02	0.87	4.08	1.07
축하로 존경				
생일 축하	2.19	0.93	3.17	0.93
가족행사 축하	2.07	0.99	3.19	0.97
선물로 존경				
선물을 함	2.17	1.07	2.70	0.99
소원을 성취함	2.38	1.12	2.74	0.82
자리로 존경				
윗자리 제공	2.90	1.13	3.32	1.01
명예로운 역할 제공	2.98	1.11	3.40	1.21
음식으로 존경				
음식 대접	3.11	0.97	3.44	0.97
동일시로 존경				
동일시함	3.00	0.94	3.42	0.96
사생활 존경				
사생활 존중	3.50	1.17	4.15	0.88
조상 존경				
성묘를 함	3.53	1.03	3.83	0.86
제사를 올림	3.70	0.89	3.98	0.83

*N = 621

두 번째 방정식에서는 성별과 결혼상태를 독립변수로, 보살핌과 존경을 종속변수로 각각 투입하였다. 성별과 결혼상태는 각각 예측변수로 나타났다. 여성과 기혼자는 남성과 미혼자보다 보살핌과 존경을 더 높게 평하였다. 최종 모델은 3개의 유의한 예측 변수들을 포함하였다. 즉, 성별, 결혼상태 및 교육이다. 이 3개 변수들이 보살핌으로 하는 존경의 평점을 각각 예측했다. 교육 정도가 높은 상급생 응답자가 교육 정도가 낮은 응답자보다도 보살핌과 존경을 더 높게 평하였다. 이 중요성 예측모델은 평점 변량의 25%를 설명하였다.

앞서 지적했듯이 보살핌 존경은 4개의 지표들로 지적되었다. 이 지표들의 중요성 평점과 응답자의 특성 간의 관계에 대해서 Chi-square 검정을 하였다. 이 교차 분석 결과는 다음과 같은 점을 시사하였다. 즉, 4개 보살핌 지표들(① 시간을 함께 보냄, ② 집안일 돌봄, ③ 친절하게 대함, ④ 안락하게 함)에 대한 평점들은 성별과 통계적으로 유의하고 긍정적인 상관관계를 가졌음이 시사되었다. 여성응답자들의 56%가 '어른과 시간을 함께 보냄'에 높은 평점을 주었는데 남성은 44%만이 높은 평을 했다(X^2=3.32, df=3, sig.<.50). 여성의 58%가 '집안일 돌봄'에 높은 평점을 주었는데 남성은 42%가 같은 평점을 주었다(X^2=8.25, df=4, sig.<.08). 여성의 57%는 '친절하게 대함'에 높은 평을 했는데 남성의 경우 43%가 높은 평점을 주었다(X^2=20.50, df=3, sig.<89.10, sig.<.001). 그리고 여성의 60%가 '안락하게 함'에 높은 평점을 주었는데 남성은 40%가 같은 평점을 주었다(X^2=89.10, df=3, sig.<.001).

또 다른 Chi-square검정 결과에 의하면 결혼상태도 보살핌 존경의 4개 지표에 대한 평점들과 상관관계가 있음이 시사되었다. 기혼응답

〈표 11〉 응답자 특성에 따른 보살핌으로 하는 존경의 예측변수 – 일본응답자*

	t	B	P
모형 1: [R2 = .017, F = 17.56, p<.001]			
성별**	4.220	0.129	0.001
모형 2: [R2 = .032, F = 17.56, p<.001]			
성별**	4.450	0.135	0.001
결혼상태**	4.120	0.125	0.001
모형 3 [R2 = .036, F = 13.26, p<.001]			
성별**	4.490	1.360	0.001
결혼상태**	3.010	0.099	0.001
교육**	2.130	0.070	0.033

*종속변수: 보살핌으로 하는 존경
**예측변수/독립변수

자들은 4개 지표 모두에 높은 평점을 주었다.

순종으로 하는 존경에 대해서는 '중요하지도 않고 중요하기도 함'의 중간 평을 했다. 다음의 회귀분석 결과는 성별과 결혼상태가 순종으로 하는 존경을 통계적으로 유의하게 예측함을 시사한다(<표 11>, 이 분석에서 제외된 특성은 연령, 교육, 거주지, 및 주거형태). 여성과 기혼 응답자들이 순종으로 하는 존경을 빈노에서나 중요성에서 다같이 높게 평하였다(여성 3.94, 남성 3.63; 여성 3.93, 남성 3.74; 기혼자 4.10, 미혼자 3.84; 기혼자 4.11, 미혼자 3.93-모두 빈도에 기초).

조상에 대한 존경은 '때때로'보다 약간 더 자주 실행되었고 '중요함'에 가깝게 평했다. 회귀분석 결과는 성별과 결혼상태가 조상 존경의 평점을 통계적으로 유의하게 예측했다. 이 분석에서 남성과 대학원생들(교육정도가 높은)이 여성과 학부학생들보다 빈도와 중요성 모두를 통계적으로 유의하게 평가하였다. 즉, 남성이고 고학력자들이 조상 존경의 빈도와 중요성을 높게 평했다.

위의 분석 결과는 성별과 결혼상태의 두 특성은 어른존경의 3가지 방식들의 평점을 모두 예측하였다. 그리고 성별과 결혼상태와 함께 교육정도도 보살핌으로 하는 존경의 평점을 예측하였다.

다음으로 어른존경의 29개 지표들의 하위차원을 식별하기 위해서 요인분석을 중요성에 대한 자료로 하였다. 그 결과 5가지의 차원들을 식별하였다. 즉, 5개 요인들(아이겐치 1 이상)이 나왔다(<표 12>, 29개 지표들 중 22개가 .50 또는 그 이상의 적재치를 가져 이들이 요인을 지적하도록 했다).

첫째 요인은 7개 적재치를 가지며 '보살핌과 서비스'라 이름 지었다. 이 요인은 보살핌과 서비스 그리고 먼저 대접함의 지표들을 포함하고 있다.

둘째 요인은 5개 적재치로 이루어졌다. '상징적 존경'이라 명명했는데 존댓말로 인사함과 예모 있는 외모를 갖춤을 지적하는 지표들을 포함한다.

셋째 요인은 '수동적 존경'인데 4개 적재치를 가지며 충고와 자문을 청함, 순종 및 귀담아들음에 대한 지표들을 포함한다.

넷째 요인 '인정 어린 축하'는 3개 적재치를 가지며 생일축하와 선물에 대한 지표들을 포함한다.

다섯째 요인 '조상존경'은 2개 적재치를 가지며 제사와 성묘에 대한 지표를 가진다.

이상의 5개 요인들은 총 변량의 52%를 설명한다. 이와 같이 5개의 요인들로 된 요인의 세트가 출현하였다. 어른존경의 다양한 표현들이 이 5개 요원들 또는 차원들로 집약될 수 있음을 시사한다.

:: 세대 간의 지원관계

응답자들과 어른들 사이의 지원관계를 살펴보기 위하여 3가지 질문을 하였다. 즉, ① 어른이 보여준 관심과 배려에 대한 응답자의 만족, ② 어른이 제공한 물질적 지원에 대한 응답자의 만족, ③ 고령이 된 어른을 지원할 응답자의 의지에 관한 것의 세 변수들이다.

〈표 12〉 어른존경지표요인분석(Varimax회전 행열표) – 일본응답자

요인	어른존경 지표	적재치				
		I	II	III	IV	V
I 보살핌 & 서비스	친절	0.734				
	안락	0.705				
	시간 보냄	0.612				
	먼저 대접	0.586				
	집안일	0.571				
	자리 양보	0.525				
II 상징적 존경	답예		0.696			
	존경호칭		0.693			
	존댓말		0.659			
	인사		0.652			
	외모		0.593			
III 수동적 존경	의논			0.824		
	충고받음			0.689		
	모임 사회			0.665		
	순종			0.609		
IV 인정어린 죽하	생일 방문				0.704	
	생일 전화				0.606	
	선물				0.593	

V 조상존경	성묘					0.835
	제사					0.830
*Eigen*값		9.68	2.20	1.68	1.52	1.18
총변량 비율		33.33	7.60	5.82	5.26	4.06

*N = 612

처음 2개 변수들은 응답자들과 어른들 사이의 지원관계-정서적 및 수단적-를 지적하는데 이들은 노령의 어른을 위한 보살피고 서비스하려는 응답자의 의지와 통계적으로 유의한 관계를 가졌음이 시사되었다(r=.468, .317, p<.01, 2-tailed, n=621).

이 결과는 보살핌과 지원을 받은 응답자는 은덕을 베푼 어른이 늙으면 지원을 할 의사가 있음을 시사하는 것이다.

노소세대 간의 지원관계는 어른존경의 지표들 사이에 긍정적인 상호관계가 있음을 시사한다.

응답자가 받은 정서적 지원과 물질적 지원은 순종으로 하는 존경의 두 지표들(중요성에 기초함)(r=.388, .412; p<.01, 2-tailed) 그리고 '귀담아듣는 것'과 각각 긍정적인 상호관계를 가진다(r=397, .365, p<.01). 이 관계는 이들 지표가 어른을 지원하려는 의지와 긍정적 상관관계를 가짐을 시사한다(r=.361, .422, p<.01).

:: 논 의

본 조사는 일본의 젊은 성인들이 실천한 15개의 어른존경방식들을 식별하였다. 이들이 존경방식들을 실천한 빈도와 중요시한 정도를 경험적인 조사를 통해서 확인한 것이다.

15개 존경방식들은 존댓말로 하는 존경에서부터 조상에 대한 존경에 이르기까지 다양하고 포괄적이다. 이 방식들을 사용하여 일본의 고령자들이 어떤 방법으로 어느 정도로 존경을 받는가, 그리고 노소간의 관계가 어느 정도로 예의를 갖추어 이루어지고 있는가를 탐색할 수 있다.

일본 젊은이들의 어른존경을 포괄적으로 설명하려면 이들 방식 모두를 사용해야 하겠다. 왜냐하면 이 모두가 종합되어 어른에 대한 존경을 설명할 수 있기 때문이다. 이 방식들은 뜻과 실천에 있어 서로 연관되어 있겠지만, 각각 독자적으로 이타적이고 자선적인 존경을 나타낸다고 볼 수 있다.

그런데 일본에서 찾아낸 이들 존경방식들이 이 책에서 소개하는 중국과 한국에서 발견한 방식들과 거의 동일하다. 즉, 다른 동아시아 나라들에서 찾아낸 존경방식들이 일본에서도 발견된 것이다. 따라서 본 연구는 선행연구들과 병행(並行)해서 거의 동일한 존경방식을 찾아낸 것이다(그러나 각각의 방식들에 대한 빈도와 중요성에서는 중국의 경우와 다소간의 차이가 난다. 이 점에 대해서는 제8장에서 논의한다).

존경을 표현하는 방식들이 여러 가지 있는 것을 보아 어떤 사람은 특정한 존경방식을 자주 실행하고 또 다른 사람은 특정한 방식을 자주 실천하지 못하는 경우가 있을 것이다. 젊은 사람들이 모든 방식들을 다 실천하기는 어려울 것이다. 왜냐하면 일상생활에서 대인관계와 사회경제적 요인들이 어떤 방식은 실천하기 어렵게 만들 수 있기 때문이다.

총체적으로 일본의 응답자들이 15개 방식들 중 반은 자주 실천하고 중요하다고 판정하였다. 가장 자주 지적되고, 가장 중요시된 다음 3개의 특출한 존경방식들이 나타났다.

① 외모로 하는 존경
② 보살핌으로 하는 존경
③ 존댓말로 하는 존경

외모로 하는 존경, 존댓말로 하는 존경, 인사로 하는 존경은 어른 존경을 상징적으로 표시하는 방법들이다. 일본문화에서는 어른존경을 구두(口頭, 말)로뿐만 아니라 얼굴 표정, 몸짓, 태도, 몸의 움직임으로 다양하게 표현한다. 이런 표현은 일본사람들뿐만 아니라 다른 동아시아인들의 대인관계에서도 볼 수 있다. 동아시아의 문화적 패턴의 일부이다.

이 조사자료에 의하면 일본의 젊은 성인들은 이 외모로 하는 존경을 중국과 한국의 젊은 사람들보다도 더 중요시하고 더 자주 실행하였음이 나타났다.

일본 젊은이들도 중국과 한국의 젊은이와 같이 보살펴서 하는 존경을 제일 중요시했다. 세 나라의 응답자들이 모두 이 방식을 가장 중요하다고 한 점은 특기할 만한 사실이다.

일본인은 존댓말을 사용하는 데 매우 조심스럽고 세심한 배려를 한다. 일본인의 언어로 하는 존경에 대한 성향을 하나 예를 들어 보자. 일본의 websites와 신문에 흔히 말을 예의 있게 사용하는 데 대해 안내, 지도하는 글이 실려 있는 것을 볼 수 있다. 예절전문가가 특정한 단어, 구절 및 문장을 어떤 식으로 사용해야만 상대의 연령과 사회적 신분에 알맞게 예의와 정중한 태도를 보여줄 수 있는가 설명하는 내용이다(Miura, 1999; Nakano, 1997). 어른을 포함한 여러 사람들과 대화할 때 말의 표현을 조심스럽게 구별해서 사용해야 함을 알려주고 있다. 일본사람들이 다양하고 조심스럽게 사용하는 존댓말은 서양사람들에게는 익숙하지 못한 일본 특유의 문화적 표현이다.

외모를 갖추어 하는 존경과 존댓말을 사용해서 하는 존경은 존경의 상징적인 표현이다. 의례적이고 형식적인 표현방식이다. 즉, 의복을 단정히 입고 머리를 빗고 예모 있는 모습을 갖추어 어른을 대하는 것이다. 형식이 중요시되는 존경방법이다. 유교의 형식주의적인 영향을 받아 동아시아의 문화는 형식을 중요시한다는 비평이 있다. 물론 서양사람들도 외모에 신경을 쓴다. 하지만 동아시아인들이 이 방식을 더 중요시하는 것 같다. 본 조사에서 나온 자료에 의하면 일본인이 중국인과 한국인보다도 이 방식을 더 중요시했다.

일본그룹의 종합등위를 보면, 빈도에 따른 등위와 중요성에 따른 등위 사이에는 다소 간에 차이가 있다. 존댓말로 하는 존경은 지적 빈도에서는 1등위를 했는데 중요성에서는 5등위이다. 보살펴서 하는 존경의 경우는 중요성에서 1등위인데 빈도에서는 4등위이다. 외모로 하는 존경은 지적 빈도와 중요성에서 다 같이 2등위이다. 평균평점을 보아서는 작은 차이밖에 나지 않았지만 외모로 하는 존경, 보살펴서 하는 존경, 존댓말로 하는 존경은 빈도에서나 중요성에서 모두 가장 높은 등위를 차지한다. 그런데 이웃노인에 대한 존경과 사생활 존중의 경우는 중요하다는 평을 받았으나 이 방식들은 자주 실행하지 못한 것으로 나타났다. 그 이유는 중국의 경우와 같이 응답자들(학생들)

이 부모와 떨어져 살고 있어 자주 실천하지 못했기 때문일 것이다. 이러한 차이가 있기는 하지만 지적 빈도와 중요성에 주어진 평균 점수는 거의 비슷하게 높고 긍정적이다(4.07=자주 실천함, 4.06=중요함).

대부분의 방식들에 주어진 평균평점 사이의 차이가 적은 것을 보면 이들 방식에 주어진 등위 사이의 간격은 별로 대단한 의미를 갖는 것으로 보이지 않는다.

그런데 존경을 실천한 방식은 응답자들의 특성에 따라 차이가 있다. 보살펴서 하는 존경, 순종으로 하는 존경 및 조상에 대한 존경에 주어진 평점은 성별, 결혼상태 및 교육정도와 밀접한 상관관계를 가졌다. 특히 여성 및 기혼 응답자들은 남성 및 미혼 응답자들보다 더 높이 평가했다. 이렇게 성별과 결혼상태에 따라 생긴 차이는 일본의 가족체계 안에서 성인여성이 담당해 온 역할과 관련된 것으로 추측한다. 다수의 결혼한 여성과 며느리들은 아직도 부모와 시부모를 보살피는 수고를 하고 있다. 즉, 오랜 전통에 따라 가족의 책임을 수행하고 있는 것이다. 이러한 가족의 역할은 응답자들(학생들)의 어머니가 하고 있는 역할을 뜻할 것이고 또 응답자들이 앞으로 수행하게 될 역할을 의미하는 것이다.

일본은 발전된 의료보장 및 사회보장 체계를 갖추고 있으며 이 체계하에서 고령자는 포괄적인 의료 및 사회복지 혜택을 받고 있다. 이 결과로 가족의 부양부담이 현저히 감소하였다. 그러나 이런 광범위한 공적 서비스를 받을 수는 있지만 연로한 부모를 보살피는 주역을 해온 여성의 손길이 줄어들고 있는 데 대하여 일본의 지식인들은 걱정하고 있다. 이들은 이렇게 국가가 가족의 역할을 대신하는 상황이 확대되어 간다면 앞으로 가족기능이 약화되어 갈 것이고 마침내는 가족자체가

와해되는 결과를 가져오지 않겠는가 심각한 우려를 표하고 있다.

예기치 못한 일인데 연령, 거주지(농촌, 도시) 및 주거형태(부모와 동거 또는 별거)는 존경방식에 대한 평점과 통계적으로 유의한 상관관계가 없었다. 대다수의 응답자들은 고도로 도시화된 지역에서 대학에 다니는 20~24세 사이의 미혼 학생들이다. 따라서 본 연구에서 얻은 자료는 이들 특정한 집단의 젊은이들이 보여준 행동적 표현이라고 볼 수 있다. 장래연구는 농촌지역의 젊은 사람들의 개인적 특성이 미치는 효과를 분석해 보기 바란다.

일본의 젊은 성인들은 앞으로도 본 연구에서 찾아낸 다양한 방법으로 어른존경을 표현해 갈 것으로 본다. 해가 지남에 따라 어떤 방식은 수정되어질 것이고 또 어떤 방식은 다른 유형의 표현으로 바뀌어질는지도 모른다.

아직도 일본사회에서는 어른을 존경하는 행동이 도시와 농촌의 차이 없이, 또 사회경제적 배경의 차이에 상관없이 실행되고 있는 것으로 보인다.

말을 보태자면, 서양사람들은 그들의 일상생활에서 이러한 방식으로 어른존경을 표현하는 경우가 드물다. 서양인과 일본인의 이런 차이를 어떻게 설명하면 좋을까? 일본인이 어른을 존경하는 것을 단순히 '다때마애' 또는 외면치레라고 만 볼 것인가? 일본인과 서양인과의 이러한 차이에 대해서는 동양과 서양의 문화적 차이와 연관해서 심층적으로 논의가 되어야 할 것이다.

일본의 노인문제를 연구한 O'Leary(2000)는 그의 글에서 존경에 관해서 다음과 같이 언급하였다.

"존경을 사회조사를 통해서 분석하는 것은 쉽지 않다. 노년학자들
　　은 오히려 사회적 존경에 영향을 끼치는 여러 가지 요인들을 탐구
　　하는 것이 생각성 있는 접근이라고 본다."

　　그러나 그는 일본인과 서양인들 사이에 어떤 이유로 고령자를 존경
하는 데 차이가 생기느냐에 대해서 비교문화적 탐사를 할 필요성이
있음을 지적하지 않았다. 더욱이 일본문화의 독특한 어른존경방식과
세계적으로 통용되는 존경방식을 비교탐사할 필요성에 대해서도 언급
하지 않았다. 이런 과제들은 문화적인 관점에서 다루어야 한다고 본다.

　　Streib(1987)가 중국에서 발견한 바와 같이 중국의 젊은 사람들은
어른을 만날 때 '자동적으로(automatically)' 존경을 표한다. 일본에서
도 대개의 젊은 사람들이 연고가 있는 어른을 만날 때 그렇게 존경을
표현하고 있다. 자동적으로 존경을 표현하는 사례는 서양문화에서는
보기 드물다.

　　이런 점에서 우리는 문화적 차이가 있다는 사실을 인정해야 하겠
다. 상이한 문화에서 일어나는 인간관계의 변화를 이해하고 이 차이
에 대해서 오해하거나 무관심하지 않아야 할 것이다. 그러나 문화적
집단들 간의 차이는 정도의 문제라고 본다. 즉, 일본인은 서양인보다
어른을 더 존경하는 편이고 서양인은 일본인보다 덜 존경하는 편일
것이다. 이런 차이는 흑백식의 극과 극의 대조와는 다르다.

　　그런데 존경의 표현은 존경하는 사람과 존경을 받는 사람 사이의
관계의 성질 또는 종류에 따라 차이가 있다. 앞 장에서 소개하였듯이
존경은 사회적 질서와 연계되어 표현되는 경향이다. 즉, 제1차 집단
(부모, 고령의 친척), 제2차 집단(선생, 밀접한 관계를 갖는 윗사람),
제3차 집단(직장의 윗사람) 등이다. 대개의 경우, 전달할 존경의 범위

와 깊이는 이러한 순서에 따라 결정될 가능성이 많다. 다음의 Caudill (1973)이 지적한 일본인의 개성과 성격은 이런 논의와 연결된 내용이다.

> "일본인은 윗사람을 존중하고 개인적으로 특별한 관계에 있는 사람을 예의 바른 태도로 대한다. 정서적 면에서 본다면 이러한 특성은 개인의 사회적 망 안에 있는 사람들에게 동정심을 가짐을 의미하며 수단적 면에서는 자기의 집단에 속하는 사람들을 잘 보살핀다는 것을 의미한다."

일본과 동아시아의 노년학자들의 주요 관심사 중 하나는 아시아에서 가장 일찍이 현대화한 일본에서 어느 정도로 전통문화가 세대 간의 관계에 그리고 어른존경에 영향을 끼치고 있는가의 과제이다. 전통문화가 영향을 끼치고 있다면 이런 영향의 힘이 과연 고령자의 사회적 위치의 저하와 가족의 고령자 부양의 감퇴를 자아내는 사회적 변동을 막아낼 수가 있을까? 그 영향이 이런 긍정적 효과를 발생한다면 일본에서 일어나는 상황이 다른 아시아 사람들이 새 세대에 어른존경을 개념화하고 실천하는 데 긍정적인 영향을 끼칠 것으로 내다본다.

다시 지적하지만 저자는 동아시아 나라들은 비슷한 문화적 패턴을 가져 이들의 어른존경과 관련된 규범, 가치관 및 예의범절이 유사하다고 본다. Elliott와 Campbell(1993)은 다음과 같이 동아시아 사람들 사이에 문화적 유사성 또는 공통점이 있음을 지적하였다.

> "한국과 중국문화에서 고령자를 위한 보살핌과 세대 간의 상호관계에 대한 기대는 일본에서 발견된 바와 매우 유사하다. 그 이유는

이들 아시아문화권의 3개 나라들이 모두 유교의 효의 윤리적 개념
으로부터 많은 영향을 받았기 때문이다."

이러한 문화적 전통을 반영하듯 어른을 존경하는 방법에 있어서도 일
본, 중국 및 한국애서 유사한 아니면 동일한 존경방식들이 발견되었다.
　본 저자는 동아시아 나라들 사이에 차이점들이 있음을 부정하지
않는다. 다만 이들 나라에서 현장조사를 통해 얻은 경험적 자료를 바
탕으로 식별한 어른존경방식들이 공통적 또는 매우 유사하다는 사실
을 보고하려는 것이다.
　소가족화, 가족관계의 평등화, 남녀동등권, 가족원의 별거 등 변화
가 일어나고 있음에도 불구하고, 일본인의 사고, 정서적 반응 및 행동
방식들에 깊은 영향을 끼치는 전통문화의 영향은 끈질기게 지속되고
있다(Caudill, 1973; De Vos, 1988; Traphagan, 2004). 어떤 젊은이는 어
른에 대해서 애매한 태도를 가지기도 하겠지만, 문화적 전통은 계속
해서 그들이 어른을 대하는 태도에 영향을 끼치고 있음을 본 조사의
결과는 시사하고 있다. 전통적 가치는 비록 그 표현이 수정되고는 있
지만, 가족체계와 사회구조 속 깊이 뿌리를 내리고 있다고 본다. 이
가치가 변하고 있지만 그 변하는 속도가 느리다는 사실은 현대일본
이 적어도 고령자에 대한 태도와 행동에서는 서양나라들과 다르게
남아 있을 것임을 사사하는 것이다.
　De Vos(1988)가 제시했듯이 일본사회는 기본적으로 이중적 이미지
(Dual Image)를 가진다고 보는 것이 타당하다. 즉, 한편으로는 서양형
의 도시화 및 산업화 된 모습을 갖추고 다른 한편으로는 동양형의 사
회관계의 공동체적 체계를 갖춘 것이다. 그는 이어 일본은 특수하게

도 지난 100년 동안 커다란 사회적 변화와 문화적 지속의 두 가지를 함께 이루고 있다고 했다. 본 연구에서 발견한 일본 젊은이들의 어른 존경을 표현하는 방법도 '지속과 수정'의 이중적 이미지를 반영하는 것이라고 볼 수 있다.

본 탐색적 연구는 경험적 조사를 통해서 일본의 젊은 성인들이 어른을 존경하는 다양한 방식들을 계량적인 방법으로 가려내었다. 아마도 지금까지 일본인의 어른존경에 대한 이러한 체계적인 조사는 일본의 하기와라 교수가 말했듯이 본 조사가 처음인 것으로 본다(Sung & Hagiwara, 2010).

그런데 본 연구의 결과를 적용하는 데 있어 몇 가지 조사방법상의 제한점을 고려해야 하겠다. 첫째, 도쿄 수도지역에서 600여 명 정도의 비교적 작은 표본을 사용했다는 것은 거대한 인구와 수다한 지리적 지역들로 이루어진 그리고 다양한 인구학적 및 사회경제적 변화가 있는 일본을 연구하는 데 제한점이 된다고 본다. 본 연구는 젊은 성인의 일부인 대학생들을 대상으로 하였다. 조사대상자들은 대학별로 무작위로 선발은 했지만, 의도적으로 선정한 대학들에서 수학하는 젊은 성인들이다. 장래연구는 학교에 다니지 않고 다양한 지역들에 산재하는 대상자들을 포함한 표본을 사용하기를 바란다. 한편 어른과 조사대상자의 개인적 특성에 따라 어른존경방식과 존경정도가 어떻게 다른가, 그리고 부모와 자녀가 소유하는 자산, 사회적 지원망, 가족의 단합/융화 및 쌍방이 행하는 예의범절 등에 따라 어떻게 다른가 탐색해 볼 필요가 있다. 뿐만 아니라 비교문화적 고찰도 아울러 행할 필요가 있다. 즉, 어떤 존경방법이 문화적으로 공통성이 있고 어떤 것이 일본인에게만 있는 일본문화 특유의 방법인기를 탐색하는 것이다.

設 問 紙

調査に協力してくださる皆様へ

今日の変化期において、若い人々が高齢者とどのように関わっているのかを調査しています。

以下の質問にお答えいただくため、数分のお時間をいただけないでしょうか。そして、

お名前を書かないようお願いします。

ご協力に感謝いたします。

研究者より

● あなたについてお伺いします。

性別：　☑男性　　□女性

年齢：　＿＿23＿＿歳

結婚：　☑未婚　　□既婚

教育：　☑大学生　　□大学院生　　□その他

両親またはそのほかの年長の方と同居していますか？　　□はい　　☑いいえ

家族の住まい：　☑都市部　　□郊外

● これからお聞きする質問について、<u>該当する項目1つ</u>にしるしをつけてください。

質問1　あなたの興味関心、考え事に対して、高齢者が与えてくれる助言、提言に満足していますか？

　　　　☑　全く満足していない

　　　　□　満足していない

　　　　□　まあまあ満足している

　　　　□　どちらかというと満足している

　　　　□　とても満足している

質問2　高齢者から受けている物的恩恵に満足していますか？

　　　　☑　全く満足していない

　　　　□　満足していない

　　　　□　まあまあ満足している

　　　　□　どちらかというと満足している

　　　　□　とても満足している

質問3　高齢者が自立生活を送れなくなったとき、どれくらいまで若い人が世話をするべきだと思いますが？

　　　　□　ほとんどしなくてもいい

　　　　□　少しはする

　　　　□　いくらかはする

　　　　□　かなりする

　　　　☑　全面的にする

質問 4　　次に示すそれぞれの身振りや振る舞いについて、あなたが高齢者と対話するとき
に、どれくらいの頻度であなたの行動としてあらわしているか教えてください。

1＝まったくない
2＝あまりない
3＝どちらでもない
4＝ある程度ある
5＝とてもある

	まったくない	あまりない	どちらでもない	ある程度ある	とてもある
・ 高齢者と一緒に時間を過ごすこと	1	(2)	3	4	5
・ 高齢者のために家事をすること	(1)	2	3	4	5
・ 高齢者に対して親切や思いやりをしめすこと	1	2	3	(4)	5
・ 高齢者を幸福で居心地のよい状態にしていること	1	(2)	3	4	5
・ 高齢者の命令に従うこと	1	2	3	(4)	5
・ 高齢者が言うことに耳を傾けること	1	2	3	(4)	5
・ 高齢者に話し掛けるときに礼儀正しい言葉を使うこと	1	2	3	4	(5)
・ 高齢者を敬称で呼ぶこと（〜様、〜博士、〜教授）	1	2	(3)	4	5
・ 高齢者に会ったときに会釈をすること	1	2	3	4	(5)
・ 高齢者に挨拶をすること	1	2	3	4	(5)
・ 高齢者に個人的な問題について相談すること	(1)	2	3	4	5
・ 高齢者に助言を求めること	(1)	2	3	4	5
・ 高齢者に対して礼儀正しくすること	1	2	3	4	(5)
・ 高齢者に会うときにきちんとした服を着ること	1	2	(3)	4	5
・ 高齢者を第一に気遣うこと	1	2	3	(4)	5
・ 通路などで高齢者を優先すること	1	2	3	(4)	5
・ 近所の高齢者のために気配りをすること	1	2	(3)	4	5
・ バスの中で高齢者が座れるように座席をゆずること	1	2	3	4	(5)
・ 高齢者の誕生日に訪問すること	(1)	2	3	4	5
・ 高齢者の誕生日に電話をかけること	(1)	2	3	4	5
・ 高齢者にものやお金を贈ること	(1)	2	3	4	5
・ 高齢者がもっとも望んでいることをかなえること	(1)	2	3	4	5
・ 高齢者に会議を取り仕切ってもらうこと	(1)	2	3	4	5
・ 高齢者に上座に座ってもらうこと	1	2	3	4	(5)
・ 高齢者が好きな食べ物や飲み物を提供すること	1	2	3	(4)	5
・ 高齢者の理想と生活様式に共感すること	1	(2)	3	4	5
・ 高齢者のプライバシーと個人の生活を尊重すること	1	(2)	3	4	5
・ 先祖の墓をお参りすること	1	2	3	4	(5)
・ 先祖の命日を追悼すること	1	2	3	4	(5)

設問 5　次に示すそれぞれの身振りや振る舞いについて、人々が高齢者と対話するときに、どれくらい重要であると考えているか、あなたの意見を教えてください。

1＝まったく重要ではない
2＝あまり重要ではない
3＝どちらでもない
4＝ある程度重要である
5＝とても重要である

	まったく重要ではない	あまり重要ではない	どちらでもない	ある程度重要である	とても重要である
・ 高齢者と一緒に時間を過ごすこと	1	2	3	④	5
・ 高齢者のために家事をすること	1	2	3	④	5
・ 高齢者に対して親切や思いやりをしめすこと	1	2	3	4	⑤
・ 高齢者を幸福で居心地のよい状態にしていること	1	2	3	4	⑤
・ 高齢者の命令に従うこと	1	2	③	4	5
・ 高齢者が言うことに耳を傾けること	1	2	3	④	5
・ 高齢者に話し掛けるときに礼儀正しい言葉を使うこと	1	2	③	4	5
・ 高齢者を敬称で呼ぶこと（〜様、〜博士、〜教授）	1	2	③	4	5
・ 高齢者に会ったときに会釈をすること	1	2	3	④	5
・ 高齢者に挨拶をすること	1	2	3	④	5
・ 高齢者に個人的な問題について相談すること	1	2	3	④	5
・ 高齢者に助言を求めること	1	2	3	④	5
・ 高齢者に対して礼儀正しくすること	1	2	③	4	5
・ 高齢者に会うときにきちんとした服を着ること	1	②	3	4	5
・ 高齢者を第一に気遣うこと	1	2	3	④	5
・ 通路などで高齢者を優先すること	1	2	3	④	5
・ 近所の高齢者のために気配りをすること	1	2	3	4	⑤
・ バスの中で高齢者が座れるように座席をゆずること	1	2	3	4	⑤
・ 高齢者の誕生日に訪問すること	1	②	3	4	5
・ 高齢者の誕生日に電話をかけること	1	②	3	4	5
・ 高齢者にものやお金を贈ること	1	②	3	4	5
・ 高齢者がもっとも望んでいることをかなえること	1	②	3	4	5
・ 高齢者に会議を取り仕切ってもらうこと	①	2	3	4	5
・ 高齢者に上座に座ってもらうこと	1	2	③	4	5
・ 高齢者が好きな食べ物や飲み物を提供すること	1	2	③	4	5
・ 高齢者の理想と生活様式に共感すること	1	②	3	4	5
・ 高齢者のプライバシーと個人の生活を尊重すること	1	②	3	4	5
・ 先祖の墓をお参りすること	1	2	③	4	5
・ 先祖の命日を追悼すること	1	2	③	4	5

以上です。ありがとうございました。

제7장

한국인의
어른존경

한국도 중국과 일본 같이 동아시아문화권에 속하며 유교의 효 사상으로부터 오랜 세월 동안 커다란 영향을 받아 온 나라이다.

한국에서 행한 조사는 중국과 일본을 조사하기 전에 실행하였다.

한국에서 사용한 조사방법은 중국과 일본에서 적용한 조사방법과 대동소이하다. 따라서 조사방법에 대해서는 간략히 진술하고자 한다. 또한 존경에 대한 논의도 이미 누차 논술하였기 때문에 가능한 한 약술하고자 한다.

한국인도 어른을 존경하는 뛰어난 전통을 간직하고 있다. 한국인은 효의 가치로부터 오랜 세월 동안 영향을 받아 왔다. 효는 기본적으로 젊은 사람들로 하여금 부모가 그들의 몸과 생명을 낳아 주고 그들에게 보살핌과 지원을 제공해 준 데 대해 감사하고 그 은혜에 보답하기 위해서 부모를 존경하고 이분들이 연로해지면 부양하도록 가르치는 가치이자 도덕적 원칙이다.

근년에 와서 한국은 급속한 산업화 및 도시화에 연달아 사회적 변동이 일어나자 이 관습과 규범이 흔들리는 증조가 보이기 시작하여 노년학자들과 정책수립자들은 젊은 세대의 노인에 대한 태도에 많은 관심을 기울이게 되었다.

가족이 작아져 노인을 부양할 사람이 감소하고, 부모와 떨어져 사는 자녀가 늘어나 부모부양이 어려워지고, 젊은 사람들 사이에 개인 중심적인 생활태도가 늘어남에 따라 가족주의적 성향이 줄어드는 등 우리 주변에서 일어나는 여러 가지 변화는 노인을 존경하고 보살피는 전통적 가치를 약화하는 추세를 보이고 있다.

고령자를 푸대접하는 사례들이 늘고 있다. 이런 일은 서양사회에서만 있는 일로 생각했는데 우리 눈앞에서 이런 불행한 일들이 발생하고 있다. 앞 장에서 소개한 바와 같이 최근에 나온 연구보고에 의하면 일부 성인들 사이에 어른에게 불경스러운 행위를 하는 사건이 늘어나고 있다. 즉, 고통과 어려움을 겪고 있는 고령자를 무시하고, 어른을 학대, 남용하고, 어른들에 대해 차별적인 태도를 가지는 사실이 늘어나고 있다. 그런데 젊은 사람들 특히 대학생들이 노인들에 대해 갖는 부정적인 태도에 대해서 외국에서는 이미 오래전부터 보고되어 왔고 한국에서도 보고되기 시작했다(권중돈, 2010; 김미해 & 권금주, 2008; 보건복지부, 2007; 한동희, 2002; 이인수 & 이용함, 2000; Pillemer & Finkelhor, 1988; Tomita, 1994; Kwan, 1995; Levy, 1999).

그러나 한편 한국에는 전통적 가족제도가 현대에도 큰 차이가 없이 그대로 전해지고 있어 이 제도의 전통적인 점이 많이 남아 있다(최재석, 2009: 218). 그러나 기왕의 권위, 복종을 근간으로 하던 전통적 가족제도는 약화되고 민주적이고 합리적인 인간관계가 모색되고 있다(최재석, 2009: 216).

이런 시대적 배경을 가지고 한국인은 변화에 적응하면서 가족기능을 보완하거나 부분적으로 대처해가면서 대안을 찾아 가고 있다(한국가족문화원, 2005).

한국의 고령자와 관련된 문제도 이러한 전통의 지속과 변화에 대한 적응과 대안을 머리에 두고 연구, 논의해 나가야 할 것으로 본다.

본 연구의 주제인 어른존경반식도 이러한 시각에서 전통적 이념을 반영하면서 변화에 따라 수정해 나가는 통합적인 접근을 선택할 필요가 있다고 생각한다.

우리나라에서도 어른존경에 대한 체계적이고 경험적인 연구가 희소하다. 우리가 알고 있어야 할 문화적 가치로서의 어른존경, 그리고 이 가치를 새 시대의 실생활에서 표현하는 구체적 방식을 설명하는 자료를 구득하기가 매우 어렵다.

어른을 존경하지 않고서는 이분들에 대해 긍정적인 태도를 가질 수 없을 뿐만 아니라 이분들을 인간적으로 예의 바르게 대할 수도 없는 것이다.

많은 고령자들은 물질적인 도움에 앞서 먼저 존경을 해 달라는 호소를 하고 있다. 연구보고에 의하면 노인들의 생에 대한 만족을 결정하는 주요인들 가운데 하나가 존경을 받는 것이다(Ghusn, Hyde, Stevens & Teasdale, 1996; Sung, 2008). 고령자가 존경을 받으면 이분들의 자기존중도가 높아지고 이들이 부양자 또는 치료자와 협조적인 관계를 가지게 되며 치료와 서비스가 더 효과적으로 전달되어 이들이 혜택을 많이 받는 바람직한 결과를 가져온다(Sung & Dunkle, 2010). 따라서 젊은 사람들이나 부양자들이 노인을 대하는 태도는 노인들의 안녕에 커다란 영향을 줄 수 있다.

우리나라에서도 어른존경 문제가 날이 갈수록 중요성이 더해짐으로 본 연구는 한국의 젊은 세대가 어른을 존경하는 실정을 조사해 보았다. 사실 어른을 존경하는 문제는 몇 년 전만 해도 우리 사회에서는 문제가 되지 않았었다. 어른을 존중한다는 것을 당연시하고 있었던 것이다. 즉, 어른존경 문제는 시대의 변천에 따라 새로이 등장한 과제이다.

한국에서도 중국과 일본의 경우와 같이 어른존경에 대한 연구자료가 매우 희소하다. 이 주제를 다룬 소수의 자료도 존경의 이념적 및 실천적인 면에 대해 추상적으로만 다루었다. 그래서 어른존경은 매우 막연하고 추상적인 방식으로 언급되어 왔다.

한국인의 전통적 가치인 어른존경을 현대 사회에서 어떠한 방식으로 실천하고 있는가에 대해 지금까지 경험적인 분석이 이루어지지 못하고 있는 실정이다.

오늘날 한국인은 과연 어른을 존중하고 있는가? 존경을 한다면 어떠한 방식으로 하고 있는가? 구체적으로 어떠한 행위 또는 행동으로 어른을 존경하는가? 젊은 세대가 어른을 존경하는 방식의 유형을 가려 낼 수가 있는가?

이러한 질문들에 대한 답을 얻기 위해 본 연구는 우리나라의 젊은 성인들－대학생들－이 어른을 존경하는 행동을 탐색하였다.

본 연구에서는 한국의 젊은 성인들 사이에 가장 일반적으로 널리 실천되고 있는 어른존경의 방식을 식별하는 데 초점을 두었다. 설문 조사로부터 얻은 자료를 바탕으로 가장 널리 사용되는 어른존경방식을 식별하였고 각각의 방식이 뜻하는 바와 어른존경이 시대의 변화와 더불어 어떻게 달라지고 있는가를 고찰하였다. 본 조사는 시기적으로 중국과 일본에서 행한 조사들보다 앞서 실행하였다.

:: 어른존경의 표현

존경은 다른 사람에게 이타적이고 호의적인 마음씨를 표현하는 방법이며, 감정이나 단순한 느낌의 차원을 넘어 실제적이고 실천적인 관심을 나타내고, 이 느낌을 행동으로 표현하여 전달한다. 따라서 이런 느낌과 관심은 타인을 존경하는 외향적인 태도 및 행동으로 표현되는 것이다. 즉, 눈으로 볼 수 있는 행동적 표현이 된다.

앞서 언급했지만 근년에 동아시아에서 어른존경에 대한 몇 가지 연구들이 행해졌다. Palmore와 Maeda(1985)는 일본인들이 노인을 존중하는 방식을 체계적인 분석이 없이 소개하였고, Mehta(1997)는 싱가포르 사람들이 어른존경을 하는 방식에 대해 질적 조사를 했으며, Ingersoll-Dayton과 Sangtienchai(1999)는 싱가포르, 대만, 필리핀 및 태국에서 어른존경의 표현방식에 대해 역시 질적 조사를 하였다. 그리고 Sung과 Kim(2003)은 한국에서 처음으로 어른존경에 대한 계량적인 조사를 했다.이어 Sung(성규탁)과 Yan(안광래)(2007)은 중국에서 어른존경 실태를 조사하였다.

위의 연구들은 아시아 사람들이 어른을 존경하는 여러 가지 표현들을 소개하였다. Sung과 Kim을 그리고 Sung과 Yan을 제외한 모두가 질적 연구방법으로 젊은 세대와 노인 세대 간에 진행되는 정서적 교환관계와 연계하여 조사하였다. 이들이 소개한 존경방식을 간추려 보면 다음과 같다. ① 보살피고 봉사하는 것, ② 순종하는 것, ③ 의논하는 것, ④ 인사하는 것, ⑤ 경어를 사용하는 것, ⑥ 예의 있는 태도를 갖는 것, ⑦ 생일을 축하하는 것, ⑧ 윗자리를 제공하는 것, ⑨ 우선적으로 대접하는 것, ⑩ 좋아하는 음식을 대접하는 것, ⑪ 선물을 하는 것, ⑫ 일반 노인을 존경하는 것, ⑬ 조상을 숭배하는 것이다.

선행연구들은 중요한 기여를 하였으나 존경방식들이 어느 정도로 실천이 되고 있는가, 그리고 어느 정도로 중요시되고 있는가에 대한 계량적인 자료를 제공하지 못했다. 그리고 이 연구들에서는 한국인이 조사대상으로 포함되지 않았다.

Sung과 Kim의 연구에서만 한국인의 어른존경에 대한 계량적인 자료가 나왔다. 이 장에서는 이들의 한국인에 대한 조사결과를 소개하고자 한다.

:: 조사 방법

본 연구를 위한 자료는 한국의 두 대학교에 재학 중인 401명의 대학생들과 대학원생들로부터 수집하였다. 이들은 각 대학에서 무작위로 추출된 사회과학계 학과들의 12개 반들(12~58명 크기)에서 공부하는 학부 및 대학원의 학생들이다. 의도적으로 선출된 두 대학은 사회적,경제적 및 종교적으로 다양한 학생들이 다니는 공인된 사립교육기관이다. 조사대상 학생들의 55%는 남성이고 여성이 45%이다. 44%는 4학년생이며 56%는 대학원생이다. 평균 연령은 23.5세이고 대다수는 부모와 동거하고 있었다.

다음과 같은 설문을 학생들에게 나누어주고 응답을 구했다.

① 학생이 평소에 어른을 존경하기 위해 가장 자주하는 행위 또는 몸짓을 두 가지 이상 적어 주시오.

② 학생이 위에 적은 행위 또는 몸짓이 어느 정도로 중요하다고 보는지 그 중요성의 정도를 지적해주시오(4단위 측도를 적용했음: 1=매우 중요함, 2=그대로 중요한 편임, 3=별로 중요치 않음, 4=전혀 중요치 않음).

앞에서 첫 번째 질문은 응답자가 가장 자주 행하는 어른존경방식을 알아내기 위한 것이고 두 번째 질문은 각각의 어른존경방식을 중요시하는 정도를 파악하기 위한 것이다. 중요성의 정도는 위와 같이 4단위 척도에 기초한 것으로 "4=매우 중요함, 3=그대로 중요함, 2=별로 중요치 않음, 1=전혀 중요치 않음"으로 나누어진다. 이외에 인구학적 항목들이 부가되었다. 이와 같이 비교적 단순한 설문을 작성하여 학생들이 교실에서 쉽게 응답할 수 있게 하였다. 각 반의 강사는 설문에 응답하는 것은 각 학생의 자유이고 응답할 의사가 있는 사람은 무기명으로 응답하도록 지시했다. 각 반에서 평균 90~95%의 학생들이 응답하였다.

:: 분석과 결과

응답자들은 다양한 어른존경방식들을 설문지에 기입하였다. 기입된 방식들의 뜻과 표현을 감안하면서 조심스럽게 분류하였다. 분류를 하는데 Silverman과 Maxwell(1978)이 사용한 7가지 어른존경방식들을 참고하였다. 즉, ① 서비스를 제공해서 하는 존경, ② 선물을 제공해서 하는 존경, ③ 존대 말을 사용해서 하는 존경, ④ 윗자리를 제공해서 하는 존경, ⑤ 음식을 대접해서 하는 존경, ⑥ 공손한 태도를 취해서 하는 존경, 그리고 ⑦ 생일을 축하해서 하는 존경이다. 이들 방식을 기본으로 응답자들이 제시한 존경방식들을 분류하기 시작하였다.

분류과정에서 위의 7가지 외에 방식들이 나타났다. 무작위로 선출된 5명의 응답자들로부터 응답의 해석과 후속 분류작업을 하는 데 지원을 받았다. 이들은 분명하지 않은 응답과 애매한 언어적 표현을 해석하도록 도와주었다. 각각의 존경방식을 상호 배타적인 항목으로 성립시키기 위해 노력하였다.

다음에 한국응답자들의 대답과 이를 기초로 분류한 존경방식들을 소개하고자 한다(분석에 관한 자세한 사항에 관해서는 다음 글을 참고하기 바란다. Kyu-taik Sung & Han Sung Kim, *Advancing Social Wlefare of Korea: Challenges and Approaches*, Seoul: Jipmoondang, 2011, 227-245).

먼저 각각의 존경방식을 지적한 빈도에 기초해서 백분율을 산출했다. 이 백분율에 따라 존경방식들의 등위를 산정하였다. 다음에는 4단위 척도에 따라 각각의 방식의 중요성의 정도를 산정하고 그 정도에 따라 각 방식의 등위를 정했다.

빈도에 대한 자료분석 결과를 보면 '보살핌으로 하는 존경'(보살핌과 서비스를 제공하는 것)이 가장 빈번히 지적되었다(전 응답자들의 62%가 지적함). 두 번째로 자주 지적된 방식은 순종으로 하는 존경(지시나 명령에 복종하는 것, 51%)이다. 세 번째는 의논을 해서 하는 존경(의논을 청하거나 충고를 받는 것, 41%), 네 번째는 우선적으로 대접해서 하는 존경(시비스나 대접을 먼저 제공하는 것, 36%), 다섯 번째, 인사를 해서 하는 존경(인사와 절을 하는 것, 33%), 여섯 번째, 경어로 하는 존경(존경하는 말이나 문장을 사용하는 것, 31%), 일곱 번째, 음식을 대접해서 하는 존경(어른에게 음식을 대접하는 것, 23%), 여덟 번째, 선물로 하는 존경(선물을 드리는 것, 21%), 아홉 번째, 용모를 단정히 해서 하는 존경(예의 있는 자세를 갖추는 것, 20%), 열 번째, 일반 어른에 대한 존경(이웃과 사회의 노인을 지원하는 것, 18%), 열한 번째, 축하를 해서 하는 존경(어른의 생일을 축하하는 것, 15%), 열두 번째, 윗자리를 제공해서 하는 존경(명예스러운 자리나 역할을 제공해서 하는 존경, 13%), 열세 번째, 조상에 대한 존경(조상을 숭배하는 것, 9%), 끝으로 장례를 통해하는 존경(돌아간 부모나 어른을 위해 경건히 장례를 올리는 것, 7%)이다.

이들 14개 존경방식들은 앞장에서 논술한 방식들과 거의 같은 것들이다.

중요성에 관한 자료를 분석한 결과, 보살핌으로 하는 존경이 역시 가장 높은 등위를 차지했다(4단위 측도를 기초로 한 중요성 평점의 평균: 3.60, 거의 '매우 중요함'으로 표현됨). 다음으로 의논을 해서 하는 존경(3.10), 순종을 해서 하는 존경(3.32), 경어를 사용해서 하는 존경(3.23), 인사를 해서 하는 존경(3.15), 우선적으로 대접을 해서 하는 존경(3.10), 음식을 대접해서 하는 존경(3.02), 선물을 드려서 하는 존경(2.92), 용모를 단정히 해서 하는 존경(2.82), 일반 노인에 대한 존경(2.72), 축하를 해서 하는 존경(2.63), 윗자리를 드려서 하는 존경(2.63), 조상에 대한 존경(2.53), 끝으로 장례를 치러서 하는 존경(2.50)의 순서로 나타났는데 이들 존경방식 모두가 '그대로 존경' 내지 '대체로 존경함' 정도로 중요성이 평가되었다.

위와 같이 빈도와 중요성에 대한 분석에서 보살핌으로 하는 존경이 가장 높은 등위로 나타났고, 이다음으로 5가지 방식들, 즉 의논하는 것, 순종을 하는 것, 경어를 사용하는 것, 인사를 하는 것, 우선적으로 대접하는 것이 뒤따랐다. 이들 방식들은 모두가 다른 존경방식들보다도 더 자주 실천되었고 더 중요한 것으로 지적되었다.

두 대학들에서 얻은 자료의 분석결과를 대조해 보기 위해 조사대상자들을 두 집단으로 나누었다. 통계분석 결과에 의하면 존경방식들의 지적 빈도에서는 두 집단들 사이에 차이가 없는 것으로 시사되었다. 중요성의 정도를 보면 두 집단 사이에 역시 차이가 없음이 시사되었다. 이 자료는 대체로 두 개 대학에서 조사된 학생들이 존경방식을 평하는 데서나 중요성의 정도를 평하는 데 있어 그 정도가 비슷하다는 점을 시사하고 있다.

인구학적 항목들과 대조해 중요성 평점의 변화를 조사해 보기 위해 일방적 변량분석을 했다. 성별로는 존경방식들의 중요성 정도의 차이가 없음이 시사되었다. 그러나 연령별로는 순종해서 하는 존경의 중요성에 변화가 있었다. 의논을 해서 하는 존경도 결혼상태에 따라 달랐다. 이러한 결과는 연령이 많은 응답자들이 순종해서 하는 존경과 결혼을 한 응답자들이 의논을 해서 하는 존경에 중요성을 두고 있음을 시사하고 있다. 이어 응답자들의 거주 지역(농촌 또는 도시)과 거주형태(부모와 동거 또는 별거)의 두 가지 변수들이 서로 보살핌으로 하는 존경과 순종을 하는 존경과 상충 작용을 하고 있음이 다른 변량분석 결과에서 시사되었다. 이러한 분석결과는 시골에 거주하며 부모와 함께 사는 응답자들이 두 가지 존경방식을 더 중요시한다는 점을 알려주고 있다. 연령과 성별도 역시 의논을 해서 하는 존경과 서로 상충작용을 하고 있음이 시사되었다. 이는 나이가 많고 여성인 응답자들이 어른과 의논하는 데 더 무게를 둠을 시사하는 것이다.

14개 방식들 저변(底邊)에 잠겨 있는 차원들을 식별하기 위해 요인 분석을 하였다. 즉, 14개 항목들을 줄여서 몇 개의 주요 변수들로 요약해 보려는 것이다. 분석한 결과 세 가지 차원들 또는 요인들이 발견되었다. 첫 번째 요인은 4개의 적재치를 가진 것으로 '상징적 어른 존경'이라고 불렀다. 두 번째 차원은 3개의 적재치를 가진 '작업적 존경'이라 했다. 세 번째 차원은 두 개의 적재치를 가진 '문화적 바탕의 존경'이다. 이들 세 요인들은 종합해서 37.2%의 변량을 설명한다. 분석 결과는 다양한 존경방식들을 이들 세 차원으로 줄일 수 있음을 시사하고 있다.

〈표 13〉 어른존경방식과 지적 빈도 및 중요성 평점-한국응답자*

존경 방식	지적 빈도[1]		중요성[2]	
	등위	%	등위	평점
보살핌	1	62	1	3.60
순종	2	51	3	3.55
의논	3	41	2	3.51
먼저대접	4	36	6	3.12
인사	5	33	5	3.15
존댓말	6	31	4	3.23
음식대접	7	23	7	3.02
선물	8	21	8	2.92
외모	9	20	9	2.82
조상	10	19	9	2.82
이웃	11	18	11	2.77
축하	11	18	12	2.63

윗자리	13	16	13	2.50
장례	14	9	13	2.50

* N = 401
[1] 응답자들이 지적한 빈도: 응답자 총수의 5% 이상이 지적한 항목만 포함
[2] 중요성의 정도: 4단위 측도에 기초함(4=극히 중요함 ~ 1=약간만 중요함)

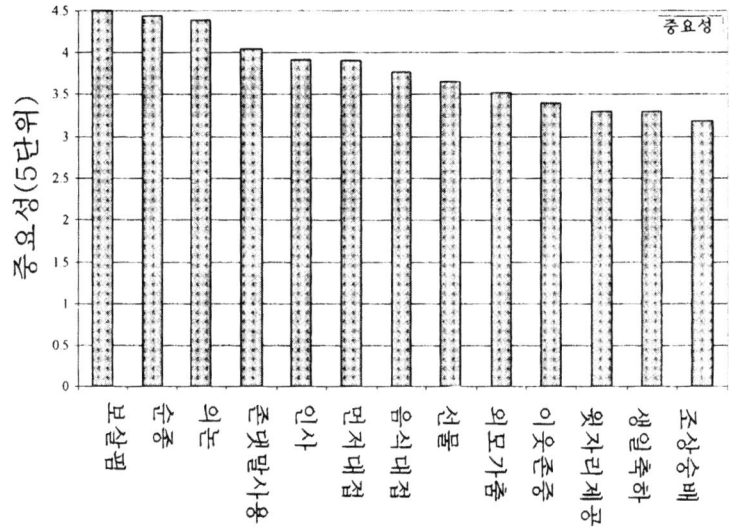

〈그림 3〉 존경방식의 지적 빈도와 중요성-한국응답자

:: 어른존경의 방식과 표현

　다음에 14개 존경방식들이 한국의 문화적 맥락에서 의미하는 바와
실천되는 방법을 좀 더 자세히 기술해 보고자 한다. 이들 존경방식은
앞장에서 논한 방식들과 대체로 비슷하나 한국인에 대한 조사에서
얻은 자료이기 때문에 요즘 우리사회에서 볼 수 있는 존경의 표현의

예를 들면서 논의해 보고자 한다.

1. 보살핌으로 하는 존경

이 존경방식은 어른에 대해 마음속에서 우러나는 정성으로 보살피고, 염려해 드리고, 기쁘고 안락하게 해 드리고, 불안감을 해소해 드리고, 마음에 상처를 주는 일을 하지 않고, 자주 만나 드리고, 시간을 함께하고, 개인적인 케어를 해 드리고, 음식을 장만해 드리고, 집안일을 돌봐 드리고, 보건의료 서비스를 해 드림으로써 표현하는 존경이다. 따라서 이 방식은 정서적인 보살핌은 물론 수단적인 서비스도 함께 해 드리는 것이다. 한국의 응답자들도 보살핌으로 하는 존경을 중요시했다. 부모를 보살피고 존경하는 것은 가장 으뜸가는 인(仁, 사랑, 인간애)의 표현이다. 그러나 오늘날 다수의 부모와 자녀가 따로 살고 있어 이러한 표현을 하기가 전보다는 쉽지 않다. 물론 떨어져 살면서도 노력을 하면 노부모를 케어할 수 있다. 정서적 보살핌은 전화나 e-mail 같은 통신방법으로 상당 정도로 해 드릴 수 있다. 그러나 수단적인 보살핌(손과 몸으로 직접 제공하는 보살핌과 서비스)은 방문을 해서 하거나 다른 사람에게 부탁해서 해야 한다. 그래서 이웃과 지역사회 그리고 공공단체와 정부가 제공하는 각종 서비스를 활용하게 된다. 한국의 많은 가족들이 고령의 부모와 떨어져 살면서 이와 같이 공공서비스제공자들, 즉, '제3자' 서비스제공자(사회봉사기관, 요양원, 탁로소, 노인복지관, 자원봉사집단 등)에게 노부모를 보살피고 뒷바라지하는 일을 위탁하고 있다. 이 방법은 새 시대에 채택되고 있는 보살핌으로 하는 존경방법의 하나이다.

2. 순종으로 하는 존경

한국의 젊은 사람들은 대개 그들의 부모나 어른인 친척들의 말을 들으며 따른다. 직장에서는 흔히 상사의 비공식적 충고나 지시를 따른다. 학교에서는 학생들이 군소리 없이 선생들의 지시를 따른다. 가족중심적이고 집단중심적인 한국 문화에서는 순종해서 하는 존경은 하나의 사회적 규범으로 되어 왔다. 그러나 한국에서도 일본의 경우와 같이 연장자와 연소자의 사회관계가 비권위주의적이고, 상호 존중하는 방향으로 옮기어 감에 따라 연장자에게 무조건 복종하기보다는 이들의 이야기를 들어주는 식으로 경의를 표하는 젊은이가 많아졌다. 이와 함께 자기를 많이 낮추어 복종하는 관습이 서서히 줄어들고 적게 낮추면서도 경의를 표하는 방식을 택하고 있다.

3. 의논을 해서하는 존경

젊은 사람들은 어른으로부터 개인적인 문제나 가족 문제에 대한 의견을 청해서 듣는다. 어른에게 의논을 요청함으로써 그분에게 경의를 표할 수 있는 것이다. 이 방식을 통해서 어른과 젊은 사람이 다 같이 혜택을 받을 수 있다. 젊은이는 필요한 정보와 도움을 어른으로부터 받을 수 있고 어른은 자기의 경험과 지혜를 자녀와 젊은이에게 제공하게 되어 보람을 느끼고 만족하게 된다. 그리고 이 방식은 부모－자녀 또는 연장자－연소자가 다 같이 호혜적으로 상담과 의견을 주고받는 관계를 이루기 때문에 앞으로 한국의 젊은이들이 많이 선호하는 방식이 될 것으로 본다.

4. 우선적으로 대접해서 하는 존경

어른에게 음식, 도움, 편이, 서비스 등을 먼저 또는 우선적으로 제공해서 존경을 표현하는 방식이다. 그리고 어른이 좋아하는 음식을 우선적으로 대접하고 방이나 승강기에 먼저 타도록 하고 목욕이나 샤워를 먼저 하도록 해 드리는 것이다. 한국의 연장자/어른은 과거에는 물론 요즘에도 우선적으로 대접받는 것을 매우 중요시한다. 이도 역시 문화적인 관습이라고 하겠다. 비교적 간단한 표현이면서도 매우 중요한 존경방식이다. 존경은 이타적인 행위이다. 즉, 다른 사람에게 보살핌과 편의를 제공하고 관심을 갖는 것이다. 우선적 대접은 존경하는 분에게 이러한 것을 다른 사람보다 먼저 제공하는 것이다.

5. 인사를 해서 하는 존경

한국에서 매우 중요시하는 존경방법이다. 어른에게 적절한 몸짓을 해서 존경의 표시로서 인사를 한다. 어느 정도로 몸을 굽혀 절을 하는가에 따라 존경의 정도가 결정된다. 인사하는 몸짓을 계속해서 몇 번이고 되풀이함으로써 깊은 또는 고도의 경의를 표한다. 이 존경방식은 한국의 어린이들이 태어나 제일 먼저 배우는 사회적 행위이다. 인사는 존경방식 중에서 가장 자주 사용되며 가장 중요시되는 방식이다. 최근에는 이 방식이 수정되고 있다. 몸을 굽히는 정도가 낮아지고 고개도 그전보다 덜 굽힌다. 몸을 굽혀서 인사하는 대신 악수를 하는 경우가 많아졌다. 인사말도 복잡하지 않게 간단하고 짧게 그리고 쉬운 방식으로 변하는 경향이다.

6. 경어를 사용해서 하는 존경

한국인은 일본사람 및 중국사람과 함께 어른에게 경의를 표하기 위해 다양하고 세분된 존댓말을 사용한다. 젊은이는 어른에게 경의를 표하기 위해 경어(존경하는 말)를 대화에서나 편지를 쓰는 데 사용한다. 존경 정도에 따라 동사, 전치사, 단어, 구절, 심지어는 문장이 달라진다. 어른존경은 중국인과 일본인의 경우와 같이 한국인의 언어 속에 박혀 있다. 그러나 시대의 변천에 따라 경어의 표현도 조금씩 달라지고 있다. 좀 더 짧고 간단하며 단순하고 쉬운 표현으로 바뀌는 경향이다.

7. 음식을 대접해서 하는 존경

어른에게 음식을 제공하는 것은 오랫동안 전해 온 한국인의 전통적인 존경방식이다. 한국의 효행자에 관한 이야기들에는 노부모가 즐기는 음식을 대접해서 효도를 했다는 내용이 많이 들어 있다. 시대가 바뀌어도 이 방식은 달라지지 않고 있는 것이다. 음식대접은 고령자가 언제나 선호하는 존경방식인 것 같다. 아마도 음식은 고령자/어른을 포함한 모든 사람들에게 가장 필요한 것이기 때문일 것이다. 그러나 부모와 자녀가 따로 사는 경우가 많아서 직접 만나 식사를 대접하기가 어려워 부모에게 돈을 보내 드려 좋아하는 음식을 사서 들도록 한다든지 음식 선물 세트를 부모에게 우송하는 경우가 많아졌다.

8. 선물을 드려서 하는 존경

윗사람에게 선물하는 것은 한국을 포함하는 동아시아문화권에서 널리 행해지고 있는 존경방식이다. 선물에는 두 가지 방식이 있다. 첫째는 돈, 옷 및 상징적인 가치가 있는 물건이다. 두 번째 종류는 발언이나 사회 또는 기도를 할 기회를 부여하는 식으로 어른에게 특별한 역할이나 기회를 제공하는 것이다. 근년에는 여러 가지 편리한 물품들이 생산되고 사람들의 기호도 다양해서 이를 자유롭게 구득할 수 있도록 현금(돈)을 선물하는 경우가 많아졌다. 은퇴를 하면 사회적 활동이 줄어든다. 고령자에게 모임에서 발언을 하거나 사회를 하는 역할을 부여하는 것은 현금 못지않게 적절한 존경 방식이 될 수 있다.

9. 외모를 단정하게 해서 하는 존경

어른을 만날 때 옷을 단정하게 입고 머리를 다듬어 공손한 태도를 취함으로써 경의를 표하는 방식이다. 형식과 의식을 중요시해 온 한국문화에서는 이러한 외모로 하는 존경방식이 시대가 바뀌어도 여전히 널리 행해지고 있다.

10. 이웃어른에 대한 존경

이 방식은 한국의 정부와 민간단체들이 합동해서 권장, 실천하고 있다. 전국적으로 어른을 존경하는 날(경로일) 또는 주간(경로주간)을 설정하고, 어른의 복지를 보장하는 법을 제정하고, 부모부양의 책임을 법제화하고, 어른을 위해 지역사회가 각종 서비스를 제공하고, 어른존경을 권장하기 위한 사회운동을 전개하는 등의 일련의 사회적 노력이 진행되고 있다. 주로 정부의 지원으로 전국적으로 진행되는 노인일자리 마련, 자원봉사 지원 등 사업들도 이런 사회운동의 일부라고 본다. 그리고 특별한 효행을 한 자녀들에게 상을 주고, 어린이들이 어른을 존경하도록 사회화와 교육을 하고, 텔레비전을 통해 어른을 존경하는 내용의 드라마를 보여 주는 등의 활동은 곧 사회적으로 노인을 존경하려는 노력의 일환이다. 또한 버스에서 어른에게 자리를 양보하고, 길을 건너가는 어른을 도와주고, 어른이 가지고 가는 무거운 짐을 옮겨주고, 교통편을 제공하는 등의 행동도 모두가 일반노인을 존경하려는 행동이다. 가족중심적인 효가 이웃과 사회로 뻗어나가고 있는 것이다. 효의 원래 뜻(효에 관한 유교경전에 실려 있는 가르침)은 가족 내의 어른을 존경함으로써 이웃과 사회의 모든 어른들을 존경하는 것으로 되어 있다. 지금까지 자신의 혈육인 어른을 주로 받들고 보살펴 온 우리는 앞으로 이 방식을 더 발전적으로 확장해 나가야 할 것으로 본다. 사실 이웃공동체의 복리를 증진하는 것이 한국인이 역사적으로 해 온 관행이다. 이웃공동체가 복리를 누리면 그 속의 가족들과 개인들도 복리를 누리게 되는 것이다. 따라서 이웃어른존경은 새 시대의 효를 실천하기 위한 중요한 방식이라고 생각한다.

11. 축하를 해서 하는 존경

부모의 60회 생신(회갑)과 70회 생신(진갑)을 축하하는 것은 가족의 커다란 행사들 중의 하나이다. 부모의 생신은 부모일생의 중요한 전환점이 되므로 가족에게 특별한 의미를 갖는다. 자녀들은 일년 동안 몇 번이고 부모가 사는 본가를 방문하여 부모와 친척 어른의 생일을 축하하고 그 밖의 가족행사에 참여한다. 이러한 가족행사는 부모와 어른에 대한 경의를 가족 전체가 드러나게 표현하는 방식인 것이다. 시대가 바뀜에 따라 축하하는 방식도 점차 단순화되고 경제적으로 행하는 경우가 많아졌다. 서양에서도 생일축하는 중요시하지만 동아시아 사람들은 더 별나다. 지금부터 약 2500년 전에 지은 공자의 경전에도 부모의 생일(탄생일)을 축하해야 한다고 기록되어 있다.

12. 윗자리를 제공해서 하는 존경

어른에게 모임에서 윗자리(가운데 자리 또는 명예스러운 자리)를 권하고, 따뜻한 자리 또는 조용한 방을 제공하는 존경방식이다. 이러한 공간적 혜택을 드리는 것도 어른에 대한 경의를 표하는 방식이다. 이 방법 역시 한국문화에서는 어른존경의 매우 중요한 표시로서 오랜 세월 동안 실천되어 왔고 현재도 널리 사용되고 있다.

13. 장례를 통한 존경

부모가 사거한 후 장례를 치르는 일은 자녀의 일생에서 가장 감동적이고 엄숙한 행사의 하나이다. 자녀들은 사망한 부모에 대한 애도를 표시하기 위해 무한 애를 쓰며 정성을 다해 장례의식을 치른다. 자녀는 상복을 입고 통곡과 읊으로 슬픔을 나타낸다. 장의사, 관, 산소 및 비서도 사망한 부모에 대한 애정, 경의, 의무감 및 희생으로 선택한다. 장례가 끝난 뒤에도 어떤 가족은 오랫동안 애도를 한다. 한국인들은 부모의 장례를 위해 도에 넘치게 물질적 의례를 치르는 경향이 있었다. 그러나 사회변동에 따라 이 방법도 점차 수정되고 있다. 병원에서 사망하여 장례의식이 가정 바깥에서 이루어지고 매장방법도 간소화되어 가고 있다.

14. 조상에 대한 존경

시대가 달라져도 변하지 않는 한국인 특유의 가족중심적 존경 방법이다. 효의 대표적 표현이다. 제삿날과 경축일에 일정한 대를 앞서 세상을 떠난 조상의 사망일을 기념하기 위해 제사를 올린다. 제사는 후손이 조상의 은혜에 보답하기 위해서 하는 행사이다. 온 가족이 한 방이나 절간에 모여 조상의 위폐와 사진을 모시고 조심스럽게 장만한 음식을 차려 놓고 절을 한다. 이러한 예식이 끝나면 어른들은 자녀에게 조상에 대한 이야기를 들려준다. 그럼으로써 젊은 세대가 가족의 뿌리를 잊지 않고 조상으로부터 받은 혜택을 알도록 하려는 것이다. 사당을 꾸미고, 조상의 산소를 가꾸는 것도 역시 조상에 대한 경의를 표하는 방식이다. 이 방식도 수정되어 가고 있다. 제사의 횟수를 줄이고, 간편하게 경제적으로 의식을 진행하며 가족생활에 편리한 제사시간을 정하는 등 간소화되고 있다. 그러나 일본과 중국의 경우와 같이 조상숭배는 한국인의 생활정도가 높아지고 가족환경이 달라져도 변함없이 실천되어 가고 있다. 서양문화에서 보기 드문 동아시아의 특이한 문화적 현상이다.

∷ 새로운 경향

한국사회에서 가족 안팎의 변화가 지속되면서 어떤 존경방식들은 수정되어가고 있다. 예로 어른이 말을 할 때 이를 경청하는 것은 순종으로 하는 존경방식인데(어른이 말하는대로 언제나 행한다는 뜻은 아니지만) 이 방식이 젊은 사람들 사이에서 널리 통용되고 있다. 이는 전통적으로 어른에게 무조건 복종하는 방식이 수정된 것으로 볼 수 있다. 그러나 어른에 대한 순종은 여전히 널리 행해지고 있는 방식이다. 어른에게 의논을 하는 방식은 세대 사이의 대화와 상호이득이 되는 교환을 촉구한다. 젊은이들이 세대 사이의 호혜적인 교환에 관심을 가짐에 따라 이 방식은 앞으로 더 널리 사용될 것으로 본다. 또한 널리 통용되는 행동으로서 윗사람에게 절을 하는 대신 악수를 하는 것이다. 최근에는 민간단체와 공공단체들이 일반 노인의 복리를 위한 각종 사업을 개발하고 있다. 가족중심으로 어른을 존경하던 것이 이와 같이 이웃과 사회로 확장되어 실천되고 있다.

한국에서도 경제적 여유가 생겨 서양에서와 같이 각자의 자유와 사생활을 보장하기 위해 부모와 자녀가 따로 별거하는 관행이 늘고 있다. 사람들의 생명이 연장되어 60회 생신 축하도 요즘에는 흔히 70회에 가서 하는 식으로 연기하고 있다. 장례도 단순하게 치르고 제사도 의식을 간소화하고 횟수도 줄이고 있다.

젊은 사람들은 시간이 걸리고 복잡한 인사방식을 피하고 간단하고 짧은 표현방식을 택하고 있다. 부모와 떨어져 사는 자녀들은 부모와 친척 어른에 대한 경의를 전화와 e-mail 그리고 화상대화를 통해 전하고 있다. 떨어져 사는 자녀는 멀리 사는 부모가 필요로 하는 보살핌/돌봄, 의료 및 사회서비스를 대가를 지불하고 제3자(가족이 아닌 보살핌/돌봄, 서비스를 무료 또는 유료로 제공하는 개인/단체/기관/시설)가 제공토록 하고 있다. 요약하면, 이러한 수정은 과거보다 간략하게, 편리하게, 짧은 시간에, 횟수를 줄여서, 경제적으로, 간단히, 가족의 형편과 개인적인 사정에 따라 수정해 나가고 있다고 할 수 있다.

앞으로 이러한 수정된 존경방식들은 더 널리 우리 사회에서 통용될 것으로 본다.

새로운 생활환경과 산업화-도시화에 따른 사회변동에서 오는 가족과 사회의 구조적 변동으로 인하여 어른을 대접하는 방식-행동적 표현-이 이와 같이 바뀌어 가고 있다. 즉, 전통적 규범 이외의 요인들 때문에 이러한 변화가 일어나고 있는 것이다.

앞의 논의를 요약해서 다음과 같이 존경방식의 변화 방향을 제시할 수 있다.

① 복잡한 표현 → 간단한 표현
② 길게 하는 표현 → 짧게 하는 표현
③ 하기 어려운 표현 → 하기 쉬운 표현
④ 여러 번 하는 표현 → 한두 번에 하는 표현
⑤ 비용이 많이 드는 표현 → 비용이 적게 드는 표현
⑥ 자기를 많이 낮추는 표현 → 자기를 덜 낮추는 표현
⑦ 사회적 관행에 따른 표현 → 가족의 형편에 따른 표현

:: 논 의

　산업화와 도시화는 공공부문의 정치적 및 직업적 구조에 큰 영향을 미쳤으나 어른에 대한 존경과 같은 개인과 가족의 내면적 차원으로까지 그만 한 영향을 끼치지는 못한 것으로 보인다.

　효를 실천하는 중심인 가족을 보면 우리의 끈질긴 전통문화의 영향력을 알 수 있다. 가족이 서양의 가족과 같은 형태로 변한다고 하더라도 그것은 서구의 가족과 같지가 않을 것으로 본다. 그 이유는 동아시아의 가족은 시발점이 다르고 변하는 정도가 다르기 때문이다. 비슷한 전통적 이념의 바탕을 가진 중국, 일본, 한국의 가족체계는 원래부터 서구의 것과는 다르다. 그리고 오늘날의 한국의 핵가족은 친족과의 관계로부터 완전히 격리되어 있지 않다. 대다수 가족들은 친족 간의 관계를 유지하고 있고 그렇게 하려고 노력하고 있다. 대부분의 핵가족들은 상호의존적 친족체계로 이루어진 '상호부조망' 안에 들어 있다. 즉, 부모의 핵가족과 자녀들의 핵가족들로 이루어진 가족망 안에서 서로 보살피고 지원한다. 그리하여 비록 부모의 핵가족과 자녀의 핵가족 간의 관계가 거리 및 접촉의 시각에서 느슨하다고 보일지라도 상호 간의 지원관계는 대개의 경우 계속되고 있다. 이러한 관계는 어른을 존경하며 효를 실천하려는 가족원들의 노력 속에서 진행되고 있는 것이다.

　이와 같은 노력은 부모를 위한 보살핌과 지원, 다시 말해서 이 논문에서 정의한 어른에 대한 존경으로서 구현되고 있다.

　우리는 부모를 보살피고 지원하는 무거운 과제를 수행해 나가는 데 있어 어른을 가족과 사회에 통합하는 힘이 되는 어른존경의 이념과 관행을 유지해 가는 동시에 가족 내외의 변화에 적응하는 양면적인 접근을 취할 필요가 있다.

사회적 변화에 적응하면서 어른존경을 실천해 나아가기 위해서는 호혜적인 부모자녀 관계, 가족을 위한 사회적 지원의 필요 등의 과제를 발전적으로 다루어 나아가야 한다고 본다.

어른존경의 개념은 복합적이어서 다양한 항목들로 설명될 수 있음이 나타났다. 보살핌과 서비스를 비롯해서 조상에 대한 존경에 이르는 여러 가지 방식들로 어른존경이 표현되었다.

보살피는 존경이 어른존경의 으뜸가는 표현으로 드러났다. 이외에 어른에게 순종해서 하는 존경, 어른과 의논해서 하는 존경, 어른을 먼저 대접해서 하는 존경, 인사를 해서 하는 존경, 경어를 사용해서 하는 존경, 음식을 대접해서 하는 존경 등 종합 14가지의 방식들이 식별되었다.

이 장의 목적은 우리 사회에서 실천되고 있는 어른존경의 실태를 파악하고, 어른존경을 중심으로 한 효의 관행을 이해하고, 어른존경을 하는 데 영향을 끼치는 가족 안팎의 상황적 요인을 알아보고, 한국인 특유의 어른존경방식을 가려내고, 노인을 보살피는 가족을 위한 사회적 지원의 필요성을 조사한 연구 결과들을 소개하는 데 있다.

다음에 위와 같은 목적과 관련하여 특히 재음미해야 할 사항들에 대해서 논의하고자 한다.

한국 젊은이들의 어른존경에 대한 연구에서 14가지의 존경방식들을 가려냈다. 따라서 한국의 젊은 사람들의 어른존경을 종합적으로 설명하기 위해서는 이들 방식 모두 결합해서 제시해야 하겠다. 이 방식들은 서로 연관성을 가진다고 볼 수 있다. 그러나 각각의 방식은 어른존경을 나타내는 특이한 행위이다.

한국응답자들의 경우, 이 방식들 가운데 다음의 여섯 가지가 지적 빈도와 중요성 정도에서 뛰어나 보인다.

> 보살핌으로 하는 존경
> 의논으로 하는 존경
> 경어로 하는 존경
> 인사로 하는 존경
> 순종을 해서 하는 존경
> 먼저 대접해서 하는 존경

이런 존경방식들이 식별됨으로써 한국의 젊은이들이 어른을 어떠한 구체적 방식으로 존경하는가를 분명히 알 수 있게 되었다. 이들 눈으로 볼 수 있는 행동적인 존경방식들이 앞으로 어른부양의 질과 세대 간의 관계를 조사하는 데 도움이 될 수 있을 것으로 본다.

본 조사에서는 다른 연구들의 대다수가 포함하지 않았던 조상에 대한 존경과 장례를 통한 존경이 부가되었다. 그리고는 선행연구들이 제공하지 않았던 각각의 존경방식에 대한 비교적 세별된 실천방법과 이 방법들이 시대의 변화에 따라 수정되고 있는 실상을 기술하였다.

한국문화에서는 집안어른, 선생님 및 연고가 있는 어른을 만날 때 위와 같은 존경방식들을 시간적으로 알맞게 적절히 사용하지 않으면 예의에 어긋나는 것으로 되어 있다. 한국에서 행한 본 연구는 선행연구들이 아니한 존경에 대한 계량적 자료를 제공하였다. 이 계량적 자료에 기초하여 각각의 존경방식에 대해 응답자가 지적한 빈도와 중요성 정도를 구체적으로 제시하였다. 이렇게 해서 젊은 한국인들의 어른존경에 대한 경험적인 자료를 제공한 것이다.

본 연구가 식별한 한국인의 존경방식들과 선행연구들이 제시한 다른 아시아인들의 존경방식들 사이에 공통점이 있음이 발견되었다. 따라서 본 연구는 일관성 있는 연구결과를 얻은 것으로 볼 수 있다. 즉, 한국인에 관한 연구결과와 다른 동아시아 사람들에 관한 연구의 결과에 신뢰성이 있는 것이다. 따라서 동아시아 사람들의 존경방식에 대한 정보를 통용하는 범위가 보다 더 확대되었다.

한국자료에서도 보살핌으로 하는 존경이 가장 자주 지적되고 가장 중요한 것으로 나타난 사실은 뜻 깊은 일이다. 고령자를 애정으로 보살피고 이분들에게 구체적인 서비스를 함으로써 나타내는 존경방식이다. 서양의 학자들은 존경이 보살핌과 밀접한 관련성이 있고 보살핌은 곧 존경을 반영하는 것이라고 해석하고 있다. 따라서 본 연구에서 발견한 사실은 이 서양학자들의 존경의 개념과 합치되는 것이다. 이는 또한 보살핌으로 하는 존경이 비교문화적으로도 유사함을 시사한다.

보살핌으로 존경을 표시하는 데는 마음속 깊이에서 우러나게 보살피고 염려하는 것이 중요하다. 한국인의 전통적 관습은 어른존경을 외모에 나타나는 행동뿐만 아니라 마음과 가슴속에서 우러나는 심정으로 하는 데 중점을 둔다.

저자가 편저한 영문으로 된 책 *Respect for the Elderly: Implications for Human Service Providers*(어른존경: 인각봉사자가 참고할 자료)(2009년 발행)은 바로 사람을 보살피는 봉사자들(의사, 간호사, 사회복지사 둥)이 그들이 돌보는 고령자들을 존경으로 케어함을 강조하는 내용으로 되어 있다.

보살핌은 세별해서 구체적으로 구분함으로써 이를 어떻게 실행할 수 있는가를 알려 줄 수 있다. 이런 점에서 본 연구가 제시한 14개 방식들은 어른과 노약자를 보살피는 사람들이 구체적으로 어떠한 행동으로 보살펴 주어야 하는가를 알려 주는 참고자료가 될 수 있다. 이 방식들은 또한 보호자들이 어른을 대접하는 실태를 평가하는 기준으로도 개발될 수 있다고 본다.

　전통적인 존경방식들이 시대의 흐름에 따라 수정되어 가고 있다. 이러한 변화가 생활태도와 통신수단의 변동과 병행해서 진행되어 나가면 오늘날 중요시되는 존경방식도 내일에는 그렇지 못할 수 있다. 이직까지 이 변화가 한국에서 어느 정도로, 어느 속도로, 어떠한 방식으로 진행되고 있는가에 대한 경험적이고 체계적인 연구가 이루어지지 못하고 있다.

　앞서 지적한 바와 같이 대체로 존경의 표현은 복종적인 형식으로부터 동등한 것으로, 복잡한 형식으로부터 단순한 것으로, 시간이 걸리는 것으로부터 짧은 것으로 변하고 있다. 산업화와 도시화에 따른 사회변동에 적응해서 한국의 젊은이들은 그들의 존경방식을 이렇게 수정해 가고 있는 것이다.

　새 시대에는 혈연 중심의 효도의식이 지속되기가 어려운 형편이다. 산업계에서는 혈연을 중심으로 위계적 경영이 계승, 운영되고 있다. 그러나 우리사회의 다른 부문에서는 그렇지가 않다. 일가구 일자녀 시대에 이르러 가족의 기능은 더욱이 제한되어 가고 있다.

　가족 중심 문화가 앞으로 사회를 움직이는 원동력으로 존속할 수 있을까? 이에 대한 회의를 품는 사람들이 많아졌다. 그렇다면 대안이 모색되어야 할 것이다. 따라서 위계적인 가족 세팅에서 효를 실천하는 문제도 이런 과제와 더불어 신중히 다루어야 하겠다.

앞으로 단일한 성(姓)씨의 씨족(氏族) 개념은 없어질 것이며 남녀나 부부가 친가와 시가(媤家)를 함께 섬기는 것, 즉 자기의 조상과 처가/ 시가의 조상을 함께 섬기는 공동가족으로서의 효를 실천하는 방법으로 변화할 수밖에 없을 것이다. 여기에서 혈연을 중심으로 하는 가(집)의 계승은 새로운 변화에 직면하게 된다. 더욱이 국가와 민족에 구애받지 않는 다민족, 다국적 시대로 가고 있음을 고려할 때 인류애, 보편화, 평등화, 호혜적 보살핌이 공통적 가치로 되어갈 것으로 내다본다.

따라서 모든 인류의 조상에 대한 숭배와 사랑으로 정립할 필요가 있다. 즉, 인간을 존중하고 인간을 섬기는 가치로의 정립이 이루어져야 하겠다.

이와 같이 가족이 달라지고는 있지만 어른존경은 한국에서 여전히 하나의 중심적인 가치로서 존속하고 있다. 한국의 젊은이들의 대다수는 자녀는 좋든 싫든 노령의 부모와 어른을 존중하고 지원해야 한다고 믿고 있다. 따라서 사회적 변동은 노령의 부모와 어른에 대한 존경심을 배제하지는 못하고 있는 실정이다. 한국의 젊은이들은 그들의 전통적인 가치를 지키기 위해 새로운 대안적인 방법을 찾아나가면서 시대의 도전에 대응하고 있는 것으로 보인다.

효의 전통은 한국의 가족제도와 사회적 구조(인간관계) 속에 깊이 뿌리 박혀 있다. 그래서 어른존경은 부모에 대한 책임, 부모은혜에 대한 보답, 그리고 부모에 대한 애정과 밀접히 연계되어 있다. 사회구조를 보면 대인관계가 아직도 상하관계로 이루어진 경우가 많다. 이러한 관계에서는 상징적인 표현, 즉 언어로 하는 존경, 인사로 하는 존경, 우선적으로 대접을 해서 하는 존경, 외모를 단정하게 해서 하는 존경, 축하로 하는 존경, 선물로 하는 존경 및 복종을 해서 하는 존경이 본 조사에서 나타난 바와 같이 서양사회에서보다 더 자주, 더 광범위하게 행해지는 경향이다.

본 연구는 어른존경에 대한 좀 더 체계적인 조사를 위한 하나의 기초단계 작업이다. 연구방법상의 단점들이 있다. 표본이 비교적 작으며 학생들만을 조사대상으로 하였다. 장래 연구에서는 대학생이 아닌 젊은 사람들을 포함시켜 더 대표적인 표본을 사용할 필요가 있다. 어른을 존경하는 행위는 개인적인 인간관계 때문에 부득이 해야 하는 경우가 있을 수 있고 부모에 대한 의무감이나 은혜를 갚기 위해 하는 수도 있을 것이며 개인적 욕구나 희망 때문에 하는 경우가 있을 것이다. 이러한 가정들을 장래 연구에서는 증명해 보면 좋겠다. 또한 가족 내부와 집단 내에서 어른존경을 하는 과정과 상황에 대해 개방적이고 질적인 조사를 하는 것도 의미 있다고 본다. 그리고는 존경이 고령자들의 케어와 생활의 질에 영향을 끼치는 정도를 탐색하면 좋겠다.

장래 연구는 다음의 과제들에 대한 조사도 할 수 있기를 바란다.

① 어떤 존경방식이 변하고 있는가? 어떤 방향으로 변하는가? 이러한 변화가 어른 부양에 어떠한 충격을 주는가?
② 확대가족에서 실천되는 존경방식은 소가족에서 실행되는 존경방식과 어떤 점이 다른가?
③ 젊은 사람의 개인적 속성(성별, 연령, 결혼상태, 교육, 소득)에 따라 그리고 상황적인 변수(농촌 또는 도시 출생, 안정과 갈등과 관련된 세대관계, 부모와 자녀가 소유하는 자산, 사회적 지원망 등)에 따라서 어른을 존경하는 상황이 어떻게 다른가?
④ 학교와 가정에서 젊은 사람들은 어른존경을 하도록 어느 정도

로 사회화하고 교육하고 있는가? 이러한 사회화 및 교육적 노
력은 어른존경의 전통을 유지하기 위해 어느 정도의 효과를 내
고 있는가?

제8장

한·중·일
응답자들의 비교

한국, 중국 및 일본에서 나라별로 실행된 사회조사에서 거의 같은 어른존경방식들을 찾아냈다. 세 개의 병행(竝行)된 조사들에서 거의 같은 결과를 산출한 셈이다. 따라서 동아시아에서 사용되는 어른존경 방식에 대한 보다 신뢰성이 있는 조사결과를 얻었다고 볼 수 있다.

세 응답자 그룹으로부터 15가지의 존경방식들 모두에 대해서 긍정적인 평을 받았다. 그러나 개개 존경방식에 따라 지적 빈도와 중요성 정도가 약간 달랐다. 다음에 3개국의 자료를 종합해서 특별히 중요하다고 생각되는 사항에 대해서 논급하고자 한다.

존경방식을 지적한 빈도의 평균치와 중요성의 평균치의 크기에 따른 등위(等位, rank)를 참조하면서 목칙(eyeballing)으로 분석해 보고자 한다.

첫째, *보살핌으로 하는 존경*은 *한국, 중국, 일본의 3개 응답자집단 들이 모두 가장 중요하다는 평을 하였다.*

즉, 중요성의 평점을 바탕으로 산정한 등위를 보면 <표 14> 세 집단들이 보살핌으로 하는 존경에서 다 같이 1등위를 차지했다(한국 1등, 중국 1등, 일본 1등). 3개 집단들이 나 같이 보살핌으로 하는 존경을 가장 중요하다고 판단했음을 시사한다. 다음 지적한 빈도를 바탕으로 3개 집단들의 등위를 보면, 한국 1등위, 중국 6등위, 일본 4등위이다. 3개 집단들의 빈도에 따른 총 평균의 등위는 2등이다. 중요성에 주어진 등위에 비하면 빈도에 주어진 등위는 좀 낮고 등위들 사이에 역간의 차이가 있다. 이와 같이 보살핌으로 하는 존경은 지적 빈도에서는 3개 집단들이 약간의 차이를 보이며 최고로 많은 지적은 안했지만, 이 방식의 중요성은 가장 높게 평가한 것이다.

〈표 14〉 어른존경방식의 지적 빈도 및 중요성 평점 비교─한국 · 중국 · 일본응답자

존경방식	지적 빈도			평균 등위	중요성			평균 등위
	한국 순위(평균)	중국 순위(평균)	일본 순위(평균)		한국 순위(평균)	중국 순위(평균)	일본 순위(평균)	
보살핌	1 (62%)	6 (3.74)	4 (3.78)	2	1 (3.60)	1 (4.21)	1 (4.25)	1
순종	2 (51%)	7 (3.72)	8 (3.47)	6	3 (3.55)	14 (3.39)	9 (3.74)	8
의논	3 (41%)	14 (3.37)	14 (2.25)	10	2 (3.51)	15 (3.29)	14 (3.04)	11
먼저 대접	4 (36%)	3 (3.95)	5 (3.74)	3	6 (3.12)	7 (3.89)	7 (3.99)	6
인사	5 (33%)	5 (3.82)	3 (3.79)	5	5 (3.15)	6 (3.91)	4 (4.14)	3
존댓말	6 (31%)	2 (4.09)	1 (4.07)	1	4 (3.23)	3 (4.10)	5 (4.06)	2
음식 대접	7 (23%)	9 (3.64)	9 (3.11)	7	7 (3.02)	2 (4.12)	10 (3.44)	5
선물	8 (21%)	15 (2.79)	13 (2.27)	12	8 (2.92)	13 (3.40)	15 (2.72)	12
외모	9 (20%)	1 (4.25)	2 (3.97)	3	9 (2.82)	5 (4.06)	2 (4.18)	4
조상 숭배	10 (19%)	12 (3.58)	6 (3.61)	8	9 (2.82)	8 (3.88)	8 (3.90)	7
이웃 지원	11 (18%)	13 (3.46)	10 (3.04)	11	11 (2.77)	10 (3.77)	5 (4.06)	8
생일 축하	11 (18%)	10 (3.64)	15 (2.79)	12	12 (2.63)	12 (3.57)	13 (3.18)	13
윗자리	13 (16%)	4 (3.90)	12 (2.94)	9	13 (2.50)	4 (4.08)	12 (3.36)	10
총 평균		(47.95)	(42.83)			(37.64)	(45.57)	(48.06)	

평균등위=(중국등위 + 일본등위 + 한국등위)/3
%=각 방식 지적자 수/총 지적자 수(한국자료에 한함)
장례, 사생활, 동일시에 관한 존경방식들은 제외하였음

앞서 지적하였지만 응답자들이 부모와 친족으로부터 멀리 떨어져 대학생활을 하고 있기 때문에 보살핌으로 하는 존경을 실천할 기회가 적어 빈도에 따른 등위가 이렇게 낮은 것으로 추측한다.

둘째, 보살핌으로 하는 존경과 거의 같이 높은 등위를 받은 방식은 *존댓말로 하는 존경이다.*

존댓말로 하는 방식은 중요성에서 한국, 중국, 일본이 4, 3, 5등위를 각각 받았으며 총 평균등위는 2등이다. 지적 빈도에서는 한국 6등, 중국 2등, 일본 1등으로 3개 집단들의 총 평균등위가 1등이다. 지적 빈도로 보아 존댓말로 하는 존경이 모든 방식들 중에서 제일 자주 실행되었다. 특히 중국과 일본에서 이 존경방식이 한국에서보다 더 많이 실행되었다. 그런데 이 방식은 중요성에서는 보살핌으로 하는 존경의 등위들(한국 1, 중국 1, 일본 1)보다 낮다. (보살핌으로 하는 존경이 중요성에서는 모든 방식들 중에서 가장 높은 등위를 차지한다.)

셋째, *외모로 하는 존경*은 지적 빈도에서 총 평균등위 3등(한국 9등, 중국 1등, 일본 2등)이고, 중요성에서는 총 평균등위가 4등(한국 9등, 중국 5등, 일본 2등)이다. 즉, 지적 빈도에서 3등위, 중요성에서 4등위이다. 중국과 일본에서 가장 자주 지적되었고, 특히 일본에서는 지적 빈도에서나 중요성에서 각각 2등위를 차지하였다. 외모를 갖추어 하는 존경이 동아시아에서 광범위하게 사용되며 매우 중요시되었음을 시사한다.

넷째로 드러난 방식은 *인사로 하는 존경*인데 중요성에서 총 평균등위 3등을 받았고(한국 5등, 중국 6등, 일본 4등), 지적 빈도에 따른 총 평균등위는 5등이다(한국 5등. 중국 5등, 일본 3등). 즉, 지적 빈도에서 5등위, 중요성에서 3등위이다. 인사로 하는 존경이 비교적 높은 등위를 차지한다. 즉, 이 방식이 세 나라에서 고르게 자주 사용되었고 높이 중요성이 평가되었음을 시사한다.

다섯째, *먼저 대접해서 하는 존경*은 지적 빈도에서 한국 4등, 중국 3등, 일본 5등이며 총 평균등위는 3등위이다. 중요성에서는 한국 6등, 중국 7등, 일본 7등으로서 총 평균등위는 6등위이다. 즉, 지적 빈도에서 3등, 중요성에서 6등이다. 이 방식 역시 비교적 높은 등위를 차지한다. 중요성은 약간 낮으나 실천은 자주한 것으로 나타났다. 비교집단들이 비교적 고르게 공통적으로 먼저 대접해서 하는 존경방식을 실천하고 중요시했음을 시사한다.

이상 3개 집단들이 현저히 높은 등위를 받은 5개 방식들의 평균등위를 살펴보았다.

이들 5개 방식들의 총 평균치는 빈도에서 4.09~3.74의 범위를 이루어 5단의 측도에 기초하여 대략 '자주 실천함'의 범주에 속하며, 중요성에서 4.25~3.12의 범위를 이루어 대략 '중요함'~'중요함~중요치 않음(종간평)'의 비교적 넓은 범주에 속한다고 볼 수 있다. 즉, 방식들에 대한 평점들 사이에 다소 간 차이가 있다.

보살핌으로 하는 존경에서 윗자리를 제공해서 하는 존경에 이르는 13개 방식들에 대한 지적 빈도의 총 평균등위와 중요성의 총 평균등위의 등위상관계수를 분석한 결과 이들 두 등위들 사이에 높은 상관성 또는 동일성이 있음이 시사되었다(Rho=.80). 따라서 중요성에 주어진 평균치를 바탕으로 빈도의 평균치를 추정할 수 있음이 시사된 것이다(이 분석에서 장례로 하는 존경, 사생활에 대한 존중 및 동일시로 하는 존경은 일부자료가 손실되어 제외하였음).

존경방식들에 주어진 평균을 종합해 보면(<표 14> 참조), 지적 빈도에서는(한국집단은 자료결핍으로 제외함) 중국응답자들(47.95)이 일본응답자들(42.84)보다 높다. 즉, 중국응답자들이 존경방식들을 더 많이 실천했다고 지적한 것이다. 그리고 중요성에서는 일본응답자들(48.96), 중국응답자들(45.59), 한국응답자들(37.64)의 순으로 중국응답자들이 존경방식들을 중요시한 정도가 3개 집단들 중에서 가장 높다. 즉, 중국응답자들이 존경방식들을 가장 중요시하였음을 시사한다.

종합해서 중국응답자들은 지적 빈도에서 1등위, 중요성에서 2등위를 하였고, 일본응답자들은 지적 빈도에서 2등위, 중요성에서 1등위를 각각 차지하였다. 한국응답자들은 중국집단과 일본집단보다 낮았다.

이상 아래와 같은 보살핌으로 하는 존경을 포함한 현저한 존경방식들에 대해서 논의하였다.

① 보살핌으로 하는 존경
② 존댓말로 하는 존경
③ 외모로 하는 존경
④ 인사로 하는 존경
⑤ 먼저 대접해서 하는 존경

위의 현저한 존경방식들을 포함한 모든 존경방식을 살펴보면, 지적 빈도와 중요성에 따라 각 나라 집단마다 등위에 약간의 차이가 엿보였다. 그리고 실천을 한 빈도와 중요성에 대한 평이 방식에 따라 조금씩 차이가 있다. 이러한 차이는 표본(응답자들)의 대표성 부족, 자료수집상의 잘못 등으로 발생하였을 가능성이 있다.

위의 방식들과 다른 존경방식들을 종합해서 실천한 빈도를 보면,

보살펴서 하는 존경과 순종으로 하는 존경은 한국집단이 제일 자주 실행하였다(1등, 2등). 의논을 통한 존경도 한국집단이 제일 자주 실행했다. 한편 먼저 대접해서 하는 존경과 인사를 통한 존경은 3개 집단들이 비교적 고르게 매우 자주 실천했다. 존댓말은 일본에서 제일 자주 실천되었다. 외모로 하는 존경은 중국과 일본에서 제일 자주 실천했다. 조상숭배는 일본에서 제일 자주 실행되었다.

모든 방식들을 종합하여 중요성 등위를 보면, 한국집단이 순종해서 하는 존경과 의논해서 하는 존경을 보살핌 다음으로 제일 중요시했다(2등위, 3등위). 음식 대접을 통한 존경은 중국집단이 제일 중요시했다(1등위). 외모로 하는 존경(빈도 2등위, 중요성 2등위)과 이웃 노인지원은 일본집단이 제일 중요시했다(5등위).

이런 변화가 있기는 하나 존경방식의 공통성과 존경방식들에 주어진 평균치들 간의 근소한 차이를 보아, 그 3개 비교집단들 간의 차이는 비교적 적은 것이라고 볼 수 있다. 사실 저자가 3개 나라들에서 조사를 진행하면서 관찰한 바에 의하면 대부분의 방식들이 비슷하게 실천되고 있었다. 이런 점을 보아 차이가 많이 나는 몇몇 방식들을 제외하고는 이들 집단들 간의 차이는 비교적 적은 것이라고 볼 수 있다. 다시 말하면, 총체적으로 고르게 중요성이 인증되었다고 볼 수 있다.

앞에서 분석한 5개 방식들은 다른 존경방식들보다 중요성에서 현저히 높은 평점을 받았다.

총체적으로 보아 존경방식들의 대다수에 대해서 3개 집단들이 다 같이 '중요함'에서 '그대로 중요함' 범위의 평점을 주었다.

한편 축하를 해서 하는 존경과 선물을 해서 하는 존경에 대해서는 현저히 낮은 평점이 나왔는데 중요하기도 하고 중요하지 않기도 한 중간 평이다. 중요성의 평균치들 사이의 간격이 적지만, 3개 집단 간에는 차이가 엿보였다. '순종'해서 하는 존경과 '의논'해서 하는 존경은 각각 혼합된 평가가 나왔다. 즉, 중국응답자들과 일본응답자들은 이들 두 방식, 특히 의논을 통한 존경에 비교적 낮은 중요성 평점을 주었다. 그런데 한국응답자들은 두 방식들에 매우 중요하다는 평을 하였다. 그리고 음식을 대접해서 하는 존경은 종합해서 3개 집단이 중간쯤 되는 평점을 주었다. 중국인은 윗자리를 제공해서 하는 존경을 높이 평하였으며 다른 집단들은 이 방식을 낮게 평하였다. 사생활 존중은 일본인과 중국인이 다 같이 비교적 높이 평하였다. 일본인은 선물로 하는 존경을 가장 낮게 표하였다(한국조사에서는 사생활로 하는 존경과 동일시해서 하는 존경에 대한 자료를 수집하지 않았다).

예상 외로 일본인과 중국인은 선물로 하는 존경에 낮은 중요성평점을 주었다. 이런 자료는 특히 일본사회에서 실제 진행되고 있는 상황과는 어긋나는 것이다. 윗사람에게 선물을 주는 풍습은 일본에서 널리 행해지고 있다. 그리고 윗자리를 제공해서 하는 존경은 중국에서 매우 중요시되고 매우 자주 실천되었다. 한국과 일본에서는 이 방식의 중요성과 실천빈도가 각각 매우 낮다. 이웃 지원은 일본인이 실천은 자주 안했지만 가장 중요시했다.

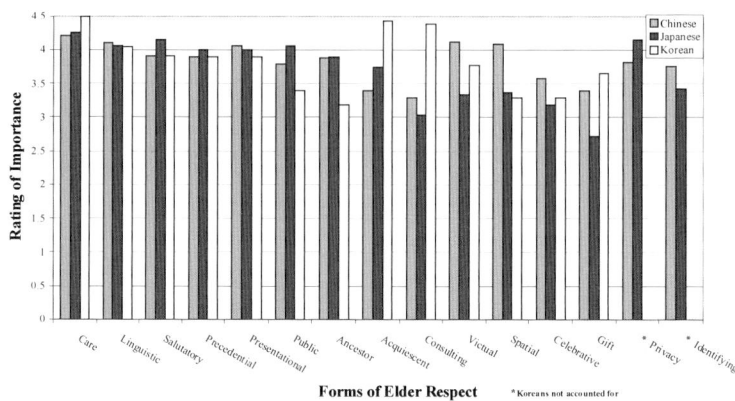

<그림 4> 어른존경방식의 중요성: 중국. 일본. 한국의 대조

　성별(남녀)에 따라 평점에 변화가 있다. 여성은 보살핌으로 하는 존경에 높은 평점을 주었고, 남성은 조상숭배와 이웃노인존경에 무게를 주었다. 동아시아의 대다수 여성은 아직도 고령의 가족원에게 보살핌을 제공하는 역할을 한다. 남자는 가정의 의식과 가족 외부와 관련된 일들을 다룬다. 남자는 가족 안팎의 자원과 사회적 영향력을 아직도 관장하고 있는 것이다. 이 자료는 이와 같은 남녀 간의 역할의 차이를 반영하는 것으로 보인다.

　우리는 고령자를 존경하고 보살피는 데 있어 의미 있는 문화적 차이가 있음을 인증해야 한다. 이러한 차이를 탐색하기 위해서 다음 장에서 어른존경방식과 부양의지를 비교문화적 맥락에서 탐사해 보았다.

　서양의 학자들이 규정한 바에 따르면, 존경은 단순한 느낌 또는 감정이 아니라 실제적인 보살핌과 밀접히 연계되어 있다. 즉, 보살핌(care)은 곧 존경의 한 형태이다. 유교경전에서도 가장 자주 거론되고 가장 자세히 기술된 가르침이 자녀가 부모에게 예를 갖추어 존경하고 보살피는 데 관한 것이다. 이와 같이 동양에서나 서양에서 다 같이 보살핌과 존경은 상호 연결된 것으로 해석되어 보살핌과 존경 사이에 문화적 공통성이 존재한다.

이 책에서 논의한 다양한 어른존경방식들은 앞으로 어른존경을 평가하는 데, 필요한 기준을 개발하는 데 도움이 될 것으로 본다. 세 나라들은 경제적 발달과 현대화 수준에서 다르다. 그러나 존경을 표하는 데 있어서는 고도의 유사성이 엿보인다. 다양한 방식들이 긍정적으로 평가되었으며 모든 방식들이 3개 나라들에서 공통적으로 실천되었다.

동아시아에서 효의 가치를 표현하는 방식은 수정되어지고 있다. 이에 따라 어떤 존경방식은 시간이 흐름에 따라 달라질 수 있을 것이다.

존경과 보살핌—효의 주된 표현—은 고령자에 대한 인정 있는 대접을 하는 이타적 행동이다. 효는 인간애의 표상인 인(仁)을 반영한다. 인은 인간애를 실현하는 사회를 이룩하는 모든 사람들을 연결하는 이념이다. 부모에 대한 효행은 바로 이런 동아시아의 인의 가치에 그 이념적 바탕을 두고 있다.

효의 기차가 과연 다음 세대들에도 전수되어질 수 있을까? 이 질문에 대한 답은 다음 세대에게 효의 가치를 심어주기 위해서 현제의 성인세대가 어느 정도 노력과 사간을 투입하느냐에 달려 있다고 본다. 젊은 사람들이 고령자를 존중하도록 동기화하여 기성세대가 이들이 따라할 역할모범을 보여 주어 긍정적인 노소관계를 조성해 나가야 하는 것이다.

앞으로 연구자들이 생각할 과제는 젊은 사람들이 변하는 사회적 맥락에서 어른존경의 표현을 어느 방식으로 어느 정도로 수정해 가

는가를 파악하는 것이다. 그리고 새 시대의 평등주의적이고 상호교환
적인 생활을 지향하면서 어느 정도로 전통적 기치를 보존하는가를
추적해 나가는 과제이다.

제9장

어른존경
한국인과 미국인

어른을 존경하는 방법은 문화권에 따라 달라진다. 문화적 가치가
사람들의 어른을 존경하는 태도와 행동에 영향을 끼치기 때문이다.

　어느 사회에서든 노인에 대한 태도의 변화를 알아보기 위해서는
먼저 그 문화권의 젊은 사람들의 노인에 대한 태도를 관찰할 필요가
있다.

　지금까지 서양문화권에 속하는 미국에서 젊은 사람들이 어른을 어
떻게 존경하는가에 대한 연구가 거의 없으며, 어른존경에 대한 미국
인들과 다른 나라 사람들 사이의 비교문화적 연구는 더 말할 나위도
없이 희소하다.

　본 연구는 한국 대학생과 미국 대학생의 어른존경에 관한 자료를
분석하여 구체적인 존경방식을 식별하려는 목적으로 비교문화적 조
사를 했다.

　이런 연구를 통해서 무엇을 다른 문화로부터 배울 수 있고, 문화
속에서 어느 존경방식이 더, 혹은 덜 사용되고 있으며, 어느 방식이
사용되지 않고 있나 알아낼 수가 있다.

:: 비교문화적 접근

한국학생들은 어른존경과 부모부양을 중요시하는 사회에 살고 있으며, 미국학생들은 이러한 문화적 영향을 받지 않는 사회에 살고 있다.

본 조사의 대상이 된 한국학생들의 65%가 그들의 부모와 함께 살고 있었으며 이와 대조적으로 미국학생들은 불과 7%만이 부모와 동거하고 있었다. 이 자료는 두 사회 사이의 일반적인 문화적 차이를 반영하는 것이다.

비교연구에서는 비교대상을 matching(맞춤) 하는 일이 매우 긴요하다(Rubin & Babbie, 2007). Matching을 함으로써 적어도 어느 정도의 두 집단의 문화적 차이에서 오는 영향을 통제 또는 감소하여 비슷한 상태를 이룰 수가 있다. 또한 비교연구에서 필수적 조건은 측도의 동일성을 확립하는 것이다(Schutt, 2009: measurement validity). 즉, 어의적인 동일성(비교를 할 변수가 동일한 뜻을 가지는 것)과 측정기준의 동일성(분석 도구가 동일한 측정 단위를 갖는 것)을 성립시켜야만 한다(Liang & Jay, 1990).

:: 연구방법

한국과 미국에서 행한 두 조사(survey)들은 연구주제가 동일하였다. 즉, 어른존경이다. 각각의 문화적 맥락에서 의도적으로 두 대학들을 선정해서 조사대상으로 젊은 성인들을 선정했는데, 한 대학은 도시에 다른 대학은 시골에 있었다. 두 대학들은 다 같이 공인된 대학으로서 학부와 대학원을 갖추고 사회적, 경제적 및 종교적으로 다양한 학생들이 다니고 있었다.

이들 대학의 재학생을 조사대상으로 선정하였다.

<한국 내의 조사>

한국자료는 401명의 대학생들로부터 수집했는데, 서울 소재 대학에서 211명, 시골 소재 대학에서 190명을 각각 선발했다. 이 학생들은 사회과학 분야의 12개 학반들에서 청강하고 있었다(학반의 크기 =9~52명). 이 학반들은 무작위로 선출하였다. 이들의 95%가 설문에 응답하였다.

<미국 내의 조사>

미국표본은 501명으로 이루어졌다. 256명은 미국 중서부에 있는 대학에서 245명은 미국 서부의 대학에서 각각 선발되었다. 인종별로 보면, 71%가 백인, 12%가 흑인, 12%가 라티노(멕시칸계 미국인), 5%가 아시아계 미국인들이다. 서부에 있는 대학에는 라티노와 아시아계 학생들이 동부의 대학보다 더 많았다(24.6%: 9.1%).

학생들은 무작위로 선발한 28개 사회과학 학반들에서 청강하고 있었다.

한국과 미국의 대학생들은 다음과 같이 유사성을 가지고 있었다. 연령(한국인: 23.5세; 미국인: 23.1세), 성별(한국인: 남자 55%, 여자 45%; 미국인: 남자 51%, 여자 49%), 그리고 교육수준(한국: 4학년

44%, 대학원생, 56%; 미국인: 4학년 48%, 대학원생 52%)이 비슷했다. 조사도구(설문)와 측정도구(어른존경방식을 지적한 빈도와 이들 방식에 주어진 중요성의 정도)를 사용하여 두 문화권에서 조사하였다. 두 조사에서 같은 설문을 사용했다.

다음과 같은 설문을 학생들에게 주어 응답을 구했다.

> ① 학생이 평소에 어른을 존경하기 위해 가장 자주 하는 행위 또는 몸짓을 두 가지 이상 적어 주시오.
> ② 학생이 적은 행위 또는 몸짓이 어느 정도로 중요하다고 보는지 다음에 그 중요성의 정도를 지적해 주시오.

중요성의 정도는 4단위 척도(4=극히 중요함, 3=매우 중요함, 2=대체로 중요함, 1=중요한 편)에 기초한 것이다. 이에 인구학적 항목들이 부가되었다. 각 반의 강사는 설문에 응답하는 것은 학생 각자의 자유이고, 응답할 의사가 있는 사람은 무기명으로 응답하도록 부탁하였다. 사전조사에서 문화적 맥락에 따라 설문에 응답하는 방식이나 형태가 다르지 않다는 사실을 확인하였다.

각 학반에서 약 85%의 학생들이 설문에 응답하였다.

설문을 번역하는 데 있어 한국어와 영어를 능숙하게 구사할 수있는 이중언어사용자 두 사람이 '번역－역번역'의 절차를 밟았다. 이 절차를 통해서 한국어와 영어로 된 두 가지 설문들이 다 같이 문화적으로나 언어학적으로 동일하다는 사실을 확인하였다.

조사자료를 분석하는 데 있어 저자는 노인문제연구에 경험이 있고 두 문화에 조회가 있는 2명의 보조연구자들의 지원을 받았다. 세 사람이 각각 별도로 존경의 표현들을 해석하고 구별한 결과를 교차로 검정하였으며, 서로의 해석과 분류에 차이가 있을 경우에는 다수결에 의해서 조정했다. 이러한 절차를 밟아 신뢰성을 증대하고 타당성도 동시에 높이려고 노력하였다(본 조사에 관한 자세한 내용은 다음 논문을 참조하기 바란다. Kyu-taik Sung, "Elder-Respect: Koreans vs. Americans", In *Respect and Care for the Elderly: The East Asian Way.* Lanham, MD: University Press of America, p. 205, 2007).

:: 분석과 결과

한국 학생들이 어른존경방식들을 지적한 빈도와 이 방식들의 중요성을 평한 정도를 분석했다.

지적 빈도에서는 보살핌으로 하는 존경방식이 가장 자주 지적되었다(62%의 응답자들이 지적함), 두 번째로 많이 지적된 방식은 순종으로 하는 존경이다. 다음으로 의논을 해서 하는 존경, 우선적으로 대접을 해서 하는 존경, 인사를 해서 하는 존경, 경어를 사용해서 하는 존경이 따랐다. 나머지 방식들은 소수의 응답자들이 지적했는데, 이들은 음식을 대접해서 하는 존경, 선물로 하는 존경, 외모를 갖추어 하는 존경, 일반 어른에 대한 존경, 축하를 해서 하는 존경, 윗자리를 제공해서 하는 존경, 조상에 대한 존경 및 장례를 통한 존경이다.

한편 중요성에서는 보살핌으로 하는 존경이 역시 가장 중요한 방식으로 나타났다(3.60=거의 매우 중요함). 다음으로 중요한 방식들은 의논으로 하는 존경, 순종으로 하는 존경, 경어를 사용해서 하는 존경, 인사를 해서 하는 존경, 우선적으로 대접해서 하는 존경 및 음식을 대접해서 하는 존경이다(극히 중요함에서부터 매우 중요함에 이르는 점수들임). 이 밖의 방식들－선물로 하는 존경, 외모를 갖추어 하는 존경, 일반 노인에 대한 존경, 축하를 해서 하는 존경, 윗자리를 제공해서 하는 존경, 조상에 대한 존경 및 장례를 통한 존경－은 대체로 매우 중요함에서 그대로 중요한 편의 점수를 받았다.

14개 방식 중에서 6가지 방식(보살핌, 순종, 의논, 우선적 대접, 인사 및 경어 사용)은 응답자의 30% 또는 그 이상이 지적했으며 극히 중요하다는 평을 받은 방식들이다. 이들 여섯 방식들은 다른 방식들보다 더 자주 지적되었고 더 중요하다는 평을 받았다. 그런데 이 방식들은 한국 편에서 더 자주, 더 중요하다고 지적되었다.

한국의 두 대학들에서 나온 조사결과가 어느 정도로 비슷한가를 파악하기 위해 응답자들을 두 개 집단으로 나누어 분석하였다. 지적 빈도 면에서는 두 집단 사이에 통계상으로 차이가 나타나지 않았다. 그런데 중요성에서는 연령에 따라 순종으로 하는 존경방식에서 차이가 나타나 나이가 많은 응답자들이 순종을 통한 존경을 더 중요시하는 것으로 시사되었다.

미국 응답자들에서는 순종으로 하는 존경(귀담아들음)이 가장 자주 지적된 방식이다(50%가 지적함). 보살핌으로 하는 존경이 다음으로 가장 빈번히 지적되었다. 이에 뒤따라 경어로 하는 존경, 인사로 하는 존경, 의논을 해서 하는 존경 및 우선적으로 대접을 해서 하는 존경이 지적되었다. 나머지 방식들은 5% 또는 그 이하의 응답자들로부터 지적을 받았다.

한편 미국인은 중요성에서는 보살핌으로 하는 존경이 가장 중요한 방식으로 평가되었고(3.67), 이어 의논, 순종, 인사, 경어 및 우선적 대접으로 하는 존경 방식들이 뒤따랐다. 보살핌으로 하는 존경, 순종으로 하는 존경 및 의논으로 하는 존경은 '극히 중요함'의 평가를 받은 셈이고, 인사, 경어 및 우선적 대접으로 하는 존경 방식들은 극히 내지 매우 중요함의 평을 받았다. 나머지 여섯 방식들－우선적 대접, 일반 노인 존경, 축하, 선물, 윗자리 및 음식대접을 통해서 하는 존경－은 중요하다고 평가는 되었지만 매우 소수의 미국인들이 이 방식들을 실천한 것으로 나타났다. (그래서 이들 6개 방식들은 분석대상에서 제외하였다.) 이상의 지적 빈도와 중요성 정도에 대한 분석에서 보살핌, 의논, 순종, 인사, 경어 및 우선적 대접으로 하는 존경 방식들이 주요한 방식으로 뚜렷이 나타났다. 이들 방식은 미국 응답자들이 가장 자주 지적하였고 또 가장 중요한 방식으로 판정한 것이다.

그런데 중서부의 미국학생들과 서부의 미국 학생들 사이에는 순종으로 하는 존경방식에서 차이가 났다. 서부의 학생들은 이 방식을 중서부의 학생들보다 더 자주 지적했다. 다음 중요성에서도 중서부의 학생들이 이 방식을 약간 더 중요하다고 평가했다 (3.49:3.35). 이러한 차이는 아마도 부모에 순종하는 경향이 짙은 라티노와 이시아계 미국인들이 서부에 더 많이 살고 있어 이 인구학적 변수가 영향을 끼친 것으로 짐작한다.

변량분석을 해본 결과 연령집단과 성별로는 중요성 평가점수에서 별 통계적 차이가 없고 순종으로 하는 존경방식의 중요성 점수에는 인종에 따라 통계적으로 유의한 차이가 나타났다. 즉, 순종하는 방식에서도 역시 라티노와 아시아계 미국인들이 백인과 흑인보다도 더 중요성을 높이 평가한 것이다(3.71:3.54). 종합해서 보면, 대다수의 방식들에 주어진 중요성 점수는 두 집단들이 대체로 비슷하였다.

:: 논 의

본 연구는 동아시아의 한국의 젊은 성인들과 비교하여 서양인 미국의 젊은 성인들이 어른을 존경하는 행동방식들에 대해 탐색을 하였다. 이 결과로 다양한 존경방식들과 이 존경방식들을 지적하는 다수의 지표들을 가려내었다. 더욱이 개개 방식이 실천된 빈도와 이 방식에 주어진 중요성을 통계적으로 산정하였고, 또 이러한 빈도와 중요성 정도가 두 문화권 사이에 어떠한 차이, 또는 유사성이 있는가를 계량적으로 지적하였다.

여섯 가지의 비교문화적으로 통용되는 어른존경방식들의 유형과 한국에만 적용되는 방식들을 발견하였다. 이들 여러 가지 방식들을 분석한 결과를 참고로 두 개 집단으로 묶어 보았다. 즉, 작업적인 존경 행위(보살피고 봉사하는 것, 충고를 구하는 것, 음식을 대접하는 것)와 상징적인 존경 행위(언어로 표시하는 것, 인사하는 것, 예의를 갖추는 것, 순종하는 것 등)이다. 작업적인 방식들은 비공식적이고 개인적인 상황에서 더 많이 사용될 것이고, 상징적인 방식들은 공식적이고 의식적인 상황에서 더 자주 사용된 것으로 본다.

:: 두 문화적 맥락들 사이의 차이점과 유사점

미국인들은 14개 방식 가운데서 6개만을 뚜렷이 실천하였다. 그러나 4% 이하의 미국인들이 실천한 방식들을 모두 합한다면 이들이 지적한 방식은 12개가 된다. 미국인들은 조상에 대한 존경과 장례를 통한 존경만을 지적하지 않았다. 이 두 가지를 제외하면 두 비교집단들이 대체로 비슷한 숫자의 방식들이 지적된 셈이다. 이러한 결과는 어른존경이 두 문화적 맥락에서 대체로 유사하게 표현되고 있음을 시사하는 것이다. 그러나 이 방식들을 사용한 빈도와 중요성의 정도에서는 두 집단 사이에 차이가 나타났다.

특히 여섯 가지 비교문화적으로 공통되는 방식들을 보아 어른을 존경하기 위해 표현되는 사람들의 행위는 동서양을 막론하고 비슷하다고 볼 수 있다. 두 비교집단들 사이에 공통된 맥락이 엿보이는 것이다. 물론 한국인들이 더 많은 방식들을 더 뚜렷하게 또 다양하게 실천하였지만 미국인들도 이들 방식의 대부분을 실천하기는 했다. 다만 그들은 몇 가지 방식들을 거의 실천하지 않은 데서 차이가 나타났다. 이 점은 평등주의적이고 비위계적인 그들의 문화적 특성을 반영하는 것으로 본다. 우리는 이러한 차이점을 의식적으로 인증하고 이러한 변화에 대해서 오해하거나 무관심을 나타내지 않아야 하며, 오히려 이러한 차이가 사회적 및 문화적 경험의 차이에서 오는 것이라고 해석해야 할 것으로 본다. 대체로 보아 본 연구의 결과는 두 문화들 간의 차이점은 정도의 차이이며 결코 흑백의 문제가 아님을 시사하고 있다.

두 집단들이 다 같이 어른존경의 가치를 받들고 있기는 하지만, 존경을 하는 범위와 사용하는 존경방식들의 종류가 다른 것이 사실이다. 두 집단들이 존경방식의 추상적인 수준에서는 동일한 뜻을 가지고 있으나 각 방식을 지적하는 세부 항목들에 있어서는 차이가 엿보였다. 특히 한국의 문화적 맥락에서만 실시된 8개 방식들은 미국문화권에서는 강조되지 않았던 것이다.

끝으로 미국인들에 관한 자료에서는 인종 사이에 변화가 엿보였다. 라티노와 아시아계 미국인들은 다른 인종집단들(백인과 흑인)보다도 어른에 순종하는 정도가 높게 나타났다. 이 사실은 미국의 하위문화들 또는 인종들 사이의 다양성을 나타내고 있다. 다양성이라 함은 미국사회는 아시아계와 다른 여러 하위종족을 표함하며 이들이 갖는 존경과 연관된 가치관이나 경험을 나누어 가질 가능성이 있음을 시사하는 것이다.

과거보다는 약화되었다고 하지만, 한국인의 문화적 전통의 영향은 계속해서 작용할 것으로 본다. 일찍이 Bendix(1967)는 다음과 같이 예언했다. "산업화된 국가들이 모두 비슷한 문제들에 봉착할 것이다. 그러나 나라마다 사회적, 문화적 및 이념적인 차이가 존속할 것이기 때문에 각 나라는 각기 이 문제들을 해결하기 위해 다른 대응책을 마련해 나갈 것으로 본다." 본 연구에서 얻은 결과는 한국인은 어른을 부양하는 데 있어 서양 나라들과는 다른 방식으로 해나갈 수 있음을 시사한다.

중국과 일본을 미국과 비교한다면 어떠한 결과가 나왔을까? 한국, 중국, 일본의 어른존경과 관련된 문화적 특성의 공통성을 고려할 때 이런 비교에서도 본 조사에서 얻은 결과와 상당히 비슷한 결과가 나올 것으로 추측한다.

끝으로 본 연구에서 나온 결과는 각각의 나라에서 의도적으로 선정한 대학들에서 부분적으로 무작위 추출한 표본들을 사용해서 얻은 것이다. 따라서 이 결과는 조심스레 적용되어야 하겠다. 장래 연구에서는 좀 더 대표성이 있는 표본을 사용해서 비교문화적이며 장기적인 조사를 해서 포괄적인 존경방식의 유형을 개발할 수 있기를 바란다. 특정 문화에만 적용되는 존경방식들이 무엇인가 그리고 모든 문화에 맞는 방식들이 어떤 것인지를 계속 탐색해야 하겠다.

제10장

노소가 주고받는 존경,
호혜적 존경

:: 서로 보살피는 사람들

전통적 사회에서의 개인의 사회관계는 곧 가족원들과의 관계라고 보아도 좋을 것 같다. 개인의 모든 행동이 가족원들－부모, 부부, 형제자매, 근친－과의 관계로 연계되었던 것이다. 이러한 밀접한 가족 사이에서도 부모자녀 관계가 중심을 이루었다.

부모자녀 관계를 지배했던 조건은 전술한 바와 같이 부자자효(父慈子孝)－"부모는 자녀에게 자애롭고 자녀는 부모에게 효를 함"－와 부자유친(父子有親)－"부모와 자녀 사이는 친근함"－이다. 가족중심적인 관계이다.

퇴계는 자(慈)와 孝의 두 가지 덕(德)의 실천을 중요시했다. 이 관계는 '부모에 대한 효성'과 '자녀에 대한 자정'으로 요약될 수 있다. 이 말들은 다 같이 부모와 자녀는 서로 호혜적(互惠的)으로 보살핌과 도움을 주고받는다는 뜻을 내포하고 있다. '호혜적 부모자녀 관계'가 바로 현대 한국인들이 발전적으로 재정립해야 할 가족관계라고 본다 (신용하, 2004; 신섭중, 2002).

그런데 퇴계는 가족 중심의 효로부터 이웃 중심의 사회화로 범위를 확대하고자 향약(鄕約)을 입조(立條)해서 지역사회를 위한 구제사업의 길을 열었다(나병균, 1985). 그리하여 가족은 물론 넓은 사회의 여러 사람들과도 호혜적 관계를 가져야 함을 교시하였다.

동아시아 나라들에 지대한 영향을 끼친 유교의 근본은 인(仁)이다. 仁의 한자는 사람이 둘이라는 표시로서 사람과 사람이 서로 사랑하는 관계를 내포한다. 즉, 인을 실천에 옮기는 기본적인 방법은 부모를 비롯한 가족과 가족 바깥의 모든 사람을 사랑하는 것이다(孟子: 盡心章句 上, 孟子, 離婁章句 上).

이와 같이 인(仁)은 부모, 부부, 형제, 친족 그리고 이웃을 널리 두루 사랑하는 가치로서 인간사회의 도덕의 근본으로 삼아져 왔다. 그래서 공자는 나의 부모만을 봉양하는 것은 적은 효(小孝)이고, 세상의 모든 사람들을 널리 사랑하는 것은 큰 효(大孝)라고 하였다(孟子, 萬章章句 上). 동아시아에서는 사회전체를 위한 큰 효가 중요함을 이미 수백 년 전에 지적했던 것이다. 이와 같이 퇴계는 가족중심의 효로부터 이웃 중심의 사회화로 범위를 확대하고자 향약(鄕約)을 입조(立條)해서 지역사회를 위한 구제사업의 길을 열었다(나병균,1985). 그리하여 가족은 물론 넓은 사회의 여러 사람들과도 호혜적 관계를 가져야 함을 교시하였다.

:: 세대 간의 호혜적 관계

새 천년에 들어 인의 이념을 바탕으로 서로 사랑하는 호혜적 관계를 발전해 가는 것이 바람직하다[이 장에서는 호혜적(互惠的) 관계를 호수적(互授的) 관계와 같은 뜻으로 본다].

사회학자 Gouldner(1960)는 교호적 규범은 '주고받는' 원칙(the principle of give and take)에 바탕을 두는 것이며 이 규범은 사회체계의 안정을 구축하는 시멘트 역할을 하여 사회적 관계를 조절하고 화합시킨다고 했다.

호혜적 관계에서는 제공한 도움과 받는 혜택을 엄격히 판단하고 비교하기가 어려워서 주고받는 것을 계산하거나 일정한 주고받는 행위를 요청하지를 않는다. 따라서 누가 부채를 지고 누가 혜택을 더주었는지 확실히 모른다. 이와 같이 동일한 교환을 하지 않아도 되고 시간적으로도 주고받는데 한계가 없어 결과적으로 양편이 모두 상대방에게 신세를 지게 되어 장기적으로 상호의존적인 관계를 유지하게된다.

호혜적 관계에서는 무엇을 어느 정도로 상대방에게 해야 하는지에 대한 분명한 지침이 없기 때문에 각자의 자유재량에 따른 행동으로 보살핌이나 지원을 제공하게 된다. 이 경우 오직 상대방에 대한 의무감과 책임감이 부모와 자녀 사이의 호혜적 관계를 유지토록 하는 힘이 된다.

의무와 책임을 바탕으로 이루어지는 호혜적 관계는 부모부양에서 크게 도움이 될 수 있다. 부모는 과거에 자녀에게 커다란 지원을 했지만 노령이 되면 그렇게 할 힘이 없어진다. 이때에 과거에 부모로부터 혜택을 받은 자녀가 어려워진 부모를 지원하게 된다. 자녀가 의무감으로 부모를 대할 경우에는 비록 과거에 부모로부터 받은 바가 적다 해도 호혜적 지원관계가 이루어지고 이 관계가 지속될 수 있는 것이다.

한편 물질적 지원을 자녀에게 제공 못 한다 하여도 노부모는 자녀가 필요로 하는 충고, 위로, 격려, 정신적 지원을 오랜 세월 동안 쌓은 경험과 지식으로 제공할 수 있어 노령에 자녀로부터 받는 도움을 상당한 정도로 보상 내지 형평화할 수 있다.

흔히 부모자녀 사이에 오가는 도움의 양이 균등해야 한다고들 말한다. 그러나 엄격히 말해서 부모자녀 관계에서는 위에서 소개한 서양학자들의 말대로 어떤 형태의 도움을 어느 정도로 주고 언제 이를 갚는다는 식의 교환조건이 정해져 있지 않다. 왜냐하면 자녀와 노부모와의 관계는 어느 문화적 맥락에서나 분명히 친밀성과 애정 그리고 의무감으로 엮여 있는 상호관계이기 때문이다. 다만 동양문화권에서는 부모자녀 관계가 매우 상호의존적이다. 이 점 독립적 생활을 지향하는 서양문화의 경우와 대조적이다. 그리고 부모자녀 관계는 특수한 관계로서 서로 상대방에게 필요할 때 기꺼이 도움을 제공한다. 즉, 서로가 지원을 해 주려는 의지를 항상 가지고 있다.

그렇지만 일단 노부모가 자기를 스스로 보살필 수가 없게 되면 자녀가 부모 부양에 대한 책임을 진다는 것은 당연한 것으로 사회는 보고 있으며 이렇게 책임을 진다는 것은 우리의 문화적 맥락에서 하나의 무거운 규범으로 되어 있다. 여기에서 자녀의 노부모에 대한 책임이 중요한 변수로 떠오른다.

문화적 맥락에 차이가 있음에도 불구하고 일본과 미국의 노부모를 부양하는 여성들이 다 같이 노인부양은 가족의 책임이라고 응답한 사실은 인상 깊다(Campbell & Brody, 1985). 저자의 연구에서도 이와 같은 결과가 나왔다(Sung, 1994, 2005). 즉, 노부모를 부양하는 한국인들과 미국인들을 비교한 결과 부모부양을 하는 첫째 이유로서 두 집단이 다 같이 부모에 대한 의무 내지 책임을 지적한 것이다. 책임성과 의무감을 가지고 자녀가 부모를 보호 부양하는 것을 우리는 효라고 보는 것이다.

새 시대에는 자녀의 능력만으로는 부모부양 책임을 수행할 수 없을 경우에는 외부의 자원을 이용할 수 있다. 즉, 가족과 친지로 이루어진 비공식 지원망과 사회복지기관들로 이루어진 공식적 지원망을 활용해서 부모를 지원할 수 있게 되었다.

:: 새 환경과 세대관계

노년학에서 논의되는 많은 문제들은 전통적 가치체계와 새로 출현하는 가치체계 사이에서 발생하는 긴장과 갈등과 관련된 것이다. 즉, 젊은 세대와 고령 세대 사이의 차이와 관련된 과제들이다.

어른존경에 대한 세대별 차이에 관한 자료는 희소하다. 앞으로 이런 자료를 시계열적으로 조사해서 축적해 나가야 하겠다.

전통문화는 획일적이고 권위주의적인 영향력을 우리에게 미쳐 왔다. 그리하여 우리에게는 먹는 음식, 일상생활에서 취하는 행동, 사고 방식이나 관념에까지도 고정된 것들을 순봉하는 경향이 있다.

새 시대에는 효의 실천방법의 수정이 불가피하다. 전통사회에서는 효 이념을 실현하는 데 있어 강압적이고 규제적인 방편을 사용하는 폐습이 있었지만 현대사회에서는 그렇게 하기가 어려울 뿐만 아니라 그렇게 해서는 안 되게 되었다.

부모와 자녀 간의 관계를 개발하는 것은 세대 사이의 인간관계를 유지하는 새로운 방법과 절차를 찾는 것이다. 즉, 부모를 자녀가 모시고, 부모는 자녀를 지원하는 데 있어 효과적인 방법을 찾는 것이다.

부모도 융통성과 관용성을 가지고 자녀의 부양을 수렴하면서 자녀를 존중하는 태도와 지원하는 행위를 해야 하겠다.

부모와 자녀 양편은 서로 보살피고 지원해야 할 범위 및 정도를 판정할 수 있어야 한다. 성숙한 성인으로서 자기실현을 하는 방향으로 만족할 만한 세대관계를 개발해 가는 것이 바람직하다.

다음은 어른과 젊은 사람이 호혜적으로 존경을 하는 방식을 논의해 본 것이다.

:: 서로 존중하는 세대관계

어른도 존경 방식을 젊은 사람들에게 적용할 수 있다고 본다.

존경방식을 어른뿐만 아니라 젊은 사람에게 적용하는 데 관심을 가지고 우리의 사회적 맥락에서 존경을 표현하는 실상을 설명해 보고자 한다.

〈호혜적 존경방식〉

1. 인사를 해서 하는 존경

상대방에게 인사를 해서 그에게 관심을 가지고 있으며 그를 존중한다는 표현을 하는 것이다.

어른에게 문안인사를 드리고 편안하신가 여쭈어 본다. 그리고 편히 쉬시기를 바란다는 인사를 드린다. 부모와 동거하지 않는 자녀는 전화나 다른 통신방법으로 이러한 뜻을 전달할 수 있다.

그런데 어른도 젊은이에게 "건강히 잘 있는가", "자네 집안이 두로 평안하신가", "무리를 하지 말고 쉬도록 하게", "자네 몸이 가장 귀중하니 항상 몸조심을 하게", "자네는 어려운 이웃을 도와주고 있어 참으로 훌륭하네"라고 하며, 그들과 만날 때 또 헤어질 때 존중하는 뜻을 전할 수 있다.

사실 이러한 인사는 이미 오래전부터 노소세대가 교호적으로 상대방을 존중하는 방법으로 사용되어 왔다.

2. 먼저 대접해서 하는 존경

도움이나 서비스를 먼저 제공하는 것이다.

어른에게 먼저 서비스를 제공하거나 대접을 함으로써 존경을 표현하는 방식이다. 차나 음식 또는 편의를 제공할 때 어른에게 먼저 드리는 것이다. 일본인, 중국인 그리고 한국인은 자동적으로 어른, 선생님, 선배에게 먼저 음식을 권하고 대접한다. 이 점이 서양 사람들과 다르다. 이들은 이렇게 자동적으로 먼저 대접을 하지 않는다.

부모와 어른도 자녀와 젊은 사람에게 우선적으로 편의를 제공해

주고 좋은 음식을 대접해서 이들이 잘되기를 소원하며 건강하기를 바라거나 이들이 잘한 일을 축하해 준다. 또 어른이 먼저 대접을 받고는 이에 대한 사의를 표명하려 젊은이에게도 비슷한 대접을 해 준다. 우리는 흔히 노소 세대 간에 이같이 우선적인 대접을 주고받는 사례를 볼 수 있다.

3. 순종을 해서 하는 존경

지시나 명령을 따르는 것이다.

부모의 말씀을 존중하여 이를 따르고, 그분의 말씀에 귀를 기울여 드림으로써 존경을 표하는 방식이다. 그러나 부모님의 말씀이 옳다고 볼 수 없을 때는 공손히 그분의 과오를 지적해 드릴 수 있다. 전통적 유교의 가르침에도 이렇게 부모님에게 권고하는 즉 간(諫)을 할 수 있음이 기록되어 있다.

부모와 어른도 자녀와 젊은이의 말을 따를 수 있다. 즉, 그들의 말에 귀를 기울이고 그들의 의견을 존중하고 가족과 사회에 이득이 되는 그들의 의견을 받아들이는 것이다. 이런 세대 간의 교환은 사실 많은 가족들이 일상적으로 하고 있는 관습이라고 하겠다. 이제 가족법이 바뀌고 평등한 민주사회에 살게 되어 부모와 기성세대는 자녀와 젊은 사람들의 정당한 견해와 의견을 더욱 존중해 주어야 하게 되었다.

4. 의논을 해서 하는 존경

의논을 하거나 충고를 해 달라고 부탁함으써 상대방에게 경의를 표하는 것이다.

개인적인 문제나 가족 문제에 대한 어른의 의견을 청해서 듣는다. 그럼으로써 젊은이는 어른에게 경의를 표할 수 있다.

의논을 함으로써 어른과 젊은 사람이 다 같이 혜택을 볼 수 있다.

젊은이는 필요한 정보와 도움을 받을 수 있고 어른은 보람을 느끼고 개인적인 만족을 하게 된다. 매우 호혜적인 존경방식이다. 마찬가지로 고령자도 젊은이에게 특정한 주제에 관한 의견을 묻고 그것이 도움이 되면 받아들일 수 있다.

학교에서나 산업장에서 흔히 젊은 사람들(학생, 기술자 등)로부터 새로운 아이디어를 잘 수렴하는 데서 창의적이고 발전적인 변화가 일어나고 있음을 알 수 있다. 가정에서도 역시 젊은 가족원들의 좋은 의견을 잘 수렴하는 데서 긍정적인 변화를 볼 수 있다고 본다.

5. 음식 대접으로 하는 존경

상대방이 즐겨 하는 음료와 식사를 대접하는 것이다.

어른이 좋아하는 음식을 제공하는 것은 오랜 세월 동안 전해 온 우리의 관습이다.

부모님의 식성과 기호에 따라 음식을 정성껏 장만하여 드린다.

음식 대접은 부모가 자녀에게 어릴 때부터 성인이 될 때까지 아니 그 뒤에도 그분들의 신체적 능력이 없어질 때까지 해 주는 것이 아닌가? 아마도 이 음식대접이야말로 오히려 부모가 자녀에게 더 많이 해 주는 존중방식이라고 해도 좋을 것 같다.

6. 경어로 하는 존경

대화를 하거나 서신을 작성 할 때 경어를 사용하는 것이다.

어른을 존경하는 표현은 매우 다양하고 복잡하다. 존경을 표하는 낱말, 구절, 문장이 존경의 정도와 존경 대상에 따라 그리고 주위사정에 따라 달라진다.

예를 들어 어른을 부를 때 그분의 이름 앞에 그분의 칭호(회장님, 선생님, 여사님, 박사님, 과장님, 선배님 등)를 붙여서 부른다. 이 밖에도 존경의 표현들이 많이 있다.

부모와 어른이 자녀와 젊은 사람에게 똑같은 경어 또는 존경하는 말을 사용할 수는 없으나 젊은 사람을 존중한다는 뜻이 함축된 표현은 흔히 사용하고 있다. 예를 들어 '군', '양' 또는 '미스터', '미스'를 붙여 젊은 사람의 이름을 부른다든지, "이렇게 해 주기를 바랍니다", "더 조용히 해 주시오", "여러분의 노고에 감사합니다" 등의 표현들은 젊은 상대를 존중해서 하는 뜻이 포함되어 있다. 기성세대는 앞으로 이러한 젊은 세대를 존중하는 표현을 더 자주 더 많이 사용해야 할 것이다.

7. 보살핌으로 하는 존경

정서적 및 수단적으로 보살피고 지원해 주는 것이다.

이 존경방식은 사람에 대한 존경을 표시하는 가장 대표적인 방식이다. 저자의 연구에서 이 존경방식이 제일 중요시하고 제일 흔히 사용하는 방식으로 나타났다.

이 존경방식은 상대방을 마음속으로부터 우러나는 정성으로 보살피고, 염려해 주고, 기쁘고 안락하게 하고, 불안감을 해소해 주고, 마음에 상처를 주는 일을 하지 않고, 자주 만나 시간을 함께하고, 개인적인 케어를 해 주고, 수단적인 서비스로서 음식을 장만해 주고, 집안일을 돌보아 주고, 교통편을 제공하고, 보건의료 서비스를 해 줌으로써 표현하는 존경방식이다. 따라서 이 방식은 정서적인 보살핌은 물론 수단적인 서비스도 함께 해 주는 것이다.

사람의 한평생을 보아 부모와 자녀 어느 쪽이 더 보살핌을 많이 받았을까? 자세히 관찰을 해 본다면 아마도 자녀가 훨씬 더 많이 받을 것이다. 게다가 그들이 부모로부터 받은 이 보살핌은 끝이 없고, 한없이 넓고 깊은 것이다. 따라서 이 존경방식에서는 부모가 오히려 자녀를 더 존경해 주는 격이 된다.

부모와 고령자는 성인이 된 자녀에게도 그들의 복리와 발전을 위해서 계속 격려하고 지원해 주려고 노력한다.

8. 외모를 갖추어 하는 존경

의복을 단정하게 입고 화장을 평범하게 하고 예의가 있고 공손한 외모를 갖추어 경의를 표시하는 것이다.

이 방식은 동아시아문화에서 노소 간에 지켜야 할 하나의 규범으로 되어 있다.

젊은 사람이 어른을 만날 때 머리를 빗고 의복을 단정하게 입고 간다. 외모를 중시하는 오랜 관습이 있는 우리 동양사회에서는 시대의 변천에도 불구하고 여전히 이 방식이 널리 사용되고 있다. 흔히들 형식적이라고 하지만 이는 오랜 문화적 관행이라 바꾸지를 못하는 것 같다.

어른도 역시 젊은 사람들을 대할 때 이 방식을 흔히들 사용하고 있다. 예를 들어 부모가 집안의 젊은 사람들이 베푸는 향연이나 모임에 임할 때, 교사가 학생들 앞에서 강의를 할 때, 사상이 직원들 앞에서

훈시를 할 때 이 방식을 사용한다.

자녀가 자랄 때 부모는 가정 밖에서 바른 용모를 갖추도록 외모를 꾸며주고 타이른다. 이렇게 자란 자녀는 성인이 되어 신체적으로 부자유한 노부모의 외모를 꾸며 드리고 그분에게 편리하고 알맞은 의복을 골라 입혀 드리고 색깔과 모양이 좋은 구두를 맞추어 드리고 미용실에 모셔다 드리고 화장을 돌보아 드린다.

세대 간의 교호적인 관계가 이 방식을 사용하는데도 적용되고 있다.

9. 윗자리를 제공해서 하는 존경

존경의 뜻을 나타내는 자리 또는 장소나 역할을 제공하는 것이다.

어른에게 윗자리 또는 가운데 자리를 제공하여 존경의 뜻을 표한다. 또 따뜻한 방, 난로 옆 자리, 시원한 곳을 마련해 드린다. 이 방식은 집터와 묘터를 고르는 데 많은 에너지를 사용하는 우리 문화에서 중요한 어른존경방식으로 통용되어 왔다.

이 방식도 연장자가 젊은 사람에게 해줄 수 있다. 예를 들어 부모는 자녀의 생일날, 졸업을 축하하는 모임, 자녀가 주도하는 가족회의 등에서 자녀에게 가운데 자리를 제공해 주어 그에게 축하의 뜻, 그의 역할과 그가 수행할 책임을 존중한다는 뜻을 표시할 수 있다.

10. 축하를 해서 하는 존경

탄생일이나 특별한 이벤트를 축하하는 것이다.

상대방의 탄생일이나 특별히 축하할 일이 있을 때 정중히 축하해 줌으로써 그에게 존중하는 뜻은 표시한다. 또 여러 사람을 초대해서 축하를 위한 연회를 마련할 수도 있고 그렇게 하지 못할 때는 꽃을 보내거나 축하 선물 또는 카드를 보낼 수 있다. 멀리 떨어져 있을 경우는 전화나 이매일 또는 카드로 축하의 뜻을 전한다.

이 방법은 모든 가정에서 부모와 자녀, 어른과 젊은이 사이에 서로 주고받는 축하방식으로서 오래전부터 세대 간에 평등하게 행해지고 있는 존경방법이다.

11. 이웃노인에 대한 존경

이웃과 사회의 어른을 존경하는 것이다.

도움이 필요한 이웃의 고령자들과 동리사람들을 지원하는 것이다. 이 범위가 넓은 존경방법은 오늘날에 와서 그 중요성이 매우 커졌다.

가족의 지원능력이 저하되고 자녀와 부모가 떨어져 사는 현대사회에서는 이웃 지원은 매우 필요하다. 이 방법은 영국에서 개발되어 세계적으로 실시되고 있는 커뮤니티케어(지역사회가 제공하는 보살핌)와 비슷한 것으로 공동사회의 성원들이 서로 보살피고 도와주는 호혜적인 존경방식이다.

앞서 지적한 바와 같이 노소세대들이 함께 지역사회에서 고령자와 연소자들을 도와주는 활동을 전개할 수 있다. 가족중심적으로 생활해 온 우리에게는 매우 의미 있는 새로운 방식이다. 이 지역사회, 공동사회 중심으로 고령자와 연소자가 함께 어울려 팀이 되어 지원을 주고받는 프로그램에 대해서 앞으로 더 많은 관심을 가지고 연구, 개발해 나가야 하겠다.

12. 선물로 하는 존경

물질적 선물－돈, 의복, 음식, 생활용품 등－이나 비물질적 선물－

편의, 혜택, 명예로운 역할 등−을 증여하여 경의를 표시하는 것이다.

선물은 애정의 표시임은 물론 상대방을 지원, 원조하는 뜻이 있으며 존경하는 뜻이 포함되어 있다. 연로한 고령자는 돈을 포함한 쓸모있는 물건을 선물로 받는 것을 매우 즐거워하고 고맙게 여긴다. 이뿐만 아니라 애정이 담겨 있는 카드, 꽃, 전에 찍은 상대방의 사진, 건강에 관한 책 등을 보내는 것도 좋은 선물이 된다.

선물도 부모가 자녀에게, 어른이 젊은이에게 주는 경우가 많다. 자녀가 공부를 잘하도록, 어떤 바람직한 일을 했기 때문에, 집안의 자랑이 될 일을 해서, 자녀에 대한 애정을 표시하려고, 앞으로 일을 잘하도록 격려하려는 등의 좋은 뜻에서 전하는 경우가 많다.

이와 같은 선물을 통한 존경 방식도 세대 사이에 진행되는 호혜적 교환의 하나이다.

부모가 연로해지면 그동안 지원(돈, 물건)을 받아 오던 자녀가 거꾸로 부모를 지원하게 되는데 이는 호혜적 관계의 순환이다.

위의 존경을 표현하는 방식들은 저자가 한국, 중국, 일본의 성인들을 대상으로 직접 조사를 해서 얻은 자료에서 발견한 것들이다. 이 방식들은 노소가 사회적 교환을 하는 데 있어 그때그때의 사정과 세팅에 알맞게 실천될 수 있다.

제11장

떨어져 살면서
존경하는 방식

앞서 논의한 바와 같이 어른을 존경한다는 것은 어른을 신체적으로 보살피고 지원하는 면과 정서적으로 보살피는 두 가지 뜻을 내포하고 있다.

자녀는 수단적 존경과 정서적 존경을 다 같이 제공함이 바람직하다. 어느 한 가지 유형의 존경만을 제공한다면 대개의 경우 노부모가 필요로 하는 바를 모두 충족하기가 어려울 것이다.

오늘날 물질적 존경(수단적 존경)이 중요하다 하여 부모에게 용돈, 교통편, 식사, 의복만을 제공하면 된다는 태도를 가지는 자녀가 흔히 있다. 그러나 이러한 수단적 또는 물질적 존경과 병행해서 정서적 지원도 제공해야 한다. 부유해진 우리 사회의 많은 고령자들은 의식주 문제는 거의가 해결하고 있으나 정서적 존경을 갈망하고 있는 실정이다.

다음에 존경 방식 하나 하나에 걸쳐 떨어져 사는 자녀가 부모를 존경하는 방법에 대해 논의해 보고자 한다.

:: 떨어져 살면서 행하는 존경

여러 가지 존경 방식들을 멀리 떨어져 사는 부모에게 전달 또는 표현하는 데 대하여 살여 보고자 한다.

1. 보살핌으로 하는 존경

이 존경방식은 '마음속'으로 그리고 '행동'으로 표현할 수 있다. 떨어져 살면서도 상당한 정도로 이 두 가지 보살핌으로 하는 존경을 실천할 수 있다.

첫째 요건을 흔히 '정서적 케어'라고 한다. 예를 들어 어른의 마음을 편하게 하고 어른을 즐겁게 하고 어른의 걱정을 덜어드리고 동정을 해 드리고 어른의 관심사에 대해서 걱정을 해 드리고 안락한 분위기를 마련해 드림으로써 하는 존경이다.

마음을 편히 해 드린다는 것은 떨어져 사는 자녀도 전화와 다른 통신방법을 통해서 능히 실행할 수가 있다.

둘째 요건은 행동적으로 표시하는 것으로서 '수단적 케어'라고도 한다. 예로 식사를 시중하고 옷을 손질해 드리고 가사를 돕고 목욕을 돕고 대소변을 돌보아 드리고 의료기관에서 치료를 받도록 주선해 드리고 잡비를 마련해 드리는 등의 서비스를 제공함으로써 하는 존경이다.

이러한 서비스를 해드리는 데 있어 떨어져 사는 자녀는 부모와 함께 또는 부모의 집 바로 옆에 사는 자녀에 비해 더 많은 노력을 하게 된다.

우리 사회에서는 서양 사회와 달리 부모와 함께 사는 성인자녀들이 아직도 많다. 노부모와 동거하는 자녀는 좋든 싫든 노부모를 보살피는 역할을 하게 되며 부모와 떨어져 사는 자녀보다도 수단적-손끝으로 그리고 몸으로 하는- 서비스를 더 많이 더 쉽게 제공할 수 있다.

떨어져 사는 자녀는 얼굴을 맞대고 부모와 접촉하기가 어렵고 식사 시중, 병간, 집안 일 돕기, 교통편 제공 등 손과 몸으로 하는 보살펴서 하는 존경을 하기가 어렵다.

지리적 문제로 인해 생기는 어려움을 어떻게 해결 내지 줄이느냐의 과제가 바로 많은 가족들이 안고 있는 고민이다.

앞으로 사람들이 더 오래 살게 되고 부모를 보살피는 가간이 길어지고 부모를 떠나 먼 곳에서 활동하는 자녀 수가 더욱 증가함에 따라 혼자 살면서 몸이 불편하거나 병환이 있는 고령자들을 돌보는 일은 보다 더 심각한 문제가 될 것이다.

그런데 떨어져 사는 자녀도 부모에 대한 애정과 의무감을 가지며 부모의 안녕을 염려하고 부모를 물질적으로 지원하면서 존경을 표현할 수가 있다.

떨어져 사는 양상도 가족마다 다를 수 있다. 예로 자녀가 부모와 떨어져 이웃집, 같은 동네, 시내, 지방 또는 외국에서 사는 경우들이 있다.

거리상의 차이가 있지만 일반적으로 떨어져 사는 자녀는 흔히 전화를 사용해 부모와 대화를 하여 부모와 애정을 나누고 걱정을 덜어드리며 마음을 편하게 해 드려 정서적 존경을 할 수 있다. 그리고 전화로라도 부모의 생활상태를 파악해서 필요할 때는 적절한 대책을 세울 수 있다. 시간적으로 여유가 있으민 우편으로 통신을 하고 생활

비나 물건을 보내 수단적인 존경을 표할 수 있다. 부모를 정기적으로 또는 필요할 때 방문해서 애정을 나누고 즐겁게 해 드리고 부모의 건강상태, 독립해서 생활할 능력, 이웃과의 우호적 관계, 재정형편 등을 파악하여 필요한 조치를 취하면서 수단적으로 또 정서적으로 존경을 할 수 있다.

부모가 필요로 하는 서비스는 여러 가지가 있을 수 있다. 가족이 제공하지 못하는 도움은 가족 바깥의 전문적 서비스 기관들로부터 제공받을 수 있다.

그런데 외부 기관에서 제공하는 서비스는 가족 스스로가 제공하는 서비스에 비해 따뜻하며 인정 있고 존중한 케어가 되지 못하는 경우가 많다.

우리 사회에서는 가족원들이 서로에 대해 깊은 관심을 가지면서 서로 의존하고 밀접한 관계를 유지하며 개인에 앞서 가족을 걱정하는 가치와 생활태도를 중요시하고 있다.

이 전통적 가치를 간직한 우리는 떨어져 사는 고령의 친족을 보살피고 지원하려는 의지를 보유하고 있다. 따라서 떨어져 살면서 어떻게 부모와 고령자를 보살핌으로 존경하느냐의 방법상의 문제를 슬기롭게 풀어 나가야 하겠다. 고도로 발달한 통산교통수단이 이 문제를 과거보다는 훨씬 쉽게 풀어나갈 수 있게 하였다.

2. 순종을 해서 하는 존경

어른의 말이나 지시를 따르고 어른의 말을 귀담아듣는 태도와 행동을 취함으로써 경의를 표시하는 방식이다. 이 방식은 떨어져 사는 자녀도 실행할 수 있다. 전화와 우편 또는 무선통신으로 그리고 부모를 직접 방문해서 이 방식을 실천할 수 있다.

3. 경어(존댓말)로 하는 존경

어른과 대화를 하거나 교신을 할 때 경어 또는 존댓말을 사용하여 경의를 표하는 방식이다. 이 방식도 전화를 통한 대화와 서신 또는 무선통신으로 실천할 수 있다.

존경하는 정도는 사용하는 말 또는 글에서 표현된다.

우리는 어른에게 하는 말과 글에서 존경하는 낱말, 구절, 문장을 매우 다양하게 사용하는 문화적 특징을 가지고 있다.

어른을 직접 부를 때, 돌아가신 어른을 부를 때, 나 자신을 어른에게 말할 때 그 호칭이 각각 다르다. 그리고 아버지를 직접 부를 때, 사돈어른을 부를 때, 직장의 윗사람을 부를 때, 모르는 어른을 부를 때 각각 그 호칭이 달라야 한다. 부모와 대화할 때 가장 흔히 사용되는 호칭으로서 아버님, 어머님을 들 수 있다. 이러한 호칭을 사용하는 데도 부모를 존경하는 의미가 담긴 목소리로 해야 한다.

경어를 사용하는 데 있어 또 한 가지 유의할 점은 어른이 알아듣기 쉽도록 말하고 고운 말과 교양 있는 말을 사용해야 한다. 즉, 언어예절을 지켜야 하는 것이다.

오늘날 산업화된 사회에서도 어른과 대화할 때 경어 사용을 중요시하고 있다. 서양 사람들은 주로 어른의 성(이름이 아닌)과 호칭 (선생, 부인, 박사, 목사/신부, 의장, 위원장 등)을 붙여서 부르는데 그치지만 동아시아 사람들은 다양한 경어를 사용한다. 우리의 언어 속에는 어른을 존경하는 뜻과 표현이 스며들어 있다.

어른이 알아듣기 쉬운 말, 전문용어가 아닌 말을 사용해야 하며 조용하고 부드러우면서도 정확하게 말을 해야 한다.

다음에 특히 어른과 대화를 할 때 유의할 사항들을 몇 가지 적어 보겠다. 이 사항들은 모두 어른을 존중하는 언어의 표현과 연관된 것이다.

고령자는 일반적으로 말하는 것이 더디고 한 말을 되풀이하며 어떤 점에 대해 길게 이야기하는 경향이 있다. 어른이 말하는 것이 답답하고 지루하여도 그 분을 존경하는 뜻에서 긍정적으로 받아 들이고 다음과 같은 사항에 유의하면서 대화하는 것이 옳다.

① 먼저 대화를 할 노인 어른에게 정중히 인사를 하고 용건을 말한다.
② 부드러운 말씨로 조용하게 말을 한다.
③ 공손하게 말을 이어 간다.
④ 쉬운 말로 천천히 조리 있게 말한다.
⑤ 어른이 말할 때 귀를 기울인다.
⑥ 어른이 하는 말을 이해하기 위해 노력한다.
⑦ 어른이 말하는 도중에 끼어들지 않으며 어른이 말을 끝나기를 기다린다.
⑧ 질문할 때는 그분의 양해를 정중히 구한다.
⑨ 대화 도중 자리를 떠야 할 때는 그분의 양해를 구한다.
⑩ 어른의 청력을 파악해서 내가 할 말의 크기와 속도를 조절한다.
⑪ 통화할 요건을 미리 정리해서 가능한 한 짧게 통화한다.
⑫ 대화를 마치면 끝낸다고 말한 다음 인사를 하고 자리를 떠난다.

앞의 사항들은 부모와 어른하고 면담을 할 때나 전화를 할 때 유의해야 할 조건들이다. 고령자는 청력이 약해져 다른 사람의 말을 명확히 듣지 못하는 경우가 많다. 고령자와 대화할 때는 그분이 어느 정도 다른 사람의 말을 들을 수 있는가를 파악해야 한다.

우리의 문화적 맥락에서는 이러한 모든 사항들을 지켜가면서 보살핌으로 하는 존경을 실천하는 것이 중요한 관습으로 되어 있다.

4. 축하를 해 드려 하는 존경

부모의 탄생일이나 부모가 관련된 특별한 행사에서 축하해 드리는 것이다. 이렇게 해서 하는 존경도 떨어져 사는 자녀가 여러 가지 방법으로 할 수 있다.

직접 방문을 해서 할 수 있고, 방문이 불가능하면 전화로 축하의 뜻을 전하거나 아니면 편지(카드) 또는 이메일이나 팩스와 같은 무선통신 수단으로 전할 수 있다. 축하를 위한 선물도 방문을 할 때나 우편/배달인을 통해 보낼 수 있다.

5. 의논을 통한 존경

어른의 지위, 인격, 경험, 지혜를 존중하여 개인적인 일, 가정의 일, 지켜야 할 관습, 가정의례 등에 관해서 이 분과 의논하는 것이다. 이 방식은 특히 부모와 자녀가 다 같이 존중을 받을 수 있는 장점이 있다. 즉 의논을 부탁 받은 부모는 자기들의 지위와 능력을 인증받기 때문에 만족감을 가지게 되고 자녀는 도움이 되는 충고, 지식, 정보를 얻을 수 있기 때문에 즐거움을 느낄 수 있다. 말하자면 서로 존중하는 방식이다.

이 방식도 떨어져 있는 자녀가 전화, 통신, 편지 그리고 방문을 통해서 할 수 있다.

6. 인사를 해서 하는 존경

직접 만나지 않고 전화나 편지 또는 통신으로도 다정하고 정중한 인사를 해서 존경을 표할 수 있다. 전화를 하는 횟수는 사람마다 다를 수 있다. 아침에 일어나서 부모님에게 전화를 걸어 인사를 하거나, 일주일에 몇 번씩 정규적으로 인사를 드릴 수 있다. 이메일로도 인사를 드릴 수 있고 스마트폰으로 화상전화를 통해서 인사를 할 수 있다.

존경은 무엇보다도 마음에서 우러나는 경의를 표시하는 행동이다. 따라서 존경하는 행동, 즉 전화를 통한 대화에 그러한 마음씨가 나타나도록 성의 있고 진실하게 인사를 하는 것이 중요하다.

직접 방문을 할 경우에는 얼굴을 마주 대고 허리를 굽혀 안부의 말을 하면서 인사한다. 인사의 일부로서 어른과 악수를 할 경우에는 어른이 먼저 악수를 청할 때 이에 응해서 악수를 하는 것이 옳다.

인사의 대표적 방식은 절을 하는 것이다. 이 방식은 몸의 동작으로 표시하는 존경이다. 돌아가신 조상의 위패, 신앙의 상징, 국가의 상징인 국기에 대해서도 절을 한다.

절을 받는 어른은 절을 하는 사람에게 (어느 경우에는 미성년자도 포함해서) 답례로 절을 해주기도 한다. 존경 대상이 되는 어른에게 몸을 굽히는 동작은 존경의 정도가 높을수록 더 굽히고 또 절하는 동작을 몇 빈이고 반복하기도 한다.

절로 경의를 표시하는 방법은 서양 사람들도 종교적 의식이나 특별한 경우에 사용하고 있으나 일상생활에서 행하는 경우는 드물다. 고개를 숙이고 허리를 굽혀서 표현하는 방식은 동아시아 사람들의 독특한 존경방식이며 우리들의 생활문화 속 깊이 뿌리 박혀 있는 관행이다.

이 밖에 손을 맞잡는 동작(공수) 그리고 최근 널리 행해지고 있는 악수가 있다.

어느 방식이든 존경의 대상을 만나면 때를 놓치지 않고 곧 절을 해야 한다. 그리고 절이나 악수를 할 상대방을 똑바로 쳐다보고 목례(눈으로 예의를 표시하는 것)를 하고 절을 해야 한다.

7. 음식 대접으로 하는 존경

떨어져 사는 효성스러운 자녀가 가장 고민하는 것 중의 하나가 어른에게 직접 음식을 대접해서 하는 존경방식을 실천하기가 어려운 것이다. 그러나 기회가 날 때마다 부모를 방문해서 식사를 해 드리거나 좋아하시는 음식점에 모셔 가서 대접해 드릴 수 있고, 돈을 보내 드려 즐겨 하는 음식을 사서 드시도록 할 수 있다. 아니면 좋은 식료품을 우편/택배로 보내 드릴 수도 있다.

8. 선물로 하는 존경

선물(예: 돈, 옷, 일용품, 기타 쓸모 있는 물건)을 제공하여 경의를 표하는 것이다. 떨어져 사는 자녀가 할 수 있는 존경방식이다.어른에게 하는 선물은 애정의 표시임은 물론 그분들을 지원, 원조하는 뜻이 있을 뿐만 아니라 어른을 존중하는 뜻도 물론 내포되어 있다. 일반적으로 연로한 어른들은 사회에서 은퇴하여 수입과 사회활동이 거의 없이 생활하는 분들이다. 따라서 여러 가지 물건이 필요하다.

그래서 그분들에게는 돈을 포함한 쓸모 있는 물질적 선물이 매우 반갑고 고마운 것이다.

예로 노인들이 일상생활에서 쉽게 사용할 수 있고 실용적인 옷, 구두, 넥타이 등을 골라서 선물할 수 있다. 편지와 꽃을 보내는 것도 좋다. 편지에는 가족원들이 "사랑해요"라는 말을 적어 모두의 이름에다 사인을 해서 보내면 더 없이 좋은 선물이 될 수 있다. 그리고는 작은 상자 안에 노인이 필요한 우표, 필기도구, 장거리 전화용 카드, 셀로판테이프, 양말, 비누, 칫솔, 치약, 로션, 손수건 등 일상생활에 필요한 것들을 넣어 보내는 것도 좋다.

앞의 존경방식들 외에도 외모를 갖추고, 윗자리를 제공하고, 먼저 모셔서 하는 존경방식들이 있다. 이 방식들은 전화, 편지, 무선통신으로 하기가 어려우나 부모를 방문해서 만나면 실행할 수가 있다.

:: 시대의 흐름과 표현의 변화

사회가 변동함에 따라 어른존경방식도 바뀌고 있다. 그러나 존경방식이 어떻게 그리고 어느 정도로 변하고 있는가에 대해 체계적으로 조사한 연구는 매우 드물다. 싱가포르에서 존경의 뜻이 순종, 복종으로부터 공손, 친절로 변하고 있다는 연구보고가 나왔다(Mehta, 1997). 이런 존경의 뜻도 전화로 조심스럽게 전할 수 있다. 그리고 어른이 이야기할 때 이를 경청하는 것 – 반드시 따른다는 것은 아니지만 – 을 젊은이들이 존경방식으로 사용하는 경향이 있다는 태국과 타이완에서 나온 보고가 있다(Ingersoll-Dayton & Sangtienchai, 1999). 이 방법 역시 전화에서 부모님 말씀을 인내심 있게 들어 드리면서 할 수 있다. 한국에서는 어른과 의논하는 방식이 널리 사용되고 있다. 이 또한 전화로 할 수 있는 존경방식이다. 젊은 세대와 어른 세대 간의 열린 대화를 하고 도움을 나누는 기회를 갖도록 하는 이 방식은 앞으로 널리 사용될 것으로 본다.

존경의 표현이 수정되고는 있지만 어른존경은 여전히 한국, 일본, 중국 그리고 홍콩, 대만, 싱가포르를 포함하는 동아시아 전역에서 중요한 사회적 가치로 남아 있으며 이 가치는 가족원들 간의 그리고 세대 간의 관계를 공고히 하는 힘이 되고 있다.

:: 논 의

떨어져 사는 자녀가 부모를 존중하는 데 있어 물리적 거리가 장애요인으로 되어 있는 것이 사실이다. 그러나 대부분의 존경방식은 떨어져 사는 자녀도 행할 수가 있는 것으로 나타났다. 다만 멀리 사는 부모에게 존경을 표시하기 위해서는 가까운 거리에 사는 자녀보다도

더 마음을 쓰고 통신, 교통 수단을 이용하면서 더 많은 노력을 해야
한다.

중요한 점은 부모를 마음속으로부터 존중하는 것이다. 이러한 마
음의 자세를 가지면 나머지 일은 최선의 수단과 기법을 활용해서 그
마음을 부모에게 전달해 드리는 것이다.

제12장

사회복지서비스의
활용

어른존경의 중심적인 내용이 바로 어른에게 보살핌을 제공하는 것이다. 보살핌은 서비스를 말한다.

　오늘날 많은 가족들은 가족 자체의 힘으로 고령의 부모를 보살필 수 없게 되었다. 가족 바깥에서 제공하는 여러 가지 전문적 서비스가 필요하다. 그동안 사회발전과 동반하여 사회복지 기관과 시설이 다수 설립되어 다양한 서비스를 제공하고 있다.

　그래서 새 시대에 어른존경을 논의하는 데는 외부의 도움이 필요한 가족이 사회복지, 보건서비스를 활용하는 과제를 다루지 않을 수 없게 되었다.

　가족 밖의 지역사회에서 신체적으로나 정신적으로 어려운 상태에 있는 노부모가 필요로 하는 도움과 서비스를 입수하는 데는 시간과 노력이 필요하다. 우리 사회에는 아직도 고령자가 필요로 하는 다양한 서비스들을 제공하는 전문인들과 시설들을 충분히 갖추지를 못하고 있는 지역들이 많다. 그래서 어느 지역사회에서는 비교적 쉽게 필요한 전문적 서비스를 입수할 수 있으나 다른 곳에서는 그런 서비스를 받기가 어렵다.

그동안 정부의 정책이 가족 자체가 가족의 복지를 책임지도록 하는 데 중점을 두어 나라의 눈부신 경제발전에 비해 정부가 지원하는 공적인 사회복지 서비스는 발전의 속도가 느린 실정이다.

다행히 근년에는 노인복지를 위한 정부지원이 늘고 있으며 각종 민간단체들과 비영리단체들의 노인봉사활동이 많아졌다. 이와 같은 발전적 변화에 따라 노인을 위한 전문적인 서비스와 지원이 여러 지역에서 제공되고 있다.

일례로 대다수의 종합병원들에는 노인병과가 부설되어 있으며 이곳의 노인병담당의사가 노인들의 질환을 치료하고 있다. 그리고 노인복지관들이 증설되어 노인을 위한 각종 전문적 서비스를 지역사회 중심으로 제공하고 있다.

그런데 부모가 병원에서 치료를 받은 후 퇴원할 때 앞으로 어떻게 보살피느냐는 문제를 두고 떨어져 사는 자녀는 걱정을 한다.

이런 상황에서는 우선 부모가 퇴원하기 전에 그 병원의 사회사업실을 찾아 사회복지사와 퇴원 후의 문제에 대해 상의를 해서 퇴원 후에 해당 지역사회에서 입수할 수 있는 각종 도움과 서비스에 대한 정보를 얻고 이런 지원을 제공하는 기관들과 시설들로 의뢰를 받을 수 있다.

그러나 이런 도움을 받을 수 없는 경우에는 당황하지 말고 차근차근 다음과 같은 필요한 작업을 해 나가야 한다.

:: 확보해야 할 지원과 서비스

집안에서 요양하는 노인들을 위한 도움에는 여러 가지가 있다.

중태가 아니고 회복기에 있어 가끔 도움이 필요한 경우에는 특정한 기간 동안 외부의 도움을 받아야 한다. 이런 가끔 필요한 도움은 대개의 경우 가족과 친척으로부터 받을 수 있다. 떨어져 사는 가족의 경우 노부모를 방문해서 도움을 제공할 수 있고 이분들을 자녀의 집으로 모셔 가서 보살필 수도 있다. 그러나 가족원이 적절한 도움을 제공하지 못하는 경우도 있다. 이런 경우에도 부모와 가까이 사는 친척들이 흔히 도움을 제공하고 친구와 이웃이 도움을 주기도 한다.

떨어져 살면서 도저히 부모를 도와 드릴 수가 없을 경우에는 부모가 사는 지역사회 내에서 서비스를 물색해야 한다. 해당 지역사회 내의 사회복지기관, 노인회, 노인의 전화, 보건소, 동주민센터, 종교단체, 자원봉사그룹 등을 통해서 도움을 구해야 한다.

지역사회의 자원을 활용하기 위해서는 미리 준비를 해나가야 한다. 즉, 부모가 건강할 때부터 해당 지역 내에서 얻을 수 있는 서비스와 도움의 종류, 제공자, 비용 등에 대한 정보를 수집하기 시작해야 한다.

고령자가 필요로 하는 서비스에는 비교적 가벼운 지원 이외에도 여러 가지 유형들이 있다.

예로 심장질환이나 지체장애를 가진 노인들 가운데는 하루에 한 끼의 식사를 해주고 일주일에 한 번 빨래만 해주면 정상적으로 생활해 나갈 수 있는 분들이 있다.

이런 케이스보다도 상태가 악화되어 중증 질환을 가져 장기적으로 집중적인 보살핌과 치료를 받아야할 분들이 있다. 예로 심장마비 또는 뇌혈증을 앓았거나 심한 정신질환을 가진 분들은 24시간 보호를 받아야 한다. 이분들은 신체적으로 마비가 되지 않았다 해도 지속적인 보호와 전문적 간호가 필요하다. 이런 상황에서 흔히 노인요양원에 입원하는 대안을 생각하게 된다. 그러나 집중적인 보호가 필요한 분들도 자기 주택이나 자녀의 집에 거주하면서 간호를 받을 수 있다.

이러한 중환을 가진 분들을 보살핀다는 것은 24시간 쉴 사이 없이 계속되는 일이기 때문에 정신적으로나 육체적으로 매우 힘이 드는 일이다. 보호자는 자기 자신을 위해 때를 가려 휴식과 안정을 취할 필요가 있다. 이렇게 휴식이 필요할 때 친척이나 가까운 친구들이 일정 시간 동안 환자를 돌보아 주도록 할 수 있다. 그리고 미리 주선을 해서 가정방문 간호사가 무료 또는 유료로 환자를 간호하도록 할 수 있다.

한편 이러한 중증환자인 노부모를 보살피는 일은 매우 힘이 들기 때문에 역시 가족(친척포함)이 사전에 회의를 해서 어느 가족원이 어떠한 보살핌을 어느 정도로 분담하고 어떤 책임을 어느 기간 동안 맡을 수 있는가, 그리고 노부모를 간호하는 일이 자신들의 가족에게 어떠한 불이익을 가져다 줄 수 있는가 등 가족 사이에 일어날 일들에 대한 상의가 있어야 한다.

부모를 집에 모셔 간호해 나가기에 앞서 이러한 가족원들 사이의 상의가 필요하다. 이렇게 함으로써 가족원들의 어려움을 상호 이해해서 불이익을 최소화하고 간호를 위한 가족원들의 협동과 화합을 도출할 수 있다.

그런데 가족이 정성스럽게 보살피겠지만 간호의 질이나 결과를 본다면 전문인들이 하는 것이 더 나을 수 있다. 즉, 가족 밖의 전문적 훈련을 받은 인간봉사자들이 이 일을 맡음으로써 더 나은 결과를 낼 수 있는 것이다.

이러한 가족 외부의 도움을 얻기 위해서는 주변의 지역사회를 돌아봐야 한다. 요즘에는 대개의 지역사회 내에 또는 가까운 곳에 노인환자를 위한 서비스를 제공하는 전문인들이 있다. 기본적인 의료서비스와 사회복지서비스를 제공하는 전문인들을 비롯해서 의료계의 신경정신과, 통증진료, 치과의사, 응급치료를 하는 전문의들이 있으며 단기 또는 장기 치료를 하는 개인병원과 종합병원이 있다. 그리고 노인병원, 노인요양원, 치매요양원, 노인복지관, 사회복지관, 사회사업기관을 비롯해서 거택서비스와 시설중심 서비스를 제공하는 민간단체들이 있으며 이들 단체의 수가 꾸준히 늘고 있다. 문제는 이러한 제공자들이 도시에 집중되어 있어 시골에 사는 분들에게는 접근하기가 힘든 경우가 많다. 그리고 기관에 따라서는 서비스를 신청해 오는 케이스들이 많아 기다리는 시간이 길어지고 있어 미리 필요한 서비스를 파악해서 이를 신청해 두는 것이 좋다.

어느 지역사회든 노인들의 모든 문제를 다 해결할 능력을 갖추지는 못한다. 그러나 근년에 노인문제에 대한 관심이 높아지고 정부의 노인문제 대책이 개선되고 있으며 지역사회 자체의 헌신적인 노력이 확산되어 다수 지역들에서 노인을 위한 각종 서비스들이 제공되고 있다.

이러한 지역사회 내에서 얻을 수 있는 서비스에 대한 정보를 미리 확보해 두어야 한다. 역시 위에서 지적한 병원의 사회사업과, 노인복지관, 사회복지관, 동사무소, 보건소 등에 문의해서 해당 지역 안에서 얻을 수 있는 서비스에 대한 정보를 모아야 한다. 이런 곳에서는 대개 노인을 위해 도움이 되는 집단이나 시설 또는 개인의 전화번호와 주소 및 도움의 종류를 갖춘 명단을 가지고 있다.

뿐만 아니라 이들 기관에는 대개 당장에 필요한 지원은 받을 수 있는 전문인들, 예로 사회복지사, 자원봉사자, 거택간호사, 가정봉사자 등이 근무하고 있다. 사회복지사와는 부모의 상황을 평가받고 필요한 서비스에 대한 상담을 할 수가 있다.

최근에는 퇴원 후에 필요한 거택간호 및 거택서비스가 여러 지역들에서 제공되고 있다.

지역사회에 대한 소상한 정보를 가지고 있어도 어느 서비스가 부모에게 적당한가, 또 적절한 서비스를 어떻게 신청하느냐에 대해 잘 모르는 경우가 있다. 따라서 지역사회 전체에 대해 잘 알고 있는 사회복지사를 포함한 전문인들을 찾아 상의할 필요가 있다.

대개의 경우 사회복지사가 그 지역의 사회복지(노인복지를 포함한)와 연관된 종합적인 사정을 알고 있다. 사회복지사들은 앞에서 지적한 바와 같이 직접적인 도움도 줄 수 있을 뿐만 아니라 노인이 필요로 하는 서비스를 제공하는 전문인, 기관 또는 시설로 연결해 주는 의뢰서비스도 해 줄 수 있다. 적어도 한 사람의 지역 내의 사회복지사가 부모에 대한 사정을 잘 알고 계속해서 관심을 가지게 된다면 여러 가지로 도움이 될 수 있다.

노인을 위한 서비스도 다른 모든 서비스와 같이 지속적으로 끊임없이 제공해 나가야 한다. 중증을 가진 노부모를 보호, 부양하는 일은 대개의 경우 떨어져 사는 자녀 혼자만으로는 하기가 어렵기 때문에 위와 같이 외부의 도움을 구하는 작업을 부모의 상태가 악화되기 전부터 해 나아갈 필요가 있다.

다음에 질환을 가진 노인들이 받을 수 있는 서비스의 몇 가지 예를 들어 보고자 한다.

먼저 거택 서비스, 즉 노인이 집안에 있으면서 받을 수 있는 서비스는 하나하나 개발되어 전달되고 있다. 즉, 비의료적 서비스로서 식사 배달, 가사보조, 전화를 통한 안전 감독, 외출 시 동반, 교통편 제공, 방문해서 말상대가 되어 주기, 보호자를 위한 휴식시간 제공, 전화상담 등이 있다.

다음 가정 바깥에서 받을 수 있는 비의료적 서비스에는 노인복지관에서 제공하는 다목적 서비스들, 공동급식, 교통편제공, 허약한 노인을 위한 일시 위탁서비스, 보호자 지원서비스, 유언과 상속 등에 관한 법률상담, 각종 자원봉사 그리고 장기적 질환을 가진 노인을 위한 노인홈, 노인요양원, 치매요양원 등이 있다.

:: 고령자를 위한 시설

별거하는 노부모에 대한 자녀의 제일가는 걱정은 그분들의 안전과 건강이다. 부모가 어떤 질병이나 신체장애가 있을 때는 더욱 이런 걱정을 하게 된다. 따로 사는 병약한 노부모를 단기적으로나 장기적으로 보호시설 또는 요양 시설에 입원시키는 대안을 택하는 경우가 흔히 생긴다.

1. 노인홈, 노인요양원 또는 치매환자요양원에 입원하는 노인들은 대개가 정신적으로나 신체적으로 어떠한 질환과 장애를 가진 분들로서 직업을 가진 자녀가 아침부터 저녁까지 이분들과 함께 있으면서 보살피기가 매우 어렵다. 따라서 노부모의 상태에 따라 전문적인 보살핌을 24시간 받을 수 있는 시설이나 홈을 잘 선정해서 입원하도록 하는 것이 가족에 따라서는 합당한 대안이 될 수 있다.

2. 노인을 위한 시설은 여러 가지 종류가 있으며 그 형태와 설립자(공설 또는 사설), 크기, 시설의 안전도, 시설의 환경(지역사회), 서비스의 유형과 범위, 전문성 정도, 비용부담의 유무 등에서 다르다. 입원해 있는 노인들의 개인적인 특성도 다르고 신체적 장애와 질환도 다르다. 이러한 다양한 조건들에 알맞은 시설과 홈을 선택하는 데는 상당한 노력과 시간이 필요하다. 장애가 심하거나 24시간의 감시를 받아야 할 상태의 노인에게 지속적으로 재활, 약물투여, 식이요법, 방사선치료를 하는 의사가 정규적으로 왕진을 해서 진단과 치료를 해주며 사회복지사의 상담도 받을 수 있는 시설을 선택하는 것이 좋다. 이런 시설을 선정할 때는 다음과 같은 사항을 참고로 할 필요가 있다.

① 시설의 분위기가 안락하고 가정적인가, 내부와 외부가 말쑥하게 꾸며져 있는가, 실내 공기가 잘 환기되는가?
② 시설은 정부의 인가를 받았는가?
③ 면허증을 가진 간호사가 24시간 간호하는가?
④ 의사의 감독하에 서비스가 전달되며 필요 시에 의사의 왕진을 받을 수 있는가?
⑤ 약은 면허된 약사가 조제하는가?
⑥ 식사를 노인의 개인적 상태에 맞게 마련해 주는가?
⑦ 재활서비스를 제공해 주는가?

⑧ 오락, 레크리에이션 및 사교활동을 할 수 있는가?
⑨ 시설이 안전하게 설치되어 있는가?
⑩ 시설관리인과 요원들은 경험이 있고 자격이 있는가?
⑪ 요원들은 친절하고 실제적인 도움을 주는가?
⑫ 시설이 편리한 곳에 위치해 있는가?
⑬ 의사, 사회복지사, 간호사 등이 추천하는 시설인가?

시설을 선정할 때는 그 지방의 노인협회, 노인회, 노인복지관, 노인의 전화, 병원의 노인병과와 사회사업실, 보건소, 사회복지관을 비롯한 노인의 복리를 위해 봉사하는 단체들에게 문의해서 그 시설이나 홈에 대한 전문가의 의견을 들어보는 것이 좋다.

:: 부모의 지원망 정비

이와 같은 서비스를 제공하는 각각의 제공자들에 관한 다음과 같은 사항에 대해서도 미리부터 정보를 확보해 두는 것이 좋다.
우선 부모에게 도움을 줄 수 있는 사람들(사회적 지원망을 구성하는 사람들과 단체들)에 관하여 파악해 나가야 한다.
대개의 경우 노인들 주변에는 도움을 주고 있는 사람들이나 앞으로 도움을 줄 수 있는 분들이 많으나 적으나 있다. 가까이 사는 친척이나 친구들이 때때로 도와주고 방문을 해 주고 심부름을 하고 우정을 나누어 줄 수 있다. 즉, 다음과 같은 분들을 들 수 있다.

① 현재 부모를 도와주고 있는 분

② 가까이 사는 집안사람

③ 부모와 자신의 오랜 친구와 친척

④ 가까운 동창

⑤ 친척이 속하는 사회단체나 클럽의 회원

⑥ 가까운 이웃

⑦ 사회복지관의 요원

⑧ 동주민센터의 사회복지사

⑨ 교회의 목사, 신부 및 신자

⑩ 종교단체의 회원

⑪ 의사, 간호사, 병원사회복지사

⑫ 부모의 담당 변호사

⑬ 부모가 거래하는 은행의 담당원

⑭ 부모가 거래하는 보험회사의 담당원

⑮ 기타 도움이 될 수 있는 분들

이런 분들이 부모의 지원망을 구성하는 사람들이다. 보호자인 자녀로서 부모의 지원망을 이루는 위와 같은 분들의 주소와 전화번호를 알아두고 이들이 어느 정도로 부모를 도와줄 의사가 있으며 어떠한 도움을 제공해 줄 수가 있는가를 파악해 둔다.

이렇게 해 놓음으로써 앞으로 필요할 때 이분들에게 어떠한 도움을 요청할 수 있는가를 알 수 있다. 이분들에게 편지나 통신을 해서 정중히 인사를 하고 머지않아 방문하여 인사를 하겠다는 뜻을 전한다.

이분들에 대한 다음 사항들도 알아 두는 것이 좋다.

① 현재 어떤 내용의 도움을 제공해 주고 있는가
② 부모를 수시로 방문해서 도와드리도록 부탁을 할 수 있는가
③ 부모의 생활상황을 수시로 점검해서 나에게 알려 줄 수 있는 분
  인가

④ 부모와 식사나 외출을 같이 하도록 부탁할 수 있는가
⑤ 부모가 믿을 수 있는 분으로서 부모의 금전출납을 돕고 각종 요
   금청구서를 나에게 보내 줄 수 있는가

위와 같은 사항들에 걸쳐 도움을 줄 수 있는 분들에게 자신의 전화
번호와 집 주소 그리고 이메일 주소를 알려주고 필요할 때 언제나 수
신인 지불방법으로 전화를 해달라고 부탁한다. 그리고 부모의 용태에
관해서 수시로 편지나 전화 또는 이메일로 연락해 주도록 부탁한다.
아울러 곧 찾아 인사를 하겠고 도와주어 감사하다는 말을 전하는 것
이 옳다.

그런데 부모가 지원망을 아니 가지는 경우가 있다. 부모가 아는 분
들이 세상을 떠났거나 다른 지역으로 이사를 갔을 경우가 있다. 이런
때에는 부득이 그 지역의 사회복지관, 노인복지관 또는 노인봉사단체
의 지원을 요청할 수밖에 없다. 그리고는 유료 또는 무료로 지원해
주는 사람을 찾아야 한다. 지역의 공공 및 자원단체의 지원을 받는
데 대해서는 앞에서 논의한 바 있다.

부모의 의료를 맡고 있는 의료기관의 요원들에 대해서 다음 사항
을 알아둔다.

① 의사, 간호사, 물리치료사, 사회복지사 및 병원접수 담당의 이
   름, 전화번호, 주소, 이메일주소
② 복용 중인 약을 조재하는 약방의 주소와 전화번호
③ 부모가 사용하는 각종 보조기구(휠체어, 재활용구 등)의 명칭,
   수리하는 곳의 주소와 전화번호
④ 지역 내 보건, 의료, 사회복지 기관들(제공하는 서비스종류, 서
   비스 신청방법, 대기기간, 수수료 등)

:: 고령자봉사단체

　　노인들의 복리를 위해 봉사하는 집단들과 단체들 가운데는 정부가 지원하는 것도 있지만 민간이 운영하는 비영리단체들도 상당 수 있다. 이들이 노인과 가족에게 제공하는 서비스의 종류가 다양해지고 있다. 그런데 지역에 따라 어떤 종류의 서비스는 입수할 수가 없는 경우가 있다. 이 때문에 이들 집단과 단체가 제공하는 서비스에 대해서 사전에 자세히 알아 놓아야 한다.

　　먼저 이들의 전화번호와 주소를 알아두고 가능하면 오전 일찍 전화를 해서 정보를 얻는다.

　　노인과 가족을 지원하는 단체와 서비스

　　① 지역사회에서 서비스를 제공하는 곳
　　　・ 노인복지관
　　　・ 노인위탁소
　　　・ 노인정
　　　・ 공동식사제공처
　　　・ 자원봉사집단
　　　・ 기타
　　② 거택서비스를 제공하는 곳
　　　・ 가사를 돌보아 주는 서비스센터
　　　・ 거택보건 서비스센터
　　　・ 노인의 전화
　　　・ 가정방문 서비스센터
　　　・ 동주민센터 사회복지담당
　　　・ 노인지원센터(정보센터)
　　　・ 기타

위의 여러 가지 서비스들은 지금 당장에 필요하지 않더라도 앞으로 필요할 수가 있다. 될 수 있으면 이들 공익단체들과 집단들의 설립 취지와 활동에 찬성해서 이들의 행사에 참가하여 지원을 하는 것이 좋다.

오늘날에는 가족의 힘만으로는 떨어져 사는 부모를 보살피기가 힘이 드는 경우가 많기 때문에 이들 가족 밖의 지원자들에 대한 이해와 협조를 필요로 하게 된다. 즉, 변하는 사회환경에서 어른을 존경하기 위해 이러한 노력이 필요하게 되었다. 부모를 보살피는 방법이 시대의 변화에 맞게 수정되어지고 있다.

제13장

맺음말

동아시아 문화권에 사는 중국인, 한국인 및 일본인은 어른을 존경하는 문화적 전통을 오랜 세월에 걸쳐 간직해 왔다.

 그런데 동아시아인들이 어른을 존경하는 전통은 효에 이념적 바탕을 두고 있다. 그래서 효에 관한 가르침에서 가장 강조되는 점이 부모와 어른에 대한 존경이다(효경, 2, 9; 류, 1995; Kong, 1995).

 이러한 전통은 동아시아 사람들이 부모와 윗사람을 존중하고, 노소가 호혜적 관계를 유지하고, 사회성원들이 화합된 관계를 유지하며 사회의 안정을 지켜나가도록 이끄는 힘이 되어 왔다.

 어른존경의 실천장인 가족은 변하였다. 그러나 동아시아의 가족들은 서로 지원하는 가족망을 이루고 있다. 부모자녀 관계도 달라졌다. 그러나 기왕의 가부장적이고 위계적인 가족관계를 지양하고 세대 간의 동등한 관계를 유지하면서도 서로 존중하고 지원하는 호혜적 관계를 발전시키고 있다.

 사회변동으로부터 오는 충격을 최소화하는 힘은 호혜적 관계에서 생성한다고 본다. 이제는 일방적으로 아래서 위로 가는 관계가 아니라 위와 아래가 서로 존중과 보살핌을 주고받는 관계를 통해서 안정되고 영속되는 세대관계를 발전시켜 나가야 하겠다. 호혜적 관계는 Gouldner가 말했듯이 인간관계를 안정시키는 시멘트(접착제) 역할을 하는 것이다.

사회적 변동이 일어나고 있지만, 위와 같은 사회문화적 배경을 갖춘 동아시아 나라들에서 고령자를 존중하는 도덕적이고 윤리적 가치와 규범이 사라졌다는 자료는 나오지 않고 있다.

사회변화의 속도에 비해서 고령자를 존경하는 전통적 가족기능이 그와 같은 속도로 빠르게 변하지 않고 있으며 오히려 전통적인 것이 많이 남아 있다(최재석, 2009: 216-218).

이렇게 느리게 변하는 양상을 보아 동아시아인들은 앞으로 상당한 기간에 걸쳐 어른을 존중하는 가치와 관습을 유지해 나갈 것으로 내다본다.

이 현상은 동아시아에서 일어나는 '문화적 저항' 또는 '문화적 지연'이라고 볼 수 있다.

이런 과정에서도 전통적 가치를 유지하려는 의식적인 노력이 동아시아 나라들에서 공통적으로 계속되고 있다.

그러나 시대적 변화의 바람은 동아시아에서도 불고 있다. 전통적으로 효의 실천장이 되었던 가족은 산업화와 도시화에 따라 일어나는 역동적 변화에 적응해서 어른을 존중하는 태도와 실천방식을 수정, 보완해 나가고 있다(한국가족문화연구원, 2005).

이러한 변화과정을 살펴보기 위하여 일련의 조사를 새 나라에서 행한 것이다.

이 책에서 다룬 주된 과제는 따라서 동아시아의 젊은 성인들이 새 시대에 어른을 존중하는 방식을 탐사하는 것이었다. 어른을 존중한다면 어떤 구체적인 행동으로 존경을 표현하는가? 이 질문들에 대한 답을 얻기 위해서 한국, 중국 및 일본에서 젊은 성인들이 어떠한 방식으로 어른존경을 실천하고 있는가에 대한 체계적인 분석을 하였다.

문헌조사, 면접 및 사회조사를 통하여 중국, 일본, 한국에서 젊은 성인들이 어른존경을 하는 방법을 탐사하는 한편, 어른존중에 관한 역사적 자료, 가족의 가치와 구조, 가족을 둘러싼 사회환경, 비교문화적 차이를 살펴보았다. 질적 방법과 계량적 방법을 함께 사용하여 15개의 존경방식들을 찾아내었고, 이 존경방식들의 실천에 관해서 탐색하였다.

본 조사에서 얻은 자료는 동아시아문화에서 고령자를 가족과 사회에 통합하는 힘이 되는 어른존경의 가치와 실천에 대한 새로운 정보와 식견을 가지도록 하였다.

중국인이 가진 문화적 및 사회적 환경은 대체로 어른존경을 하는데 유리하게 보인다. 중국의 정부당국, 민간 지도자 및 노년학자는 가족의 고령자부양능력을 향상하고 어른을 사회에 통합하려는 의도에서 어른존경의 전통적 가치를 적극 고창하고 있다. 이런 노력은 가족의 지원능력을 보완하기 위한 공적 서비스의 개발과 병행해서 진행되고 있다. 중국 사회주의 정부는 과거에 효와 관련된 가치와 관습을 배척했지만 지금은 이를 권장하고 있다.

상하이, 난징, 칭다오, 청두의 4개 지역에서 수집한 조사자료는 일관성 있게 대다수 젊은 성인들이 보살핌으로 하는 존경에서 조상숭배에 이르는 다양한 존경방식을 사용하고 있다.

이들 방식은 유교경전에서 찾아낸 존경방식들과 거의 동일하며 일본과 한국에서 식별한 현대적 존경방식들과도 거의 같다.

오늘날 중국에서는 어른존경이 사회적 가치로서 통용되고 있으며 이 가치가 고령자를 존중하는 문화적 영향력으로 여전히 작용하고 있다. .

노년학자들은 어른을 존경하는 동아시아의 전통적 가치가 일본에서 어느 정도 쇠퇴되었는가 관심을 기울이고 있다.

도쿄 지역의 젊은 성인들을 조사하였다. 그 결과 중국의 경우와 같이 15가지 존경방식들이 식별되었다. 이 자료는 한국과 중국에 앞서 현대화된 일본에서 어른이 존경되고 있음을 예증하며 어른에게 동아시아적인 예의를 지키는 일본인의 문화적 현상을 알려주고 있다.

즉, 일본의 젊은 사람들도 고령자를 존중하고 있다. 과거보다는 전통적 존경방식을 강도 있게 사용하지 않지만 이들 방식은 여전히 통용되고 있다. 일본인이 사용하는 존경방식은 중국인과 한국인이 사용하는 방식들과 거의 동일하다. 다만 존경방식에 따라 빈도와 중요성에서 약간의 차이가 있을 따름이다.

일본에서도, 전통문화의 영향은 지속되고 있다. 새 시대의 사회적 환경에 적응하면서 가족체계와 사회구조에 뿌리를 내린 일본의 전통적 가치는 보존되고 있는 것이다.

한국인들도 고령의 친척을 존중하며 부양하는 전통적 가치를 중요시하고 있다. 그러나 존경하는 방식이 수정되어 가고 있다. 대다수의 성인자녀는 부모와 떨어져 살면서 부모를 존중하며 보살피고 있다. 중국인과 일본인의 경우와 같이 한국인도 보살핌으로 하는 존경을 제일 중요시하고 있다.

한국은 어른존경을 제도화하고 있다. 즉, 경로일, 노인부양법, 장기

요양제도, 경로운동, 고령자를 위한 공공요금의 할인/면제, 효행상제도를 운영하여 고령자 존중을 위한 사회적 노력을 하고 있다. 어른존경은 한국사회의 중요한 문화적 가치로 통용되고 있는 것이다.

총괄해서 세 나라들에서 대다수 존경방식들은 자주 실행되며 중요시되고 있다. 그러나 가족의 내외부 사정, 생활스타일, 주거형태 및 통신교통수단의 변동에 따라 존경방식은 수정되고 있다. 그럼에도 불구하고 동아시아의 문화적 가치의 공통성을 나타내듯 세 나라의 젊은 성인들이 실천한 존경방식들은 거의 동일하다. 이 결과는 동아시아 사람들의 공통적 특성을 증명하는 또 하나의 지표이라고 본다.

그런데 어른존경은 비단 동아시아 사람들만의 관심사가 아니다. 모든 종교－불교, 기독교, 이슬람교 등－는 여러 나라와 여러 인종에게 이미 오래전부터 어른을 존경해야 함을 가르치고 있다. 불교는 부모를 존경해야 한다고 여러 불경에서 교시하고 있다. 성경에는 "네 부모를 공경하라 그러하면 너의 하나님 나 여호와가 네게 준 땅에서 네 생명이 길리라"(출애굽기 20:12)라는 매우 엄한 말씀이 들어 있다. 이슬람교도 부모와 어른존경에 대해 구체적으로 예를 들어 가르치며 불교와 기독교에 못지않게 부모존경을 강조한다.

이러한 종교적 교의는 유교의 효에 대한 가르침과 상통하는 것이다. 공자의 수제자인 맹자(孟子)는 그의 성선설(性善說)에서 친친(親親: 부모를 받듦), 인민(仁民: 모든 사람을 사랑함) 및 애물(愛物: 모든 비생명체를 사랑함)의 도(道)에 이르는 길을 제시하였다(동금유, 2010).

이에 따라 인은 사람을 위한 정서적 및 물질적 보살핌의 범위에서 물건을 중하게 여기는 경지로 발전하는 사회윤리로서 자리를 잡게 된다.

공자의 제자들 중 효도에 관해서 가장 많이 알려진 증자(曾子)는 수

목이시벌언(樹木以時伐焉), 금수이시살언(禽獸以時殺焉), 단일수(斷一樹), 살일수(殺一獸), 불이기시(不以其時), 비효야(非孝也)라고 했다(禮記, 戴聖編, 鄭玄註, 예기정의, 주 13 참조, p. 821). 이 말은 나무를 남벌하고 생물을 남살하면 이는 인(仁)을 해치는 것이며, 행인(行仁: 인의 실천)의 근본인 효에 위배되므로 효도가 아니라고 하였다. 여기에서 알 수 있듯이 효는 그 의미가 생명애(生命愛)와 애물(愛物)로 확대된다(동금유, 2010).

인애(仁愛)의 마음과 그 대상이 사람에서 동식물에 이르기까지 확대된 것이다. 맹자는 이러한 공자의 사상을 계승하여 한 차원 더 발전시켰다. 즉, 그는 사람마다 측은지심(惻隱之心: 다른 사람을 불쌍하고 가엾이 여기는 마음)이 있음을 인식하고, 이러한 측은지심이 바로 인의 출발점이라고 했다.

어른에 대한 존경도 이러한 확대된 인애의 정에 뿌리를 두는 사회적 윤리로 보아야 하겠다. 즉, 어른존중을 인간에 대한 사랑과 같은 보편적 덕목으로서 더욱 중요시하는 방향으로 발전시켜 나가는 것이 바람직하다.

아울러 인애(仁愛)의 정으로 어른존경과 젊은 사람 존경을 병행, 조화해서 실천하는 호혜적인 세대관계를 발전시키는 노력이 지속되어야 하겠다. 어른과 젊은 사람을 다 같이 섬겨야 하는데 대해서 맹자가 말한 바가 생각난다. 그는 "아랫사람이 윗사람을 공경하는 것을 귀귀(貴貴)라 하고 윗사람이 아랫사람을 공경하는 것을 존현(尊賢)이라 했다. 그런데 그는 이 두 가지의 공경은 그 의의(意義)가 다 같다고 했다[用下敬上 謂之貴貴 用上敬下 謂之尊賢 貴貴尊賢 其義一也](孟子 萬章 章句下 3). 이 말은 윗사람 존경과 아랫사람 존성은 무게가 같음을 뜻한다. 세대 간의 호혜적 관계의 중요성 내지 당위성을 지적하는 말이라고 할 수 있다.

이런 호혜적으로 상호 존중하는 세대관계를 가정의 기능이면서도 사회의 보편적 가치로서 지속적으로 실현해 가는 방법을 모색해야 하겠다.

문제는 이와 같은 덕목을 새 시대의 보편적 가치로서 다음 세대에 전달하는 노력이 필요하다는 것이다.

다음 세대가 어느 정도로 어른존경에 대한 사회적 가치를 존중하고 유지해 나갈 것인지? 이러한 사회적 가치가 과연 다음 세대로 전해져 나아갈 것인지? 이 과제는 오늘의 성인세대가 어른과 젊은이를 존경하는 가치를 다음 세대로 전수하기 위해 어느 정도로 에너지를 투입하느냐에 달려 있다고 본다.

:: 연구를 위한 과제

다음을 포함한 어른존경과 관련된 과제들에 대한 연구가 뒤따라야 하겠다.

어른존경이 부모부양 서비스의 질과 양 그리고 지속성에 미치는 영향에 대한 체계적인 분석이 있어야 하겠다.

자녀와 젊은 사람의 개인적 및 환경적 요인들이 어른존경에 어떠한 영향을 미치는지 그 역동적인 작용상황을 분석할 필요가 있다.

호혜적 관계를 바탕으로 이루어지는 어른존경을 사회심리적인 분석을 통해 사례별로 정리해 나가는 작업도 필요하다. 이런 작업을 통해서 누구나 실천할 수 있는 어른존경의 상을 정립할 수 있어야 하겠다.

어른존경을 실천하기 어려운 사태가 발생할 경우 자녀의 이로 인한 긴장과 스트레스를 극복하는 문제를 가족의 구조와 노부모의 특성에 따라 분석해 볼 필요도 있다.

어른존경에 대한 비교문화적 연구가 활발히 진행되어야 하겠다. 비교문화적 연구를 통해 특정한 과제에 대한 다른 나라의 장점과 단점을 파악하여 필요한 것을 도입하고 단점을 우리사회에서 반복하지 않도록 해야 하겠다. 동아시아의 역사적 자취의 부정적인 면을 척결하고 순수하고 긍정적인 좋은 점을 가려내는 작업이 우선 되어야 하겠다. 즉, 전통의 재해석이 필요한 것이다.

참고문헌

[국내문헌]

가족연구원(2005), 『21세기한국가족: 문제와 대안』, 경문사.

권중달, 문명숙(1991), 『문화대혁명 전후의 중국역사해석』, 집문당.

권중돈(2010), 『노인복지론』, 학지사.

권중돈(2004), 「노인학대에 영향을 미치는 요인」, 『한국노년학』, 24(1), 1-19.

금장태(2006), 『한국유교의 현실인식과 변혁론』, 집문당.

김미해, 권금주(2008), 「며느리의 노인학대 과정에 관한 연구」, 『한국노년학』, 28(3), 403-424.

김성권, 장경섭, 이현송, 정기선, 조애조, 송인주(2000), 『한국가족의 변화와 대응방안』, 한국보건사회연구원 연구보고서.

김익기, 김동배, 모선희, 박경숙, 원영희, 이연숙, 조성남(1999), 『한국노인의 삶』, 미래인력연구회.

김태현(1994), 『노년학』, 교문사.

김한곤(1998), 「노인학대의 인지도와 노인학대의 실태에 관한 연구」, 『한국노년학』, 18, 184-197.

김한초, 한남제, 최성재, 유인희(1986), 『한국가족의 표준모형개발』, 한국정신문화연구원, 10-35.

김형효, 최진덕, 정순우, 손문호, 심경호(1997), 『퇴계의 사상과 그 현대적 의미』, 한국정신문화연구원.

나병균(1985), 「향약과 사회보장의 관계」, 『사회복지학회지』, 제7호, 21-50.

『내각부고령사회백서』(日本內閣部高齡社會白書)(2009).

『논어(論語)』, 이기석, 한용우(역해)(1994), 아가원 감수, 홍신문화사.

『대학(大學)』, 이가원 감수, (1997), 홍신문화사.

동금유(董金裕)(2010), 「효도사상의 확대해석과 현대에서의 실천」, 『유학부흥과 현대사회』, 국제유교연합회, 성균관대학교.

류승국(1995), 「효와 인륜사회」, 『효사상과 미래사회』, 한국정신문화연구소, 1-16[효사상 국제학술회의 기조연설].

『맹자(孟子)』, 이기석, 한백우(역해)(1997), 이가원(감수), 홍신문화사.

박병현(2008), 『사회복지와 문화』, 집문당.

박영란(2000), 「효 관련 연구의 현황과 과제」, 『현대사회와 효의 실천방안』, 한국노인문제연구소.

박영란(1988), 「노인의 사회적 지원망에 관한 연구」, 『사회복지』, 34(4).

박재간(1989), 「전통적 효사상과 그 현대적 의의」, 『전통윤리의 현대적 조명』, 한국정신문화연구원.

박종홍(1960), 『퇴계의 인간과 사상』, 서울: 국제문화연구소, 세계 2권, 4호.

보건복지부(2007), 「노인학대상담사업 현황보고서」.

성규탁(1995), 『새시대의 효』, 연세대학교출판부.

성규탁(1998), 「현대한국인이 인식하는 효: 척도와 차원」, 『한국노년학』, 14(1), 50-68.

성규탁(2001), 「어른존경에 대한 탐험적 연구」, 『한국노년학』, 21(2), 125-139.

성규탁(2005), 『현대한국인의 효』, 집문당(한국학술원선정우수학술도서).

성규탁(2010), 『한국인의 효 I, II, III, IV, V』, 한국학술정보(주).

송 복(1999), 『동양적 가치란 무엇인가?』, 서울: 미래인력연구소

신섭중(2002), 「한국의 고령자를 위한 상호부조의 과제」, 제44회 일본노년사회과학대회심포지엄 발표논문, 『노년사회과학』, 6월호.

신용하(2000), 『한국민족의 형성과 민족사회학』, 지식산업사.

신용하(2004), 『21세기한국사회와 공동체문화』, 지식산업사.

신용하, 장경섭(1996), 『21세기 한국의 가족과 공동체 문화』, 집문당.

『예기(禮記)』, 권오준(역해)(1993), 홍신문화사.

오광(吳光)(2010), 『중국당대유학부흥의 형세와 발전방향』, 서울: 국제유학연합회, 성균관대학교.

오종일(2010), 「효의 유학적 가치와 미래적 기능」, 『유학부흥과 현대사회』, 국제유교연합회, 성균관대학교.

왕웬양(王文亮)(2001), 『中國之高齡者社會保障』, 日本東京: 白帝社.

우찌다(內田貴)(2002), 『民法 IV 親族相續』, 東京大學出版部

유승국(1995), 「효와 인류사회」, 『효사상과 미래사회』, 한국정신문화연구원, 효사상국제학술회의 기조연설, 31-39.

윤가현(1998), 「노인성 치매환자가 지각하는 심리적 부담 및 부양의무감의 비

교문화적 연구」,『한국노년학』, 18(1), 75-90.

이건업(李建業)(2003),『董永與孝文化』, 北京: 齋魯書社.

이광규(1990),『한국가족의 구조분석』, 일지사.

이상해(李翔海)(2010),『효와 중국인의 안신입명의 도』,『유학부흥과 현대사회
        』, 서울: 국제유교연합회, 성균관대학교.

이시다(石田愼二),야마가타(山縣文治)(2010),『社會福祉』, 東京: 미넬바쇼탠.

이완재(2001),『공자에서 퇴계까지: 유교와 한국성리학』, 이문출판사.

이인수, 이용한(2000),「노인학대 인식도의 한미 간 비교에 관한 연구」,『노인
        복지연구』, 겨을호, 165-182.

인민일보(人民日報)(1999),『老年人渴望精神加護(海外版)』, 11월 8일.

전손(錢遜)(2010),「유학보급의 회고와 전망」,『유학부흥과 현대사회』, 서울: 국
        제유학연합회, 성균관대학교.

정경배(1999),『21세기 노인복지정책 방향』, 노인복지정책연구.

중국노년학회(中國老年學會)(2006),『中國探索居家養老模式應待老齡化社會趨勢』, 3
        월 2일.

『중용(中庸)』(2000), 이가원(감수), 홍신문화사.

지교헌(1995),『가정의 윤리적 특성과 사회. 교육적 기능』, 447-478, 동양철학
        과 한국사상, 민속원.

진영조(陳榮照)(2010),『유학의 부흥과 당대사회』,『유학부흥과 현대사회』, 서
        울: 국제유학연합회, 성균관대학교.

최문형(2004),『한국전통사상의 탐구와 전망』, 경인문화사.

최성재(1989),「경로효친사상과 노인복지」,『한국사회복지학』, 13, 1-25.

최재석(2009),『한국의 가족과 사회』, 경인문화사.

최재석(1994),『한국가족연구』, 일지사.

최정혜(1998),「기혼자녀의 효의식, 가족주의 및 부모 부양의식」,『한국노년학
        』, 18(2).

한국노인문제연구소,『현대사회와 효의 실천방안』, 2000-01.

한국노인문제연구소(2004),『노인학대의 현황과 대책에 관한 연구』, 한국노인
        문제연구소출판부,

한국전례원(2002),『예절교육』, 한국전례원출판부.

한남재(1997),『한국가족제도의 변화』, 일지사.

한동희(2002),「노인학대의 의미와 사회적 개입에 대한 노인들의 인식연구」,
        『한국사회복지학』, 50, 193-208.

황진수(1995),「한국노인의 복지행정의 전달체계」, 박재간 외편,『고령사회의

위기와 도전』, 463-488.

『효경(孝經)』, 박일봉(편역)(1989), 육문사.

[외국문헌]

Applegate, M., & J. M. Morse(1994), Personal privacy and interactional patterns in a nursing home. *Journal of Aging Studies* 8: 413-434.

Aquinas, T.(1981), *Summa Theologica.* Westminster, MD: Christian Classics. Question 106, Article 5.

Bendix, R.(1967), Preconditions of development, In *Aspects of social change in modern Japan,* ed. R. Dore. Princeton University Press.

Blackstone, A.(1856), *Commentaries on Law of England*, Vol.1. Philadelphia: Lippincott. Bk. 1, Ch. 8, Sec.1.

Campbell, R., & E. M. Brody.(1985), Women's changing roles and help to the elderly. *The Gerontologist* 25, 584-592.

Caudill, W.(1973), The influence of social structure and culture on human behavior in modern Japan. *Ethos* 1, 343-382.

Caudill, W., & C. Schooler(1988), Child rearing and personality formation. In *Inside the Japanese System: Readings on Contemporary Society and Political Economy*, eds. D. I. Okimoto and T. P. Rohlen. Stanford: Stanford University Press.

Chang, Y. S.(1998), From filial piety to the love of children. In *The World Community in Post-Industrial Society: Changing Families in the World Perspective*, ed. The Korean Christian Academy, 77-94. Seoul: Woosock Publishing Co.

Chie, N.(1988), Hierarchy in Japanese society. In *Inside the Japanese System: Readings on Contemporary Society and Political Economy*, ed. D. I. Okimoto and T. P. Rohlen. Stanford: Stanford University Press.

Chipperfield, J. G., & B. Havens.(1992), A longitudinal analysis of perceived respect among elders. *Canadian Journal on Aging* 11, 15-30.

Choi, S. J.(1999), *A comparative study on long-term care for the elderly in Korea and Japan.* Department of Social Welfare, Seoul National University, Feb. 27.

Choi, S. J.(1996), The family and ageing in Korea: A new concern and challenge. *Ageing and Society* 16, 1-25.

Chow, N.(1997), *The policy implications of the changing role and status of the elderly in Hong*

Kong. Paper presented at The 16th Congress of The International Association of Gerontology, August 17.

Chow, N.(1995), *Filial piety in Asian Chinese communities.* Paper presented at 5th Asia/Oceania Regional Congress of Gerontology, Honk Kong, 20 November.

Chow, N.(1991), Does filial piety exist under Chinese communism? *Journal of Aging and Social Policy* 3, 207-225.

Cogwill, D. O., & I. D. Holmes (1972). *Aging and modernization.* New York: Appleton-Century-Crofts.

Cohen, M. L.(1998), North China rural families: Changes during the Communist era. *Etudes Chinoises* 17(1-2): 60-154.

Connidis, I. A.(1989), *Family Ties and Aging.* Toronto, Butterworth.

Cox, H. G.(1990), Roles for aged individuals in post-industrial societies. *International Journal of Aging and Human Development* 30, 55-62.

Davis, D.(1993), Urban households: Supplicants to a socialist state. In *Chinese Families in the Post-Mao Era,* ed. D. Davis and S. Harrell. 50-76.

Davis-Friedman, D.(1983), *Long Lives, Chinese Elderly and the Communist Revolution.* Cambridge: Harvard University Press.

de Bary, W. T.(1995), Personal reflection on Confucian filial piety. In *Filial Piety and Future Society,* 19-36. Gyonggido, South Korea: The Academy of Korean Studies.

de Bary, W. T., & I. Bloom.(1999), *Sources of Chinese Tradition.* 2nd Ed. Chap. 15. New York: Columbia University Press.

De Vos, G.(1988), Confucian family socialization. In *Inside the Japanese System, eds.* D. J. Okimoto and T. I. Rohlen. Stanford: Stanford University Press.

Dillon, R. S.(1992), Respect and care: Toward moral integration. *Canadian Journal of Philosophy* 22, 105-132.

Downie, R. S., & E. Telfer.(1969), *Respect for persons.* London: Allen and Unwin.

Du, P.(2009), *New look at family support in China: Changing ways of practicing filial piety.* Paper presented at Symposium on New Look at Filial Piety in East Asia, The 19th World Congress of Gerontology, Paris, France, July 7.

Elliott, K. S., & R. Campbell(1993), Changing ideas about family care for the elderly in Japan. *Journal of Cross-Cultural Gerontology* 8, 119-135.

Finkel, A.(1982), Aging in Jewish perspective. In *Aging: Spiritual Perspective,* ed. F.

V. Tiso. Lake Worth: Opera Pia International/Sunday Publications.

Ghusn, H. M., D. Hyde, E. S. Stevens, M. Hyde, & T. A. Teasdale.(1996), Enhancing life satisfaction in later life. *Journal of Gerontological Social Work* 26, 27-47.

Gibbard, A.(1990), *Wise choices, apt feelings.* Cambridge: Harvard University Press.

Goldstein, M. C., & Y. Ku.(1993), Income and family support among rural elderly in Jheziang Province, China. *Journal of Cross-Cultural Gerontology* 8, 197-223.

Goode, W. J.(1963), *World Revolution and Family Patterns.* New York: Free Press.

Gouldner, A.(1960), The norm of reciprocity: A preliminary statement. *American Sociological Review* 25, 161-178.

Harada, S.(1988), Nihongata fukushi shakairon to kazokusho. In *A Welfare State in the Period of Transformation* (Tenkanki no Fukushi Kokka), ed. Daigaku Shakaigaku Kenkyujo. Tokyo: Tokyo University Publisher.

Harper, S.(1992), Caring for China's ageing population. *Ageing and Society* 12, 157-184.

Hashimoto, A.(2004), Culture, power, and the discourse of filial piety in Japan: The disempowerment of youth and its social consequences. In *Filial Piety*, ed. C. Ikels. Stanford: Stanford University Press.

Hewitt, J. P.(1988), *Self and Society: A Systematic Interactionist. Social Psychology.* 4th ed. Boston, MA: Allyn and Bacon.

Holmes, E. R., & L. D. Holmes.(1995), *Other cultures, elder years.* Thousand Oak, CA: Sage.

Hsu, F. L. K.(1998), Confucianism in comparative context. In *Confucianism and the Family*, eds. Slate and De Vos, 53-71.

Ikels, C.(ed.)(2004), *Filial piety: Practice and discourse in contemporary East Asia.* Stanford University Press.

Ingersoll-Dayton, B., & C. Saengtienchai.(1999), Respect for the elderly in Asia: Stability and change. *International Journal of Aging and Human Development* 48, 113-130.

Isono, S., & F. Isono (1958). *Kazoku seido(The family system).* Tokyo: Iwanami Shoten.

Jenike, B. R. (2004). Alone in the family: Great-grandparenthood in urban Japan. In *Filial Piety*, ed. C. Ikels. Stanford: Stanford University Press.

Jia, A.(1988), New experiments with elderly care in rural China. *Journal of Cross-Cultural Gerontology* 3, 139-148.

Kant, I., M. J. Gregor.(trans.)(1964). Doctrine of right: *The Metaphysicas of Morals, II.* New York: Harper. 123.

Kelly, B.(1990), Respect and caring. In *Ethical and Moral Dimension of Care*, ed. M. Leininger. Detroit: Wayne State University Press.

Kim, K. C., & S. Kim.(1991), Filial piety and intergenerat' relationship in Korean immigrants families. *Internat'l Journal of Aging and Human Development* 33, 233-245.

Kirkby, R. J. R.(1985), *Urbanization in China: Towns and Country in a Developing Economy, 1949-2000A.D.* Irvington, Columbia University Press.

Kong, D. C.(1995), The essence of filial piety. In *Filial Piety and Future Society,* 127-137. Gyeonggido, South Korea: The Academy of Korean Studies.

Koyano, W.(1996), Filial piety and intergenerational solidairity in Japan. *Australian Journal of Ageing* 15, 51-56.

Koyano, W., M. Hashimoto, H. Fukawa, & A. Gunji(1994), The social support system of the Japanese elderly. *Journal of Cross-cultural Gerotology* 9, 323-333.

Koyano, W., K. Inouye, & H. Shibata(1987), Negative misconceptions about aging in Japanese adults. *Journal of Cross-Cultural Gerontology* 2, 131-137.

Koyano, W.(2000), Filial piety, co-residence, and intergenerational solidarity in Japan. In *Who should care for the Elderly? An East West Value Divide*, eds. W. T. Liu and H. Kendig, Chapter 10. Singapore: Singapore University Press.

Kumagai, H. A., & A. K. Kumagai(1986), The hidden "I" in amae. *Ethos* 14, 305-321.

Kwan, A. Y.(1995), Elder abuse in Hong Kong. *Journal of Elder Abuse and Neglect* 6, 65-80.

Lang, O.(1946), *Chinese Family and Society.* New Haven: Yale University Press.

Lebra, T. S.(1984), *Japanese Women: Constraint and Fulfillment.* Honolulu: University of Hawaii Press.

Leininger, M.(1990), Culture. In M. Leininger (Ed.), *Ethical and moral dimension of care.* Wayne State University Press.

Leung, J. C. B.(1997), Family support for the elderly in China. *Journal of Aging and Social Policy,* 9, 87-101.

Levy, B. R.(1999), The inner self of the Japanese elderly. *International Journal of Aging and Human Development* 48, 131-144.

Liang, J., & G. M. Jay(1990), *Cross-cultural comparative research on aging and health.*

Institute of Gerontology, University of Michigan, Ann Arbor, MI.

Liang, J., E. J. Tu, & X. Chen(1986), Population aging in the People's Republic of China. *Social Science Medicine* 23, 1353-1362.

Lin, L. Y.(1973), *Chinese Perspectives of Filial Piety: Parents' Kindness and Repayment.* Taipei: Changlaoshe Publishing Co.

Liu, W. T., & H. Kendig.(2000), *Who should care for the elderly? An East-West value divide.* Singapore: Singapore University Press.

Ma, H., & E. Rosenberg(1999), Aging and family transition in China: The impact of culture, technology, and westernization. *The Southwest Journal of Aging* 14, 103-108.

Maeda, D.(1997), *Filial piety and the Care of the Aged Parents in Japan.* Paper presented at Symposium on myths, stereotypes, and realities of filial piety, The 16th World Congress of Gerontology, August 17, in Singapore.

Makizono, K.(1986), The perspectives of modern youth on the aged(Gendai seinen no ronenkan). *Problem of Adolescence*(Seishonen Mondai) 33, 4-13.

Mann, L., H. Mitsui, G. Beswick, & R. V. Harmoni(1994), A study of Japanese and Australian children's respect for others. *Journal of Cross-Cultural Psychology* 25, i33-145.

Masataka, N.(1999), *Ikuji to Nihonjin*(Childrearing and the Japanese). Tokyo: Iwanami Shoten.

Mehta, K.(1997), Respect redefined: Focus group insights from Singapore. *International Journal of Aging and Human Development* 44, 205-219.

Meyer, J. F.(1988), Moral education in Taiwan, *Comparative Education Review* 32, 20-38.

Miller, E. T.(2004), Filial daughters, filial sons: Comparison from rural North China, In *Filial Piety,* ed. C. Ikels. Stanford: Stanford University.

Miura, A.(1999), *Reader in Everyday Manners: Useful Guide for Everyday Life* (Nichijo Mana Dokuhon: Mainichi no Seikatsuni Yakudasu). Tokyo: Tokyo Shoten.

Morgan, P., & K. Hiroshima(1983), The persistance of extended family residence in Japan: Anarchronism or alternative strategy? *American Sociological Review* 48, 269-281.

Nakano, K.(1997), *Manners in Modern Times*(Gendaino Saho). Tokyo: Iwanami Shoten.

New York Times (September 22, 1996, Week in Review: Aging World, New

Wrinkles, Respect Factor: "A recent survey of Americans found that the single value that parents most want to pass on to younger generations is not diligence or patriotism or consideration for others, but 'respect for the aged,' chosen by 91 percent of those surveyed.").

Ng, A., P. David, & K. M. W. Lee(2002), Persistence and challenges to filial piety and informal support: A case study in Tuen Mun, Hong Kong. *Journal of Aging Studies* 16, 1-20.

Nicholson, U. T., trans.(2000), *Sutra about the Deep Kindness of Parents and the Difficulty of Repaying It*, ed. B. H. Ch'ih and U. S. Rounds, cert. Velnerable Abbot Hun and B. H. Tao, reviewed B. H. Tao.

Noelker, L. S., & Z. Harel.(2001), Humanizing long-term care: In *Linking Quality of Long-term Care and Quality of Life*. New York: Springer.

Nydegger, C. N.(1983), Family ties of the aged in the cross-cultural perspective. *The Gerontologist* 23, 26-32.

Ogawa, N., & R. D. Rutherford(1994), *Care of the Elderly in Japan: Changing Norms and Expectations*. Tokyo: Nihon University Population Research Institute.

O'Leary, J. S.(2000), Japan's honorable elders. In *Intersections of Aging: Reading in Social Gerontology*, eds. E. W. Markson and L. A. Hollis-Sawyer. Los Angeles: Roxbury.

Olson, P.(1993), Caregiving and long-term health care in the People's Republic of China. *Journal of Aging and Social Policy* 24, 91-110.

Olson, P.(1987), A model of elder care in the People's Republic of China. *International Journal of Aging and Human Development* 24, 279-299.

Palmore, E. B., & D. Maeda.(1985), *The Honorable elders revisited*. Durham: Duke University Press.

Parish, W. L., & M. K. Whyte(1978), *Village and Family in Contemporary China*. Chicago: The University of Chicago Press.

Pedersen, P. B.(1983), Asian personality theory (537-582). In R. J. Corsica & A. J. Marsella (eds.), *Personality theories, research, and assessment*. Itasca: Peacock.

Pei, X., & V. K. Pillai(1999), Old age support in China: The role of the state and the family. *International Journal of Aging and Human Developement* 49, 197-212.

Pillemer, K. A., & D. Finkelhor.(1988), The prevalence of elder abuse. *The Gerontologist* 28, 51-57.

Post, S. G.(1989), Filial morality in an aging society. *Journal of Religion and Aging*

5, 15-29.

Qureshi, H., & A. Walker.(1989), *The caring relationship: Elderly people and their families.* New York: Macmillan.

Reichel, W.(1995), *Care for the Elderly: Clinical Aspects of Aging,* 4th ed. Baltimore: Wilkins and Wilkins.

Riley, M., & J. Riley(1994), Age integration and the lives of older people. *The Gerontologist* 34, 110-115.

Rohlen, T. P.(1989), Order in Japanese society: Attachment, authority, and routine. *Journal of Japanese Studies* 15, 5-40.

Rubin, A., & E. Babbie.(2007), *Research Methods for Social Work.* Belmont: Wadsworth.

Schooler, C.(1996), William Caudill and the reproduction of culture: Infant, child, and maternal behavior in Japan and the United States. In *Japanese Childrearing,* ed. Shwalb & Shwalb 1996, 139-163.

Schutt, R. K.(2009), *Investigating social world: Process & practice of research.* Thousand Oaks: Pine Forge Press.

Schwalb. D. W., & Schwalb, B. J. eds. (1996). *Japanese childrearing: Two generations of scholarship.* New York: Guilford Press.

Sekiguchi, Y. et al.(2000), *Kazoku to Kekkon no Rekishi* (The History of Family and Marriage). Tokyo: Shinwasha.

Selden, M.(1993), Family strategies and structures in rural China. In *Chinese Families in the Post-Mao Era,* eds. D. Davis and S. Harrel, 139-164. Berkeley: University of California Press.

Silberman, B.(1962), *Japanese Characer and Culture.* Tucson: University of Arizona Press.

Silverman, P., & R. Maxwell.(1978), How do I respect thee? Let me count the ways. *Behavior Science Research* 13, 91.

Singapore Ministry of Community Develop't(1996), *Report of advisory council on the aged. Singapore, The Author.*

Soeda, Y.(1978), Shutaitekina Ronenzo o matomete. *Gendai no Esprit* 126, 5-24.

Sokolovsky, J., ed.(1990), *The Cultural Context of Aging.* New York: Bergen and Garvey.

Strahmer, H. M.(1985), Values, ethics, and aging. In *Values, Ethics, and Aging,* ed. Losnoff-Caravaglia. 26-40. New York: Human Sciences Press.

Streib, G. F.(1987), Old age in sociocultural context: China and the U.S. *Journal of Aging Studies* 7, 95-112.

Sung, K. T.(1990), A new look at filial piety. *The Gerontologist* 30, 615-617.

Sung, K. T.(1995), Measures and dimensions of filial piety in Korea. *The Gerontologist* 35, 240-247.

Sung, K. T.(1997), Filial piety in modern times. In *Aging Beyond 2000: One World One Future - The Thematic Keynote Highlights*, G. R. Andrews (ed.). 1997 World Congress of Gerontology, Adelaide, Australia.

Sung, K. T.(1998), An exploration of actions of filial piety. *Journal of Aging Studies* 12, 369-386.

Sung, K. T.(1999), *Ideals and practices of family support: Cross-cultural Perspectives.* Keynote Speech, Asia/Oceania Regional Congress of Gerontology, Seoul, June 7-11.

Sung, K. T.(2001), Elder respect: Exploration of ideals and practicing forms. *Journal of Aging Studies* 15, 13-27.

Sung, K. T.(2004), Elder respect among young adults: A cross-cultural study of Americans and Koreans. *Journal of Aging Studies,* 18(2). 215-230.

Sung, K. T.(2007), *Respect for the elderly: The East Asian Way.* Lanham: University Press of America.

Sung, K. T.(2009), *Respect for the elderly: Implications for human service providers.* Lanham: University Press of America.

Sung, K. T., & R. E. Dunkle(2009), How social workers demonstrate respect for elderly clients, *Journal of Gerontological Social Work* 53, 250-260.

Sung, K. T., & S. Hagiwara(2010), *Elder Respect among Japanese Young Adults.* Unpublished paper.

Sung, K. T., & H. S. Kim.(2003), Elder respect among young adults: Exploration of behavioral forms in Korea. *Ageing International,* 28, 279-294.

Sung, K. T., & G. Yan (2007). *Elder-respect among Chinese young adults: Exploration of the forms of respect.* Unpublished paper.

Takahashi, S.(1995), Historical transition official piety and its modern transformation. In *Filial piety and future society,* 103-115. Gyeonggido, South Korea: The Academy of Korean Studies.

Takeshita, N.(1988), Construction of Japanese model of welfare society (Nihongata fukushi shakai no kochiku). In *Longevity Society I am Contemplating*(Watashi no kangaeru choju shakai). Tokyo: Jiminshuto Shuppansha.

Tang, W., & W. L. Parish.(2000), *Chinese urban life under reform: The changing social contract*. London: Cambridge University Press.

Tobin, J. J., D. Y. H. Wu, G. S. Liu, & D. H. Davidson(1989), *Preschool in Three Cultures: Japan, China, and the United States*. New Haven: Yale University Press.

Tomita, S.(1994), Consideration of cultural factors in the research of elder mistreatment with an in-depth look at the Japanese. *Journal of Cross-Cultural Gerontology*, 9, 39-52.

Traphagan, J. W.(2004), Curse of successor: Filial piety vs. marriage among rural Japanese. In C. Ikels, ed. *Filial Piety*. Stanford: Stanford University Press.

Tsurumi, K.(1970), *Social Change and the Individual: Japan before and after Defeat in World War II*. Princeton: Princeton University Press.

Tsuya, N. O., & L. G. Martin(1992), Living arrangements of elderly Japanese and attitudes toward inheritance. *Journal of Georontology: Social Science* 47, 45-54.

Tu, W. M.(1995), Humanity as embodied love: Exploring filial piety in a global ethical perspectives. In *Filial Piety and Future Society*. Gyonggido, South Korea: The Academy of Korean Studies.

Verba, S.(1971), Cross-cultural survey research: The problem of credibility. In Vallier, I. (ed.), *Comparative methods in sociology*. Berkeley: University of California Press.

Wang, W. Y.(2001), *China and Social Security for the Aged: Culture and Direction of the Institution*. Tokyo: Hakutei.

Wang, D. (2004). Ritualistic coresidence and weakening filial practice, In C. Ikels, ed. *Filial Piety*. Stanford: Stanford University Press.

Whyte, M. K., & W. L. Parish (1984). *Urban Life in Contemporary China*. Chicago; University of Chicago Press.

Whyte, M.(1995), The social roots of China's economic development. *China Quarterly* 144, 999-1019.

Whyte, M. K. (2004). Filial obligations in Chinese families: Paradoxes of modernization. In *Filial Piety*, ed. C. Ikels. Stanford: Stanford University Press.

Xie, X, J. Defrain, W. Meredith, & R. Combs.(1996), Family strengths in the People's Republic of China. *Internat'l Journal of Sociology of the Family* 26,

17-27.

Xue, H. L., X. M. Xin, & G. S. Liu(1998), 農村老年人口養老問題的失證分析與基本
對山東農村的文券照查. 中國科學經濟社會 第1期).

Yi, Z., & C. Wenmei(1994), A comparative study on changes in Chinese families,
urban and rural. In *Aging and the Family* 160-165. New York: United
Nations.

Yoon, H. S., & H. B. Cha.(1999), Future issues for family care of the elderly in
Korea. *Hallym International Journal of Aging,* 1(1), 78-86.

성규탁

충북 청주 중·고등학교 졸업
서울대학교 문리과대학 및 대학원 학사, 석사
미국 미시간대학교(앤아바) 사회사업학 석사
미국 미시간대학교(앤아바) 사회사업학 및 정치학 박사

University of Wisconsin-Madison 사회사업대학원 교수
연세대학교 사회복지학과 교수, 초대 학과장
연세대학교 사회복지연구소 초대 소장
University of Chicago 특임연구원(Fellow)
한국사회복지학회장, 한국노년학회장
Michigan State University 사회사업대학원 전임교수
University of Southern California 사회사업대학원 석좌교수
University of Michigan 사회사업대학원 초빙교수
Elder Respect, Inc.(www.elder-respect.org) 대표
자광재단효문화연구소장
한국사회복지사협회 원로사회복지사회 공동대표
세계노년학대회조직위원회 고문
한국사회복지포럼 대표

<주요 저서>
『새 時代의 孝』(연세대학술상 수상, 아산효행상 수상)
『새 시대의 효 I』(문화공보부 추천도서, 아산효행상 수상)
『새 시대의 효 II』
『새 시대의 효 III』
『현대 한국인의 효』(학술원 선정 우수학술도서)
『한국인의 효 I』
『한국인의 효 II』
『한국인의 효 III』
『한국인의 효 IV』
『한국인의 효 V』
『어른을 존중하는 중국, 일본, 한국 사람들』(인쇄 중)
『사회복지행정론』
『사회복지조직론』
『산업복지론』 외

『Care and respect for the elderly in Korea』
『Respect and care for the elderly: The East Asian Way』
『Respect for the elderly: Implications for human service providers』
『Advancing social welfare: Challenges and approaches』
『Family support for the elderly: Cultural heritage of Korea』(In progress)

<주요 논문>
『한국정신문화연구원논총』
『한림과학연구원논총』
『한국노년학』
『사회복지학회지』 등 학술지에 90여 편 발표
『The Gerontologist(미국노년학회지)』
『Journal of Aging Studies』
『International Journal of Aging & Human Development』
『Journal of Gerontological Social Work』
『Journal of Social Service Research』
『Administration in Social Work』 등 학술지에 60여 편 발표

어른을 존중하는
중국·일본·한국 사람들
새 시대의 실천방식

초 판 인 쇄 | 2011년 9월 28일
초 판 발 행 | 2011년 9월 28일

지 은 이 | 성규탁
펴 낸 이 | 채종준
펴 낸 곳 | 한국학술정보㈜
주   소 | 경기도 파주시 문발동 파주출판문화정보산업단지 513-5
전   화 | 031)908-3181(대표)
팩   스 | 031)908-3189
홈 페 이 지 | http://ebook.kstudy.com
E-mail | 출판사업부 publish@kstudy.com
등   록 | 제일산-115호(2000. 6. 19)

ISBN   978-89-268-2657-7 13190 (Paper Book)
          978-89-268-2658-4 18190 (e-Book)

내일을여는지식 은 시대와 시대의 지식을 이어 갑니다.